Der Börsenkurs als Abfindungsgrundlage

Europäische Hochschulschriften
Publications Universitaires Européennes
European University Studies

Reihe II
Rechtswissenschaft

Série II Series II
Droit
Law

Bd./Vol. 3704

PETER LANG
Frankfurt am Main · Berlin · Bern · Bruxelles · New York · Oxford · Wien

Michael Naschke

Der Börsenkurs als Abfindungsgrundlage

PETER LANG
Europäischer Verlag der Wissenschaften

Bibliografische Information Der Deutschen Bibliothek
Die Deutsche Bibliothek verzeichnet diese Publikation in der Deutschen Nationalbibliografie; detaillierte bibliografische Daten sind im Internet über <http://dnb.ddb.de> abrufbar.

Zugl.: Münster (Westfalen), Univ., Diss., 2003

D 6
ISSN 0531-7312
ISBN 3-631-51210-4

www.peterlang.de

Vorwort

Die vorliegende Arbeit wurde beim Fachbereich Rechtswissenschaften der Westfälischen Wilhelms-Universität Münster im Wintersemester 2002/2003 als Dissertation angenommen. Rechtsprechung und Literatur konnten bis September 2002 berücksichtigt werden.

Es ist absehbar, daß die hier behandelte Thematik „Der Börsenkurs als Abfindungsgrundlage" spätestens im Zuge der nächsten langandauernden Erholung der Aktienmärkte wieder stärker ins Blickfeld rücken wird. Diese Arbeit versteht sich nicht als Bestandaufnahme bereits geklärter Rechtsfragen, sondern soll die bisherige Entwicklung bewußt kritisch hinterfragen, Widersprüche und deren Lösungsmöglichkeiten aufzeigen und einen Beitrag zur noch lange nicht abgeschlossenen Diskussion leisten.

Mein besonderer Dank gilt meinem Doktorvater Herrn Prof. Dr. Wolfram Timm für die Betreuung der Arbeit und die Erstbegutachtung und Herrn Prof. Dr. Joachim Hennrichs für die Erstellung des Zweitgutachtens.

Ich danke meiner Familie, vor allem meinen Eltern, für ihre Unterstützung während des Studiums und bei der Erstellung des Arbeit. Dank und Bewunderung gilt Petra und Antje Dreißig für ihre Geduld und ihren Beistand in einer nicht immer einfachen Zeit und meiner Freundin für die sorgsame Durchsicht und Begleitung der Arbeit, die wesentlich zu ihrem Gelingen beigetragen haben.

Berlin, im März 2003 Michael Naschke

Inhaltsverzeichnis

Abkürzungsverzeichnis

a.A.	andere Ansicht
aaO.	am angegebenen Ort
ABl.	Amtsblatt der Europäischen Union
Abs.	Absatz
AcP	Archiv für die civilistische Praxis
AG	Aktiengesellschaft; Die Aktiengesellschaft (Zeitschrift)
AktienR	Aktienrecht
AktG	Aktiengesetz
Anm.	Anmerkung
AöR	Archiv des öffentlichen Rechts
Art.	Artikel
Az.	Aktenzeichen
BayObLG	Bayerisches Oberstes Landesgericht
BB	Betriebsberater (Zeitschrift)
Begr.	Begründung, Begründer
Ber.	Berlin
Beschl.	Beschluss
BetrVG	Betriebsverfassungsgesetz
BewG	Bewertungsgesetz
BFH	Bundesfinanzhof
BGB	Bürgerliches Gesetzbuch
BGBl.	Bundesgesetzblatt
BGH	Bundesgerichtshof
BGHZ	Entscheidungen des Bundesgerichtshofes in Zivilsachen
BörsG	Börsengesetz
BörsO	Börsenordnung
BörSZulV	Börsenzulassungs-Verordnung
BR	Bürgerliches Recht
Bre.	Bremen
BT	Bundestag
BStBl.	Bundessteuerblatt
BVerfG	Bundesverfassungsgericht
BVerfGE	Entscheidungen des Bundesverfassungsgerichtes
BVerfGG	Bundesverfassungsgerichtsgesetz
BVerwGE	Entscheidungen des Bundesverwaltungsgerichtes
DAV	Deutscher Anwaltsverein
DAX	Deutscher Aktien Index
DB	Der Betrieb (Zeitschrift)
DCF	Discounted Cash Flow

d.h.	das heißt
DM	Deutsche Mark
DStR	Deutsches Steuerrecht (Zeitschrift)
Dt.	Deutsche
Düss.	Düsseldorf
DVBl.	Deutsches Verwaltungsblatt (Zeitschrift)
EStG	Einkommensteuergesetz
EWiR	Entscheidungen zum Wirtschaftsrecht
f.	folgende
ff.	fortfolgende
FG	Freiwillige Gerichtsbarkeit
FGG	Gesetz über die Angelegenheiten der freiwilligen Gerichtsbarkeit
FGPrax	Praxis der Freiwilligen Gerichtsbarkeit (Zeitschrift)
Fn.	Fußnote
FS	Festschrift
FWBO	Börsenordnung der Frankfurter Wertpapierbörse
GesellschaftsR	Gesellschaftsrecht
GG	Grundgesetz
GmbH	Gesellschaft mit beschränkter Haftung
GmbHG	Gesetz betreffend die Gesellschaften mit beschränkter Haftung
GrSZ	Entscheidung des Großen Senates für Zivilsachen
Ham.	Hamburg
Hann.	Hannover
Hdb.	Handbuch
HGB	Handelsgesetzbuch
h.M.	herrschende Meinung
i.S.v.	im Sinne von
JoB	Journal of Business (Zeitschrift)
JW	Juristische Wochenschrift (Zeitschrift)
KAGG	Kapitalanlagegesellschaftsgesetz
KCV	Kurs- Cash flow - Verhältnis
KG	Kammergericht
KGaA	Kommanditgesellschaft auf Aktien
KGV	Kurs- Gewinn- Verhältnis

KonTraG	Gesetz zur Kontrolle und Transparenz im Unternehmensbereich vom 27. April 1998, BGBl. I/1998, S. 786 ff.
KStG	Körperschaftssteuergesetz
LG	Landgericht
MDAX	Mid-Cap- Index : Index mittlerer Unternehmen
m.E.	meines Erachtens
MitbestG	Mitbestimmungsgesetz
Mrd.	Milliarden
Mün.	München
m.w.Nachw.	mit weiteren Nachweisen
Nemax 50	Neuer Markt Index der 50 größten Neuen Markt Werte
NJW	Neue Juristische Wochenschau (Zeitschrift)
NJW-RR	Neue Juristische Wochenschau – Rechtsprechungsreport (Zeitschrift)
Nr.	Nummer
n.rechtskr.	nicht rechtskräftig
NZG	Neue Zeitschrift für Gesellschaftsrecht
OLG	Oberlandesgericht
OLGZ	Entscheidungen der Oberlandesgerichte in Zivilsachen
RegE.	Regierungsentwurf
RGZ	Entscheidungen des Reichsgerichtes in Zivilsachen
Rn.	Randnummer
Rspr.	Rechtsprechung
S.	Satz, Seite
SDAX	Small-Cap-Index: Index kleinerer Unternehmen
sog.	sogenannte(r)
SPD	Sozialdemokratische Partei Deutschlands
Stutt.	Stuttgart
Übers.	Übersicht
UmwBerG	Umwandlungsbereinigungsgesetz
UmwG	Umwandlungsgesetz
Urt.	Urteil
u.U.	unter Umständen
v.	vom
vgl.	vergleiche

Vol.	Volume
Vorbem.	Vorbemerkung
VAG	Versicherungsaufsichtsgesetz
VVaG	Versicherungsverein auf Gegenseitigkeit
VwVfG	Verwaltungsverfahrensgesetz
Vz.	Vorzüge
WISU	Wirtschaft und Studium (Zeitschrift)
WM	Wertpapiermitteilungen (Zeitschrift)
WP	Wirtschaftsprüfer
WpHG	Wertpapierhandelsgesetz
WpG	Die Wirtschaftsprüfung (Zeitschrift)
z.B.	zum Beispiel
XETRA	Elektronisches Handelssystem der Deutschen Börse
ZfB	Zeitschrift für Betriebswirtschaft
ZIP	Zeitschrift für Wirtschaftsrecht
ZGR	Zeitschrift für Unternehmens- und Gesellschaftsrecht
ZHR	Zeitschrift für das gesamt Handels- und Wirtschaftsrecht
ZPO	Zivilprozessordnung
ZSEG	Gesetz über die Entschädigung von Zeugen und Sachverständigen

Literaturverzeichnis

Aha, Christof: Aktuelle Aspekte der Unternehmensbewertung im Spruchstellenverfahren, AG 1997, 26-36.

Albach, H.: Probleme bei der Ausgleichszahlung und der Abfindung bei Gewinnabführungsverträgen nach den Aktiengesetz 1965, AG 1966, 180-186.

Aschinger, Georg: Börsenkrach und Spekulation, München 1995.

Assmann, Heinz-Dieter; Schneider, Uwe H. (Hrsg.): Wertpapierhandelsgesetz, 2. Auflage Köln 1999. (zitiert: Bearbeiter in Assmann/Schneider,).

Assmann, Heinz-Dieter; Schütze, Rolf A. (Hrsg.): Handbuch des Kapitalanlagerechts, 2. Auflage München 1997. (zitiert: Bearbeiter in Assmann/Schütze,).

Ammon, Ludwig: Rechtsprechungsübersicht zum aktienrechtlichen Spruchstellenverfahren, FGPrax 1998, 121-124.

Badura, Peter: Der Eigentumsschutz des eingerichteten und aus- geübten Gewerbebetriebes, AöR 98 (1973), 153-173.

Ballwieser, Wolfgang: Aktuelle Aspekte der Unternehmensbewertung, WpG 1995, 119-129.

Baumbach, Adolf, Hueck, Alfred: Aktiengesetz, 13. Auflage München 1968, ergänzt 1970. (zitiert: Baumbach/Hueck,)

Baumbach, Adolf; Lauterbach, Wolfgang; Albers, Jan; Hartmann, Peter: Zivilprozessordnung, 60. Auflage München 2002. (zitiert: Baumbach/Lauterbach/Bearbeiter,)

Baums, Theodor: Vorschlag eines Gesetzes zu öffentlichen Übernahmeangeboten, ZIP 1997, 1310-131.

BDO Deutsche Warentreuhand Aktiengesellschaft Wirtschaftsprüfungsgesellschaft: Bericht über eine Sonderprüfung nach §§ 142 ff. AktG bei der Bayerischen HYPO- und Vereinsbank Aktiengesellschaft München, 1999. (zitiert: Sonderprüfungsbericht der BDO,)

Bielenberg, Walter: Ist die Bemessung der Enteignungsentschädigung nach dem Verkehrswert im Bundesbaugesetz verfassungswidrig?, DVBl 1974, 113-116.

Bienert, Horst: Der Marktprozeß an Aktienbörsen, Dissertation Mannheim 1995, Wiesbaden 1996.

Bilda, Klaus: Zur Dauer der Spruchstellenverfahren, NZG 2000, 296-301.

Binz, Mark, Sorg, Martin: Das neue Übernahmegesetz: Enteignung der Aktionäre ?, BB 2002 Heft 3, I.

Bonner Kommentar zum Grundgesetz, Loseblatt, 93. Ergänzungslieferung Dezember 1999. (zitiert: BK-Bearbeiter,)

Böttcher, Conrad; Meilicke, Heinz: Umwandlung und Verschmelzung von Kapitalgesellschaften, 5. Auflage Berlin, Frankfurt a.M. 1958; (zitiert: Böttcher-Meilicke,).

Bruns, Christoph: Bubbles und Excess Volatility auf dem deutschenAktienmarkt, Dissertation Münster 1994, Wiesbaden 1994.

Bundesaufsichtsamt für den Wertpapierhandel (Hrsg.): Insiderhandelsverbote und Ad hoc- Publizität nach dem Wertpapierhandelsgesetz, 2. Auflage, Frankfurt am Main 1998. (zitiert : BAWe,)

Bungert, Hartwin; Eckert, Jan: Unternehmensbewertung nach Börsenwert: Zivilgerichtliche Umsetzung der BVerfG – Rechtsprechung, BB 2000, 1845-1849.

Bungert, Hartwin: DAT/Altana: Der BGH gibt der Praxis Rätsel auf, BB 2001, 1163-1166.

Busse von Colbe, Walther; Coenenberg, Adolf G (Hrsg.); Unternehmensakquisition und Unternehmensbewertung, Stuttgart 1992. (zitiert: Bearbeiter in Busse von Colbe/Coenenberg,).

Busse von Colbe, Walther: Zur Maßgeblichkeit des Börsenkurses für die Abfindung der bei einer Umwandlung ausscheidenden Aktionäre, AG 1964, 263-267.

Claussen, Carsten Peter: Bank- und Börsenrecht, 2. Auflage München 2000.

Commerzbank AG (Hrsg.): Rund um die Börse 1997. (zitiert: Rund um die Börse 1997,).

Dehmer, Hans: Umwandlungsgesetz, Umwandlungssteuergesetz, 2. Auflage München 1996.

Dette, Guido: Kursbildung am deutschen Aktienmarkt, Dissertation Uni-Witten-Herdecke 1997, Wiesbaden 1998.

Dielmann, Heinz J.; König, Andreas: Der Anspruch ausscheidender Minderheitsaktionäre auf angemessene Abfindung, AG 1984, 57-66.

Dornbusch, Rüdiger: Makroökonomik, 5. Auflage München, Wien 1992. Fischer, Stanley

Dörner, Wolfgang: Grundsätze zur Durchführung von Unternehmensbewertungen, WpG 1983, 549-554.

Dörfler, Wolfgang; Gahler, Wolfgang; Unterstraßer, Stefan; Wirichs, Robert: Probleme bei der Wertermittlung von Abfindungsangeboten, BB 1994, 156-162.

Drüke, Heiner: Anmerkung zu OLG Stuttgart Beschluss vom 04.02.2000 – 4 W 15/98, DB 2000, 713-716.

Emmerich, Volker; Sonnenschein, Jürgen; Habersack, Mathias: Konzernrecht, 7. Auflage, München 2001. (zitiert: Emmerich/Sonnenschein/Habersack,).

Erlenbach, Erich; Gotta, Frank: So funktioniert die Börse, 3. Auflage, Frankfurt am Main 1977. (zitiert: Erlenbach/Gotta,).

Erman, Walter: Handkommentar zum Bürgerlichen Gesetzbuch; Band 1 §§ 1-853 BGB; 9. Auflage Münster 1993. (zitiert: Erman-Bearbeiter).

Ernst, Werner; Zinkhahn, Willy; Bielenberg, Walter; Krautzberger, Michael: Baugesetzbuch, Loseblatt, 66. Ergänzungslieferung 1. Mai 2001. (zitiert: Ernst/Zinkhahn/Bielenberg/Krautzberger – Bearbeiter)

Falkenhausen, Bernhard Freiherr v.: Aktienrecht und Verfassungsrecht, AG 1963, 150-154.

Fechner, Erich: Das Umwandlungsgesetz und das Bundesverfassungsgericht, AG 1962, 229-233.

Fleischer, Holger: Die Barabfindung außenstehender Aktionäre nach den §§ 305 und 320b AktG: Stand alone- Prinzip oder Verbundberücksichtigungsprinzip, ZGR 1997, 368-400.

Franta, Rudolf: Das neue Umwandlungsgesetz, DB 1956, 198-204.

Frantzmann, Hans Jörg: Der Montagseffekt am deutschen Aktienmarkt, ZfB 1987, 611-635.

Freudling, Fritz: Wert-Schaden-Entschädigung, DÖV 1970, 308- 314.

Frey, Günther: Fragen der Unternehmensbewertung im Spiegel der Rechtsprechung, WpG 1963, 146-150.

Ganske, Joachim: Regierungsentwurf des Gesetzes zur Bereinigung des Umwandlungsrechts und des Gesetzes zur Änderung des Umwandlungssteuerrechts: Texte Mit amtlichen Begründungen, Düsseldorf 1994. (zitiert: Ganske, Begr. zum RegE UmwBerG,)

Gansweid, Wolfgang: Zur gerichtlichen Überprüfung der angemessenen Barabfindung nach § 305 AktG, AG 1977, 334-341.

Geibel, Stephan; Süßmann, Rainer: Wertpapiererwerbs- und Übernahmegesetz, München 2002. (zitiert: Geibel/Süßmann-Bearbeiter,)

Gerke, Wolfgang; Bank, Matthias: Finanzierung, Stuttgart, Berlin, Köln 1998. (zitiert: Gerke/Bank,)

Gerke, Wolfgang; Arneth, Stefan; Fleischer, Jörg: Kursgewinne bei Aufnahmen in den DAX 100, Verluste bei Entnahmen: Indexeffekt am deutschen Kapitalmarkt, ZfB 2001, 45-66.

Geßler, Ernst; Hefermehl, Wolfgang; Eckradt, Ulrich; Kropff, Bruno: Aktiengesetz. Kommentar, München 1973 ff. (zitiert: Bearbeiter in Geßler/Hefermehl,)

Geßler, Ernst: Bestandsschutz der beherrschten Gesellschaft im Vertragskonzern ?, ZHR 140 (1976), 433-441.

Götz, Hans Norbert: Entschädigung von Aktionären abseits der Kapitalmarktbewertung, DB 1996, 259-265.

Großfeld, Bernhard: Unternehmens- und Anteilsbewertung im Gesellschaftsrecht, 3. Auflage, Köln 1994. (zitiert: Großfeld, Unternehmensbew.,).

Ders.: Börsenkurs und Unternehmenswert, BB 2000, 261-266.

Großfeld, Bernhard; Egert, Christian: Cash Flow in der Unternehmensbewertung, Festschrift für Ludewig, S. 365 - 381.

Grunewald, Barbara: Gesellschaftsrecht, 3. Auflage Tübingen 1999.

Gürsching, Lorenz; Stenger, Alfons: Kommentar zum Bewertungsgesetz und Vermögenssteuergesetz, 9. Auflage Köln 1992 ff. (Loseblatt). (zitiert: Gürsching/Stenger,).

Hamann, Horst: Börsen- und kreditwesengesetzliche Aufsicht über Börsenähnliche Handelssysteme, Wertpapierbörsen und Börsenträger, WM 2001, 929-940.

Hamann, Thomas: Simulation von Informationsprozessen auf ideal- typischen Börsenmärkten, Heidelberg 1993.

Hellwig, Hans Jürgen: Möglichkeiten einer Börsenreform zur Stärkung des deutschen Kapitalmarktes, ZGR 1999, 781-819.

Henn, Günter: Handbuch des Aktienrechts, 7. Auflage, Heidelberg 2002. (zitiert: Henn, Hdb. des AktienR,).

Hesse, Konrad: Grundzüge des Verfassungsrechts der Bundesrepublik Deutschland, 20. Auflage, Heidelberg 1995.

Hoffmann-Becking, Michael: Der materielle Gesellschafterschutz – Abfindung und Spruchverfahren, ZGR 1990, 482-502.

Hommelhoff, Peter; Witt, Carl-Heinz: Bemerkungen zum deutschen Übernahmegesetz nach dem Scheitern der Richtlinie, RIW 2001, 561-569.

Hosterbach, Ernst: Unternehmensbewertung: Renaissance des Substanzwertes, DB 1987, 897-902.

Hüchting, Hans-Jochen: Abfindung und Ausgleich im aktienrechtlichen Beherrschungsvertrag, Köln, Berlin, Bonn, München 1972.

Hüffer, Uwe:Aktiengesetz, 4. Auflage, München 1999. (zitiert: Hüffer, 4. Auflage,).

Ders.:Aktiengesetz, 5. Auflage, München 2002. (zitiert: Hüffer,).

Hüttemann, Rainer: Börsenkurs und Unternehmensbewertung, ZGR 2001, 454-478.

Immenga, Ulrich: Bestandsschutz der beherrschten Gesellschaft im Vertragskonzern ?, ZHR 140 (1976), 301-316.

Institut der Wirtschaftsprüfer (IdW): Grundsätze zur Durchführung von Unternehmensbewertungen, WPg 1983, 468- 480. (zitiert: Stellungnahme HFA 2/ 1983,).

Ders.:IDW Standard: Grundsätze zur Durchführung von Unternehmensbewertungen (IDW S 1), WpG 2000, 825-842. (zitiert: IDW S 1, WpG 2000,)

Ders. (Hrsg.): Wirtschaftsprüferhandbuch 1998 Band II, 11. Auflage Düsseldorf 1998. (zitiert: WP-Handbuch 1998 II ,).

Jansen, Paul: FGG, 2. Auflage, 1. Band, Berlin 1969.

Jauernig, Othmar: Zivilprozessrecht, 25. Auflage München 1998.

Kallmeyer, Harald: Umwandlungsgesetz, 2. Auflage Köln 2001. (zitiert: Kallmeyer-Bearbeiter,).

Ders.: Ausschluss von Minderheitsaktionären, AG 2000, 59-61.

Keidel, Theodor; Kuntze, Joachim, Winkler, Karl: Freiwillige Gerichtsbarkeit, 14. Auflage München 1999. (zitiert: Bearbeiter in Keidel/Kuntze/Winkler,).

Kemmerling, Hans; Delp, Udo A.: Aktiencrash und Erbschaftssteuer – böse Falle für Erben ?, BB 2002, 655- 659.

Kindermann, Elmar: Rechtliche Strukturen der Deutschen Terminbörse, WM 1989, Beilage 2.

Kindermann, H.H.: Der Einfluß des Börsenkurses auf die angemessene Abfindung nach § 12 UmwG, AG 1964, 178-181.

Kleiber, Wolfgang; Simon, Jürgen: Wertermittlungsverordnung 1998, 5. Auflage Köln 1998. (zitiert: Kleiber/Simon,).

Knack, Hans Joachim: Verwaltungsverfahrensgesetz, 6. Auflage Köln, Berlin, Bonn, München 1998. (zitiert: Knack-Bearbeiter,).

Kölner Kommentar zum Aktiengesetz, 2. Auflage, Köln, Berlin, Bonn, München 1986 ff. (zitiert: KölnKommAktG–Bearbeiter,).

Koppenberg, Hans Jürgen: Bewertung von Unternehmen, Düsseldorf 1964.

Korts, Sebastian; Korts, Petra: Der Weg zur börsennotierten Aktiengesellschaft, 2. Auflage Heidelberg 2001.

Kostolany, Andre: Kostolany's Wunderland von Geld und Börse, 9. Auflage 1988.

Kropff, Bruno: Aktiengesetz,Textausgabe mit Begründung des Regierungsentwurfes und Bericht des Rechts-ausschusses des Deutschen Bundestages, Düsseldorf 1965. (zitiert: Kropff, Begr. zum RegE bzw. Kropff, Ausschussbericht zu §,).

Ders.: Rechtsfragen der Abfindung ausscheidender Aktionäre, DB 1962, 155-158.

Kümpel, Siegfried: Bank- und Kapitalmarktrecht, 2. Auflage Köln 2000.

Ders.: Kapitalmarktrecht, Loseblatt, Berlin, Stand April 2001.

Lange, Joachim, Reiß, Wolfram: Lehrbuch der Körperschaftsteuer, 7. Auflage Herne, Berlin 1994.

Larenz, Karl: Methodenlehre der Rechtswissenschaft, 6. Auflage Berlin, Heidelberg, New York, London, Paris, Tokyo, Hong Kong, Barcelona, Budapest 1991. (zitiert: Larenz, Methodenlehre,).

Larenz, Karl; Wolf, Manfred: Allgemeiner Teil des Bürgerlichen Gesetzbuches, 8. Auflage München 1997. (zitiert: Larenz/Wolf,)

Lausterer, Martin: Unternehmensbewertung zwischen Betriebswirtschaftslehre und Rechtsprechung, Dissertation München 1997, Baden-Baden 1997.

Lechner, Hans; Zuck, Rüdiger: Bundesverfassungsgerichtsgesetz, 4. Auflage, München 1996.

Lorie, James H.; Dodd, Peter; Hamilton Kimpton, Mary: The Stock Market: Theories and Evidence, 2. Edition Homewood, Illinois 1985. (zitiert: Lorie/Dodd/Hamilton,)

Lutter, Marcus: Theorie der Mitgliedschaft, AcP 180 (1980), 84-159.

Lutter, Marcus (Hrsg.) : Umwandlungsgesetz–Kommentar, 2. Auflage Köln 2000. (zitiert: Lutter-Bearbeiter,).

Lutter, Marcus; Bezzenberger, Tilman: Für eine Reform des Spruchverfahrens im Aktien- und Umwandlungsrecht, AG 2000, 433-447.

Luttermann, Claus: Kurzkommentar zu BayObLG Beschluß v. 29. September 1998 – 3 Z BR 159/ 94, EWiR 1998, 965-966.

Ders.: Zum Börsenkurs als gesellschaftsrechtliche Bewertungsgrundlage, ZIP 1999, 45-52.

Ders.: Bewertungsrecht im Internetzeitalter, AG 2000, 459-469.

Ders.: Kurzkommentar zu OLG Stuttgart Beschluß v. 04. Februar 2000 – 4 W 15/98, EWiR 2000, 209-210.

Ders.: Der „durchschnittliche" Börsenkurs bei Barabfindung von Aktionären und Verschmelzungswertrelation, ZIP 2001, 869-872.

Maier-Reimer, Georg; Franz-Josef Kolb: Abfindung und Börsenkurs – Verfassungsrecht vs. Aktienrecht?, Festschrift für Welf Müller, München 2001, 93-112.

Martinius, Philip; Schiffer, Jack: Anmerkung zu LG München I DB 1999, 2458= ZIP 1999, 2017, DB 1999, 2460-2462.

Maunz, Theodor; Dürig, Günter; Herzog, Roman: Grundgesetz, (Loseblatt) 36. Lieferung Oktober 1999. (zitiert: Bearbeiter in Maunz-Dürig-Herzog,).

Maurer, Hartmut: Allgemeines Verwaltungsrecht, 12. Auflage München 1999. (zitiert: Maurer, Allg. VerwR,)

Medicus, Dieter: Bürgerliches Recht, 18. Auflage Köln, Berlin, Bonn, München 1999. (zitiert: Medicus ,BR,)

Meilicke, Heinz: Anmerkung zu Wilhelm Rieger, JW 1938, 3016, JW 1938, 3018-3019.

Moxter, Adolf: Grundsätze ordnungsgemäßer Unternehmensbewertung, 2. Auflage Wiesbaden 1983. (zitiert: Moxter, Grundsätze,).

Ders.: Das „Stuttgarter Verfahren" und die Grundsätze ordnungsgemäßer Unternehmensbewertung, DB 1976, 1585-1589.

Mülbert, Peter O.: Rechtsprobleme des Delisting, ZHR 165 (2001), 104-140.

Müller, Welf: Die Unternehmensbewertung in der Rechtsprechung, in Festschrift für Bezzenberger, 705-719.

Ders.: Kurzkommentar zu OLG Düsseldorf, Urt. v. 25. Mai 2000 – 19 W 1/93 AktE, EWiR § 305 AktG 3/2000, 751-752.

Münchener Kommentar zum Bürgerlichen Gesetzbuch Band 9 Erbrecht §§ 1922-2385 BGB, §§ 27 – 35 BeurkG, 3. Auflage München 1997. (zitiert: MünchKomm- Bearbeiter).

Münchener Handbuch des Gesellschaftsrechtes, Band 4 Aktiengesellschaft, 2. Auflage München 1999. (zitiert: Bearbeiter in MünchHdbAktG,).

Müller, Klaus: Der Sachverständige im gerichtlichen Verfahren, 3. Auflage Heidelberg 1988.

Musielak, Hans-Joachim(Hrsg): Kommentar zur Zivilprozeßordnung, München 1999. (zitiert: Musielak Bearbeiter,).

Ders.: Grundkurs ZPO, 4. Auflage München 1998. (zitiert: Musielak, Grundkurs,).

Niemann, Christoph: Ansprüche der Minderheitsaktionäre bei Abschluss eines Beherrschungs- oder Gewinnabführungsvertrages, Dissertation Universität Frankfurt am Main 1968.

Neye, Hans-Werner: Kurzkommentar zu BVerfG Beschluß v. 27. April 1999 –1 BvR 1613/94 – DAT/Altana, EWiR 1999, 751-752.

Nobel, Peter: Börsenallianzen und –fusionen, Festschrift für Lutter, 1485-1511.

Oesterhelweg, Olaf: Anlegerorientierte Handelsverfahren für den deutschen Aktienmarkt, Wiesbaden 1998, Disseration Uni Hamburg 1997.

Palandt, Otto: Bürgerliches Gesetzbuch. Kommentar, 61. Auflage München 2002. (zitiert: Palandt/Bearbeiter,).

Peemöller, Volker H.: Stand und Entwicklung der Unternehmensbewertung, DStR 1993, 409-416.

Peemöller, Volker H.; Bömelburg, Peter; Denkmann, Andreas: Unternehmensbewertung in Deutschland - Eine empirische Erhebung -, WpG 1994, 741-749.

Perridon, Louis; Steiner, Manfred: Finanzwirtschaft der Unternehmung, 9. Auflage München 1997.

Pestalozza, Christian: Verfassungsprozeßrecht, 3. Auflage, München 1991.

Pieroth, Bodo; Schlink, Bernhard: Grundrechte Staatsrecht II, 14. Auflage Heidelberg 1998.

Piltz, Detlev J.: Die Unternehmensbewertung in der Rechtsprechung, 3. Auflage, Düsseldorf 1994. (zitiert: Piltz, Unternehmensbewertung,).

Ders.: Unternehmensbewertung und Börsenkurs im aktienrechtlichen Spruchstellenverfahren, ZGR 2001, 185-213.

Potthoff, Volker; Stuhlfauth, Jutta: Der Neue Markt: Ein Handelssegment für innovative und wachstumsorientierte Unternehmen - kapitalmarktrechtliche Überlegungen und Darstellung, WM-Sonderbeilage Nr.3/1997.

Raiser, Thomas: Recht der Kapitalgesellschaften, 2. Auflage, München 1992. (zitiert: Raiser, Kap-GesR,)

Ränsch, Ulrich: Die Bewertung von Unternehmen als Problem der Rechtswissenschaften, AG 1984, 202-212.

Rieger, Wilhelm: Zur Frage der angemessenen Abfindung der bei der Umwandlung ausscheidenden Aktionäre, JW 1938, 3016-3018.

Riegger, Bodo: Der Börsenkurs als Untergrenze der Abfindung ?, DB 1999, 1889-1891.

Röhricht, Volker: Beitritt zum Beherrschungsvertrag und Aktionärsrechte, ZHR 162 (1998), 249-260.

Rühland, Philipp: Die Abfindung von aus der Aktiengesellschaft ausgeschlossenen Minderheitsaktionären, WM 2000, 1884-1888.

Sanfleber-Decher, Martina: Unternehmensbewertung in den USA, WpG 1992, 597- 603.

Schäfer, Frank A. (Hrsg.): Wertpapierhandelsgesetz, Börsengesetz, Verkaufsprospektgesetz – Kommentar, Stuttgart, Berlin Köln 1999. (zitiert: Schäfer – Bearbeiter,).

Schanz, Kay-Michael: Börseneinführung, München 2000.

Schlaich, Klaus: Das Bundesverfassungsgericht, 4. Auflage, München 1997.

Schmidt, Gerd: Handbuch der Freiwilligen Gerichtsbarkeit, 2. Auflage München 1996. (zitiert: G.Schmidt, Hdb. der FG,)

Schmidt, Karsten: Gesellschaftsrecht, 3. Auflage, Köln, Berlin, Bonn, München 1997. (zitiert: Schmidt, GesellschaftsR,)

Schüppen, Matthias: Übernahmegesetz ante portas! – Zum RegierungsEntwurf eines „Gesetzes zur Regelung von öffentlichen Angeboten zum Erwerb von Wertpapieren und von Unternehmensübernahmen", WpG 2001, 958- 976.

Schüssel, Maximilian: Ist das deutsche Aktienrecht kapitalmarkttauglich?, AG 1999, 442-452.

Schwark, Eberhard: Börsengesetz, 2. Auflage, München 1994.

Ders.: Anlegerschutz in der Publikums-AG – ein Paradigmenwechsel ?, Festschrift für Lutter, 1529-1550.

Seetzen, Uwe: Die Bestimmung des Verschmelzungsverhältnisses im Spruchstellenverfahren, WM 1994, 45-51.

Ders.: Spruchverfahren und Unternehmensbewertung im Wandel, WM 1999, 565-574.

Siebel, Ulf R.; Gebauer, Stefan: Prognosen im Aktien- und Kapitalmarktrecht – Lagebericht, Zwischenbericht, Verschmelzungsbericht, Prospekt usw., Teil I, WM 2001, 118-134.

Sieben, Günter: Der Anspruch auf angemessene Abfindung nach § 12 UmwG, AG 1966, Teil I 6-13, Teil II 54-58, Teil III 83-89.

Soergel, Theodor(Begr.): Bürgerliches Gesetzbuch mit Einführungsgesetz und Nebengesetzen, Band 5/2, Schuldrecht IV/2, 12. Auflage Stuttgart, Berlin, Köln 1998. (zitiert: Soergel-Bearbeiter,).

Staudinger, Julius v. (Hrsg.): Kommentar zum Bürgerlichen Gesetzbuch mit Einführungsgesetz und Nebengesetzen, Sachenrecht §§ 903-924 BGB, 13. Bearbeitung Berlin 1996, Erbrecht §§ 2265-2338a BGB, 13. Bearbeitung Berlin 1998, Familienrecht §§ 1363-1563 BGB, 13. Bearbeitung Berlin 1994, (zitiert: Staudinger – Bearbeiter,).

Stein, Friedrich; Jonas, Martin: Kommentar zur Zivilprozessordnung, Band 3, §§ 253-299a ZPO, 21. Bearbeitung Tübingen 1997. (zitiert: Stein-Jonas-Bearbeiter,).

Steinhauer, Carsten: Der Börsenpreis als Bewertungsgrundlage für den Abfindungsanspruch von Aktionären, AG 1999, 299-308.

Steinmeyer, Roland; Häger, Michael: Kommentar zum Wertpapiererwerbs- und Übernahmegesetz mit Erläuterungen zum Minderheitenausschluss nach §§ 327a ff. AktG, Berlin 2002. (zitiert: Steinmeyer/Häger,).

Streck, Michael: Körperschaftsteuergesetz Kommentar, 5. Auflage, München 1997.

Streit, Georg: Delisting Light – Die Problematik der Vereinfachung des freiwilligen Rückzugs von der Frankfurter Wertpapierbörse, ZIP 2002, 1279-1289.

Süchting, Joachim: Finanzmanagement, 6. Auflage Wiesbaden 1995.

Tilly, Wolfgang M.: Die amtliche Kursnotierung an den Wertpapierbörsen, Baden-Baden 1975.

Timm, Wolfram; Schick, Werner: Die Auswirkung der routinemäßigen Geltendmachung der Abfindung durch die Depotbanken auf die Rechte der außenstehenden Aktionäre bei der Mehrheitseingliederung, WM 1994, 185-192.

Umbach, Dieter C.; Clemens, Thomas (Hrsg.): Bundesverfassungsgerichtsgesetz, Heidelberg 1992. (zitiert: Umbach/Clemens-Bearbeiter,).

Vetter, Eberhard: Anmerkung zu BVerfGE Beschluss vom 27. April 1999 – 1 BvR 1613/94 – DAT/Altana, AG 1999, 569-572.

Ders.: Die Entschädigung der Minderheitsaktionäre im Vertragskonzern erneut vor dem Bundesverfassungsgericht, ZIP 2000, 561-568.

Ders.: Squeeze-out in Deutschland, ZIP 2000, 1817-1824.

Ders.: Squeeze- out nur durch Hauptversammlungs-Beschluss, DB 2001, 742-747.

Ders.: Börsenkurs und Unternehmensbewertung, DB 2001, 1347-1353.

von Münch, Ingo; Kunig, Philip: Grundgesetz-Kommentar, Band 1 (Präambel bis Art. 20), 4. Auflage München 1992. (zitiert: v.Münch/Kunig-Bearbeiter,).

Wenger, Ekkehard: Kurzkommentar zu BGH, Beschluss vom 12. März 2001 – II ZB 15/00 EWiR 2001, 605-606.

Westerfelhaus, Herwarth: IDW- Unternehmensbewertung verkennt Anforderungen der Praxis, NZG 2001, 673-679.

Widmann, Siegfried; Mayer, Dieter: Umwandlungsrecht (Loseblatt), 42. Ergänzungslieferung: Stand Juli 1998. (zitiert: Widmann/Mayer-Bearbeiter,).

Wilken, Oliver: Anmerkung zu BVerfG Beschluss v. 27. April 1999 – 1 BvR 1613/94 – DAT/Altana, ZIP 1999, 1443-1444.

Wilm, Daniel: Abfindung zum Börsenkurs – Konsequenzen der Entscheidung des BVerfG, NZG 2000, 234-240.

Ders.: Nochmals: Abfindung zum Börsenkurs, Kommentar zu OLG Düsseldorf, NZG 2000, 1075, NZG 2000, 1070, 1073.

Wirth, Gerhard; Arnold, Michael: Anlegerschutz beim Delisting von Aktiengesellschaften, ZIP 2000, 111-117.

Würdinger, Hans: Aktienrecht und das Recht der verbundenen Unternehmen, 4. Auflage, Karlsruhe 1981. (zitiert: Würdinger, AktienR,).

Einleitung

Die Börse ist logisch, hat jedoch eine spezielle Logik,

die mit jener des Normalverbrauchers wenig zu tun hat.

(Andre Kostolany[1])

Lässt sich die „Logik" der Börse erklären und für die Bewertung von börsennotierten Unternehmen bei gesellschaftsrechtlichen Abfindungstatbeständen nutzbar machen?

Rechtswissenschaft und Betriebswirtschaftslehre hatten es trotz der offensichtlichen Veränderungen in der deutschen Börsenlandschaft und der Entdeckung der Aktie als Anlageinstrument[2] bis Ende der Neunziger Jahre abgelehnt, den Börsenkurs als möglichen Bezugspunkt für die Unternehmensbewertung anzusehen[3], obwohl die Zahl der Befürworter in der Literatur in letzter Zeit merklich angestiegen war[4]. Bewegung in diese Diskussion hat - wie so oft bei wichtigen (Rechts-)Fragen - das Bundesverfassungsgericht durch einen in seiner auch für die Fachwelt überraschend deutlichen Beschluss vom 27. April 1999 (- 1 BvR 1613/94)[5] gebracht. Die Verfassungshüter erklärten darin die Bemessung von Abfindung und Ausgleich im Rahmen aktienrechtlicher Unternehmensverträge und Eingliederungen ohne Berücksichtigung des Börsenkurses für mit Art.14 Abs.1 GG nicht vereinbar, ohne allerdings explizit zu erläutern, wie eine Einpassung des Börsenkur-

---

1 Kostolany, S. 23.

2 So nahm die Anzahl der Kundendepots in Deutschland 1998 um 12,5 % auf 20,586 Millionen und der Besitz inländischer Aktien um 9,2 % auf 263,6 Mrd. DM zu. (AG-Report 1999, R 423) 1999 wurden Aktien im Nominalwert von 10,8 Mrd. DM (1998 6,1 Mrd. DM) zu einem Kurswert von 70,4 Mrd. DM (1998 48,8 Mrd. DM) neu am deutschen Aktienmarkt platziert. (AG-Report 2000, R 124). Die Zahl der in Deutschland bestehenden AG´s wuchs von 5468 im Jahre 1998 auf 7375 im Jahre 1999 (AG-Report 2000, R 123). Im Frühjahr 2000 belief sich diese Zahl schon auf insgesamt 8.100 bestehender AG´s (Mitteilung des Deutschen Aktieninstitutes vom 07. Juni 2000).

3 Stellvertretend für viele: BGH AG 1967, 264; OLG Düsseldorf AG 1995, 84; Köln-KommAktG- Koppensteiner, § 305 AktG Rn.37; Hüffer, 4. Auflage, § 305 AktG Rn.20 a,b; Seetzen, WM 1999, 565, 571 der jedoch schon Ausnahmen zulassen will.

4 Götz, DB 1996, 259, 264; Aha, AG 1997, 26, 28; Ammon, FGPrax 1998, 121, 122; Luttermann, ZIP 1999, 45, 52; Steinhauer, AG 1999, 299, 306.

5 BVerfG ZIP 1999, 1436 ff.

ses in die Abfindungsermittlung vorzunehmen ist. Ob eine realitätsgerechte Einbindung dieser Entscheidung in die Abfindungspraxis gelingt, erscheint jedoch nicht nur angesichts der teilweise dramatischen Entwicklungen am Aktienmarkt seit dem Frühjahr 2000 mehr als fraglich.

Durch die folgende Arbeit soll aufgezeigt werden, dass die vom Bundesverfassungsgericht vertretenen Maßstäbe und Zielsetzungen und das von der Bewertungspraxis und den Gerichten im folgenden darauf aufgebaute Konzept der Abfindungsermittlung nach Börsenkursen nicht widerspruchsfrei sind. Bei der sich abzeichnenden Art und Weise der Umsetzung der Entscheidung besteht die Gefahr, dass die derzeit vom Gesetzgeber zugelassenen Möglichkeiten zur Unternehmenskonzentration und Unternehmensumwandlung entweder aus Kostengesichtspunkten endgültig unausführbar werden oder dem Missbrauch durch Kapitalmarktteilnehmer Tür und Tor geöffnet wird. Wird zukünftig der Börsenkurs undifferenziert als Untergrenze der Abfindung anerkannt, werden im Rahmen von Globalisierung und Weltwirtschaft notwendige Konzentrationsprozesse in Deutschland für Unternehmen möglicherweise unbezahlbar und/oder zu Spielbällen von Spekulanten. Ob Minderheitsaktionären von Gesellschaften mit einer solchen Situation, die notwendige Maßnahmen ggf. verhindert, tatsächlich gedient ist, erscheint fraglich. Der Beschluss des Bundesverfassungsgerichtes wird sich daher möglicherweise nicht nur als wirtschaftspolitischer Bumerang erweisen, sondern entgegen allen Anpreisungen die Abfindungsproblematik voraussichtlich weiter verkomplizieren.[6]

Ausgehend vom Beschluss des Bundesverfassungsgerichtes soll die zum Börsenkurs als Abfindungsmaßstab bisher und später ergangene Rechtsprechung und Literatur untersucht werden, um einen Überblick über Abfindungsanlässe und Bewertungsmethoden zu geben. Sachgebietsübergreifend wird dann vor allem auf die Kursbildung an der Börse eingegangen, da ihr in diesem Zusammenhang für das Verständnis der Aussagekraft festgestellter Börsenkurse eine herausragende Bedeutung zukommt.

Der erste Abschnitt der Bearbeitung befasst sich mit dem Beschluss des Bundesverfassungsgerichtes und seiner Vorgeschichte. Der nächste stellt die möglichen Anlässe für die Notwendigkeit einer Bewertung börsennotierter Gesellschaften dar. Der dritte Abschnitt befasst sich mit der Frage nach der verfassungsrechtlich gebotenen Abfindungshöhe und der daraus folgenden Interpretation der Angemessenheit der Abfindung, insbesondere unter Berücksichtigung der Rolle des Anteilseigentums im Schutzbereich des Art.14 Abs.1 GG. Der vierte Teil stellt in groben Zügen die für die Unternehmensbewertung von börsennotierten Unter-

[6] Anders Hans Norbert Götz als Vertreter der Schutzgemeinschaft der Kleinaktionäre in einer Stellungnahme zum Beschluss des BVerfG vom 27. Februar 1999, der den Fortschritt für die Minderheitsaktionäre nicht hoch genug veranschlagen kann.

nehmungen bisher gebräuchlichen und diskutierten Ansätze sowie allgemeine Einflussgrößen bei der Unternehmensbewertung dar. Im fünften Abschnitt werden die äußeren Umstände und die wesentlichen Determinanten zur Ermittlung des Börsenkurses vorgestellt, um dann auf die entscheidende Frage der Tauglichkeit eines Börsenkurses zur Unternehmensbewertung im Rahmen von Abfindungen einzugehen. Dabei wird sowohl Vorstellungen nach dem Börsenkurs als allein maßgeblicher Abfindungsgrundlage als auch dem Gedanken des Börsenkurses als Untergrenze der Abfindung für den Regelfall eine Absage erteilt. Dabei wird auf kaum überwindliche Schwierigkeiten bei der gesetzeskonformen, missbrauchsverhindernden Ermittlung des zu berücksichtigenden Kurses und auf die noch nicht näher erörterte Notwendigkeit konkreter Feststellungen zur Realisierbarkeit eines solchen Kurses für die Minderheitsaktionäre hingewiesen. Die aufgezeigten Probleme und Widersprüche werden dann beispielhaft an einem derzeit noch anhängigen Spruchstellenverfahren, der Verschmelzung der Bayerischen Hypo- mit der Bayerischen Vereinsbank, aufgezeigt und dargestellt. Vorab muss hierbei geklärt werden, ob die Entscheidung des Bundesverfassungsgerichtes auch auf umwandlungsrechtliche Fälle Anwendung findet. Unter der Überschrift „Schlussfolgerungen für die (Bewertungs-) Praxis" werden abschließend die hier vertretenen Thesen zur Berücksichtigung in Spruchstellenverfahren und der Beratungspraxis noch einmal zusammengefaßt.

A. Der Börsenkurs in Literatur und Rechtsprechung

I. Entscheidung des Bundesverfassungsgerichtes im Fall DAT/Altana

1. Sachverhalt

Im Jahre 1988 schloss die Deutsch-Atlantische Telegraphen-Aktiengesellschaft (im folgenden DAT AG) mit ihrer zu 91,3 % beteiligten Mehrheitsaktionärin Altana AG einen ab dem Jahre 1988 laufenden Gewinnabführungs- und Beherrschungsvertrag ab. Darin unterstellte sich die DAT AG der Leitung der Altana AG und verpflichtete sich, ab dem Geschäftsjahr 1988 den gesamten Gewinn an diese abzuführen. Die Hauptversammlungen der beiden Gesellschaften stimmten den Verträgen am 05. Juli 1988 bzw. am 14. Juli 1988 zu.

Den außenstehenden Aktionären der DAT AG wurde im Gegenzug hierfür ein jährlicher Ausgleich vom 1,3 fachen der auf eine Altana-Aktie entfallenden Dividende garantiert. Wahlweise wurde als Abfindung und damit als Anreiz zum Ausscheiden aus der Gesellschaft auf Grundlage eines Bewertungssachverständigengutachtens eine Abfindung im Verhältnis 10:13, d.h. je DAT-Aktie 1,3 Aktien der Altana AG oder eine Barabfindung von 550 DM je DAT - Aktie angeboten. Der Börsenkurs der DAT-Aktie am 05. Juli 1988, d.h. dem Tag der über die Verträge beschließenden Hauptversammlung der DAT AG, betrug 1.150,- DM und hatte auch in den Monaten davor nie unter 1.000,- DM gelegen. Unter Zugrundelegung des Börsenkurses hätte der Unternehmenswert der DAT AG demzufolge zumindest etwa das Zweifache des durch die Sachverständigen ermittelten Wertes betragen müssen.

Im folgenden erwarb die Altana AG weitere Anteile an der DAT AG zu einem höheren als den von ihr den Minderheitsaktionären bis dahin angebotenen Barabfindungsbetrag. Nachdem die Beteiligungshöhe der Altana AG 95,006 % erreichte, beschloss die Hauptversammlung der DAT AG am 12. Juni 1990 gemäß §§ 319 ff. AktG die Eingliederung der Gesellschaft in die Altana AG. Die Hauptversammlung der DAT AG stimmte mit Beschluss vom 20. Juni 1990 auch diesem Vorhaben zu. Als Abfindung für die bis dahin noch verbliebenen Aktionäre wurde unter Zugrundelegung eines erneuten Bewertungsgutachtens eine Abfindung von 14 Aktien der Altana AG für 10 Aktien der DAT AG festgesetzt. Gleichzeitig bot die Altana AG an, Aktien der DAT AG für 600,- DM je Aktie anzukaufen. Der Börsenkurs hatte bis dahin und im Vorjahr zwischen 700,- und 970,- DM gependelt.

Da in beiden Fällen deutliche Diskrepanzen zwischen der angebotenen Abfindung und den zuletzt ermittelten Börsenkursen bestanden und die Altana AG selbst Aktien zu einem höheren Preis als die angebotene Abfindung erworben hatte, waren einige Aktionäre der DAT AG mit der gebotenen Abfindungsregelung nicht einverstanden und strengten eine gerichtliche Überprüfung und Neufestsetzung der Abfindungshöhe an. Dabei stützten sie ihre Argumentation vor allem auf die in diesem Zeitraum festgestellten Börsenkurse und auf den Erwerb von Aktien durch die Altana AG zu weit über dem Abfindungsangebot liegenden Kursen.

2. Entscheidung der Vorinstanzen

Das mit beiden Entscheidungen als Eingangsinstanz betraute Landgericht Köln lehnte die Begehren nach erhöhter Festsetzung der Abfindungsbeträge ab. In seiner Begründung führte es aus, dass in Aktienkursen ein „außerordentlich zufälliger Wert" zu sehen sei, der mit dem wahren inneren Wert der Aktie nichts zu tun habe und daher nicht Grundlage der Abfindungsermittlung sein könne.[7] Die gegen diese Entscheidungen eingelegten, im wesentlichen wiederum mit Hinweis auf die festgestellten Börsenkurse gestützten Beschwerden wies das OLG Düsseldorf durch zwei im wesentlichen gleichlautende Beschlüsse vom 02. August 1994 ab.[8]

In der Begründung seiner Entscheidungen führte der Senat aus, dass der Börsenkurs im Einklang mit der bis dahin herrschenden Ansicht in Literatur und Rechtsprechung für die Bemessung der Abfindung nicht erheblich sei, ohne dass es dagegen verfassungsrechtliche Bedenken gebe.[9]

Der Senat führte hierzu aus:

„Der Börsenkurs ist von einer Vielzahl nicht wertbezogener Außeneinflüsse abhängig, wie politischen Ereignissen, der allgemeinen Börsentendenz sowie psychologischen Momenten, er wird zudem durch von der Größe oder Enge des Marktes beeinflusst und ermöglicht keine Aussage über den wahren Wert der Aktien, sondern kann höher oder niedriger als der wahre Wert sein oder sich zufällig mit ihm decken."[10]

Der abzufindende Wert der Aktien sei demzufolge nicht durch Kursbetrachtungen, sondern durch konventionelle Unternehmensbewertung zu ermitteln.[11] Da der für beide Verfahren vom Landgericht bestellte Sachverständige keine höheren als die das von der Altana AG angebotenen Umtauschverhältnisse in eigene Aktien bzw. keine höheren als die als Barabfindung angebotenen 550,- bzw. 600,- DM pro Aktie feststellen konnte, mußten die Begehren nach Ansicht der Richter erfolglos bleiben.

---

[7] LG Köln DB 1993, 217 für den Gewinnabführungs- und Beherrschungsvertrag. Die die Eingliederung betreffende Entscheidung ist, soweit ersichtlich, unveröffentlicht.

[8] OLG Düsseldorf AG 1995, 85 für den Gewinnabführungs- und Beherrschungsvertrag und OLG Düsseldorf AG 1995, 84 für die Eingliederung.

[9] OLG Düsseldorf AG 1995, 85, 86; OLG Düsseldorf AG 1995, 84.

[10] OLG Düsseldorf AG 1995, 85, 86.

[11] Mit ausführlicher Berechnung dazu OLG Düsseldorf AG 1995, 85, 87.

3. Entscheidung und Grundsätze des Bundesverfassungsgerichtes

Das gegen die genannten Beschlüsse des OLG Düsseldorf durch Verfassungsbeschwerde angerufene Bundesverfassungsgericht erklärte in seinem Beschluss vom 27. April 1999 - 1 BvR 1613/94 die Nichtberücksichtigung der Börsenkurse in angegriffenen Entscheidungen des OLG Düsseldorf für mit der Eigentumsgarantie aus Art.14 Abs.1 GG nicht vereinbar.

Die Verfassungshüter gingen dabei im Anschluss an die sog. Feldmühle-Entscheidung[12] davon aus, dass die den getroffenen Maßnahmen zugrundeliegenden aktienrechtlichen Vorschriften § 305 AktG bzw. § 320b AktG genügend Vorkehrungen für den Schutz der Minderheitsaktionäre bieten und wegen des Interesses an Konzernierungs- und Strukturmaßnahmen als Inhalts- und Schrankenbestimmungen des Eigentums verfassungsgemäß sind.[13] Der ausscheidende Aktionär müsse allerdings, ebenso wie bei der Mehrheitsumwandlung in der Feldmühle-Entscheidung, als Kompensation das erhalten, was seine gesellschaftliche Beteiligung am arbeitenden Unternehmen wert sei.[14]

Auf Grundlage dieser Prämissen darf die volle Entschädigung nach Ansicht des Bundesverfassungsgerichtes für die Minderheitsaktionäre nicht unter dem Verkehrswert liegen, der mit dem Börsenkurs der Aktie regelmäßig identisch sei. Wegen der Verkehrsfähigkeit der Aktien und deren Funktion als Kapitalanlage dürften ausscheidende Minderheitsaktionäre nach Meinung der Richter nicht weniger erhalten, als sie bei einer freien Deinvestitionsentscheidung zum Zeitpunkt der Unternehmensmaßnahme erhalten hätten.[15] Dies folge aus der Funktion des Börsenkurses als durch ein Zusammenspiel von Angebot und Nachfrage zustande gekommene Wertbestimmung, an der sich Kleinaktionäre orientieren und aus der Verwendung des Börsenkurses in anderen Rechtsgebieten wie etwa im Steuerrecht.[16] Trotzdem verlangen die Verfassungsrichter nicht die ausschließliche Verwendung des Börsenkurses, sondern sehen die Überschreitung des Börsenkurses generell und die Unterschreitung des Kurses bei Auseinanderfallen von Börsen- und Verkehrswert in Einzelfällen als verfassungsrechtlich unbedenklich an.[17]

Wann dies genau der Fall ist, wird in den Entscheidungsgründen nicht näher ausgeführt. Dem abfindungsverpflichteten Unternehmen soll allerdings der Nachweis einer fehlenden Übereinstimmung von Börsenkurs und Verkehrswert mangels ausreichendem Handel und damit fehlender Veräußerungsmöglichkeiten des Minder-

---

[12] BVerfGE 14, 263 ff., näher gleich unter **II 1 a.**
[13] BVerfG ZIP 1999, 1436, 1439 f.
[14] BVerfG ZIP 1999, 1436, 1439.
[15] BVerfG ZIP 1999, 1436, 1440, 1441.
[16] BVerfG ZIP 1999, 1436, 1441.
[17] BVerfG ZIP 1999, 1436, 1441.

heitsaktionärs offen bleiben.[18] Das Bundesverfassungsgericht geht dabei offenbar vom Ansatz aus, dass ein in der Vergangenheit festgestellter Börsenkurs eine Vermutung für die Erzielbarkeit gerade dieses Preises impliziert. Dabei will das Gericht wegen der Möglichkeit von Manipulationen nicht ausschließlich auf den Börsenkurs eines bestimmten Tages abstellen, sondern sieht auch die Verwendung eines Referenzkurses, etwa als Durchschnittskurs im Vorfeld der Bekanntgabe der Unternehmensmaßnahme als möglich an.[19]

Konsequenterweise wendet das Bundesverfassungsgericht im übrigen die von ihm vertretene Konzeption zur Berücksichtigung des Börsenkurses nicht bei der Barabfindung sondern auch bei der Abfindung in Aktien an. Nach seiner Ansicht muss unter verfassungsrechtlichen Gesichtspunkten der Börsenkurs der abfindungsverpflichteten Gesellschaft nicht Obergrenze bei der Abfindungsermittlung sein.[20]

Fasst man die Aussagen des Bundesverfassungsgerichtes thesenartig zusammen, lassen sich aus dieser Entscheidung folgende Kernaussagen entnehmen:

1. Der Verkehrswert der Aktien ist die Untergrenze der vollen (angemessenen) Abfindung.
2. Der eintretende Vermögensverlust für den Minderheitsaktionär beläuft sich auf den Verkehrswert seiner Aktien.
3. Der Verkehrswert der Aktien ist regelmäßig mit dem Börsenkurs identisch.
4. Der Börsenkurs der abfindungsverpflichteten Gesellschaft stellt nicht die Obergrenze für die Abfindungsermittlung dar.

Die auf allgemeine Bedenken gegen die Verwendbarkeit des Börsenkurses gestützten Entscheidungen des OLG Düsseldorf ohne nähere Prüfung und Bewertung der Aussagekraft der Börsenkurse, konnte daher insbesondere wegen Aussage 3 keinen Bestand haben. Wegen des noch bestehenden Klärungsbedarfes des Zustandekommens der für die Abfindung ggf. maßgeblichen Kurse der DAT AG war es daher folgerichtig, die Beschlüsse des OLG Düsseldorf aufzuheben und zur weiteren Prüfung und Entscheidung zurückzuverweisen.

---

[18] BVerfG ZIP 1999, 1436, 1442.
[19] BVerfG ZIP 1999, 1436, 1442.
[20] BVerfG ZIP 1999, 1436, 1442.

4. Bindungswirkung der Entscheidung

Bevor auf die möglichen Auswirkungen der Entscheidung und deren rechtliche Hintergründe eingegangen wird, soll die Bindungswirkung des Beschlusses vom 27. April 1999 näher untersucht werden. Nach § 31 Abs.1 BVerfGG sind die Verfassungsorgane des Bundes, der Länder sowie alle Gerichte und Behörden an die Entscheidungen des Bundesverfassungsgerichtes gebunden. Die Entscheidungen bei Verfassungsbeschwerden können nach § 31 Abs. 2 S. 2 BVerfGG Gesetzeskraft erlangen, wenn ein Gesetz als mit dem Grundgesetz vereinbar, nicht vereinbar oder für nichtig erklärt wird.

Ein Fall des § 31 Abs. 2 S. 2 BVerfGG liegt, obwohl die DAT/Altana- Entscheidung auf eine Verfassungsbeschwerde ergangen ist, nur insoweit vor, als das Bundesverfassungsgericht die §§ 305, 320b AktG als mit der Verfassung vereinbar erklärt hat. Die Aussagen zur Verwendbarkeit des Börsenkurses können dagegen nur der allgemeinen Bindungswirkung des § 31 Abs.1 BVerfGG unterliegen, da diese bislang nicht im Aktiengesetz geregelt war. Für die Praxis stellt sich vor diesem Hintergrund die Frage, ob die Ausführungen des Bundesverfassungsgerichtes z.B. zu den Möglichkeiten der Missbrauchsverhinderung oder der Dauer des möglichen Referenzzeitraumes bindend und damit zu zwingend zu beachten sind. Dabei ist letztlich auch zu klären, ob die Nichtberücksichtigung des Börsenkurses im Lichte des Art. 14 Abs. 1 GG überhaupt noch verfassungsgemäß sein kann.

Bindungswirkung nach § 31 Abs. 1 BVerfGG entfalten nach ständiger Rechtsprechung des Bundesverfassungsgerichtes neben dem Tenor als Entscheidungsausspruch auch die tragenden Gründe der Entscheidung, soweit sie Ausführungen zur Auslegung der Verfassung enthalten.[21] Zur Bestimmung der tragenden Gründe sind besonders die Leitsätze, die den Kern der Entscheidung betreffen und das verfassungsrechtlich wesentliche herausheben sollen, heranzuziehen.[22]

Die DAT/Altana- Entscheidung enthält im Leitsatz die Aussage, dass der Börsenkurses bei Abfindungen und Ausgleich im Rahmen des Aktienrechtes nicht außer Betracht bleiben kann. Welcher Kurs in welcher Weise zukünftig berücksichtigt werden soll oder sogar muss, wird vom Bundesverfassungsgericht weder im Leitsatz, noch in den tragenden Gründen oder den übrigen Ausführungen des Beschlusses angesprochen. Mangels genauerer Bestimmungen kann folglich nur der generelle Auftrag, den Börsenkurses in den Überlegungen im aktienrechtlichen Spruchstellenverfahren mit zu berücksichtigen, Bindungswirkung nach § 31 Abs. 1 BVerfGG entfalten. Weder die pauschalen Aussagen zum Durchschnittskurs noch die vom Verfassungsgericht geschilderten Möglichkeiten zur Missbrauchsabwehr und zur Entkräftung des Börsenkurses für das abfindungspflichtige

---

21 BVerfGE 1, 14, 37; 40, 88, 93; Lechner/Zuck, § 31 BVerfGG Rn.30; anders: nur der Tenor binde: Pestalozza, § 20 V 6 d cc; Schlaich, Rn.440 ff.; BGHZ GrSZ 13, 265, 277.

22 Umbach/Clemens-Rennert, § 31 BVerfGG Rn. 74; BVerwGE 73, 263, 268; 77, 258, 261.

Unternehmen können als bloße Bestandteile des Beschlusses unmittelbare Bindungswirkung entfalten. Unklar bleibt auch, ob die Berücksichtigung des Börsenkurses nur dem Aktienrecht immanent ist oder auch im Umwandlungsrecht Anwendung finden muß.

Zusammenfassend lässt sich daher feststellen, dass im Hinblick auf die Bindungswirkung der Bundesverfassungsgerichtsentscheidung gemäß § 31 Abs.1 BVerfGG eine den Börsenkurs als einzig maßgebliche Größe betrachtende Auffassung genauso vertretbar erscheint wie die Nichtberücksichtigung des Börsenkurses. Hierbei muss allerdings sichergestellt sein, dass der Börsenkurs in den zur Ermittlung der Abfindungshöhe anzustellenden Überlegungen enthalten war und seine Berücksichtigungsfähigkeit ernsthaft geprüft wurde.

Die nachfolgende Arbeit wird zeigen, dass die Nichtberücksichtigung des Börsenkurses im Gegensatz zur Annahme des Bundesverfassungsgerichtes schon aus Gründen der Verteilung der Darlegungs- und Beweislast weiter Regelfall bei der Abfindungsermittlung bleiben muss. Eine kostenintensive Beschäftigung mit dem Börsenkurs, seinen Wirkungen und seinem Zustandekommen im Einzelfall dürfte daher nicht erforderlich werden. Im übrigen ist zu hoffen, dass das Bundesverfassungsgericht möglichst schnell Gelegenheit erhält, die durch seinen Beschluss und dessen Auswirkungen in der Praxis hervorgerufenen Irritationen in der Unternehmenswelt durch eine Klarstellung seiner Position zu beseitigen.[23]

II. Meinungsstand bis zum Beschluss des BVerfG

Um die Bedeutung der Entscheidung des Bundesverfassungsgerichtes besser zu verstehen, soll nachfolgend auf die bis dahin gebräuchliche Beurteilung des Börsenkurses als Abfindungsgrundlage durch Rechtsprechung und Literatur eingegangen werden. Dabei sind die beispielhaft dargestellten Entscheidungen und Meinungsäußerungen trotz ihres teils erheblichen Alters nicht nur vor dem Hintergrund der historischen Einordnung in die Rechtsentwicklung sondern gerade im Hinblick auf die darin vorgebrachten Argumente für und gegen die Verwendbarkeit des Börsenkurses von Interesse.

---

[23] Dazu sieht das Bundesverfassungsgericht in nachfolgenden Entscheidungen allerdings keinen Anlaß. BVerfG AG 2000, 178 – EURAG-Holding; BVerfG ZIP 1999, 1804, 1805 –Hartmann & Braun.

1. Rechtsprechung

a. Feldmühle-Urteil des BVerfG vom 7. August 1962[24]

aa. Sachverhalt

Der Entscheidung des Bundesverfassungsgerichtes vom 7. August 1962, die einen ersten wesentlichen Meilenstein in der Geschichte der Abfindungsrechtsprechung setzte, lag der Fall der Feldmühle AG zugrunde. Durch Hauptversammlungsbeschluss vom 22. Dezember 1959 hatte die Gesellschaft ihr Vermögen gem. §§ 9, 15 UmwG 1956 auf die AG für Papier und Zellstoffinteressen übertragen, deren Anteilseignerin eine Tochtergesellschaft der Friedrich Flick KG war.

Ein im Vorfeld eingeholtes Abfindungsgutachten ergab für die Feldmühle-Aktionäre einen Wert ihrer Aktien von 668 % des Nennbetrages. Den ausscheidenden Minderheitsaktionären wurde 786 % angeboten, obwohl der Börsenkurs der Feldmühle AG zu dieser Zeit 840 % betragen und 1959 einen Höchstkurs von sogar 1230 % erreicht hatte.[25]

Das Amtsgericht Düsseldorf als das zur Eintragung des Umwandlungsbeschlusses in das Handelsregister berufene Gericht war der Ansicht, dass die Mehrheitsumwandlung und das daraus folgende Ausscheiden aus der Gesellschaft gegen Art. 14 Abs.1 GG und Art. 3 Abs.1 GG verstoßen würde. Dabei argumentierte das Gericht zum einen damit, dass die Mehrheitsumwandlung die „Auslöschung" der Aktienrechte der Minderheitsaktionäre erlaube und dadurch das Anteilseigentum in seinem Wesenskern betreffe und zum anderen, dass die Mehrheitsherrschaft nicht zu einem Verlust der Mitgliedschaft der Minderheit führen dürfe.[26] Das Gericht legte daher dem Bundesverfassungsgericht gemäß Art. 100 Abs.1 S.1 GG die Frage der Verfassungsmäßigkeit der der Umwandlung zugrundeliegenden Vorschriften des § 15 i.V.m. §§ 9, 12 UmwG 1956 zur Entscheidung vor.

bb. Entscheidung

Das Bundesverfassungsgericht bestätigte die Verfassungsmäßigkeit der betreffenden Vorschriften. Dabei betonten die Richter nach einer umfangreichen Auseinandersetzung mit den für eine Verfassungswidrigkeit der Vorschriften sprechenden Argumenten, dass den Interessen der Allgemeinheit an freier Entfaltung unternehmerischer Initiative im Konzern durch den Gesetzgeber gegenüber dem Eigentum der Minderheitsaktionäre grundsätzlich Vorrang eingeräumt werden

---

[24] BVerfGE 14, 263 ff.

[25] Daten mitgeteilt von Niemann, S. 63. Letztendlich erfolgte durch das OLG Düsseldorf mit Beschluss vom 31. Juli 1964 eine Festsetzung der Abfindung auf 920 % des Nennbetrages.

[26] Mitgeteilt durch BVerfGE 14, 263, 270 f.

könne.[27] Voraussetzung für die Vereinbarkeit der Vorschriften mit Art. 14 GG sei allerdings, dass die Minderheitsaktionäre durch die zu Abfindung wirtschaftlich voll entschädigt werden, mithin der Ausscheidende das erhalte, „was seine gesellschaftliche Beteiligung an dem arbeitenden Unternehmen wert ist".[28] Dabei ging das Verfassungsgericht davon aus, dass für Minderheitsaktionäre die Aktie ohnehin eher als reine Kapitalanlage denn als unternehmerische Beteiligung zu verstehen sei. Gleichzeitig böten die vorhandenen aktienrechtlichen Schutzmechanismen wie Nichtigkeits- und Anfechtungsklage sowie das Spruchstellenverfahren den Minderheitsaktionären ausreichend Schutz.[29] Die Kernfrage, auf welchem Weg der volle Wert der Abfindung zu berechnen sei, ließen die Verfassungsrichter unbeantwortet.

b. Beschluss des OLG Hamm vom 23. Januar 1963[30]

Das OLG Hamm hatte unmittelbar nach dem Feldmühle- Urteil über die Angemessenheit einer im Zuge einer Unternehmensumwandlung angebotenen Abfindung zu entscheiden. Nach Wiederholung der zu diesem Zeitpunkt noch nicht näher konkretisierten Formel der „vollen Entschädigung" aus dem Feldmühle- Urteil unterschied der Senat zwischen den Wertbildungsfaktoren der Aktie selbst und dem Wert der in der Aktie enthaltenen Unternehmensbeteiligung.[31] Die Richter räumten im folgenden dem Börsenkurs für die Abfindungshöhe eine weitreichende Bedeutung ein und argumentierten, dass der Minderheitsaktionär durch sein Ausscheiden keine Nachteile erleiden dürfe, mithin der Börsenkurs Untergrenze der Abfindung sein müsse.[32] Auch die weiteren Ausführungen des OLG Hamm zeigen, dass die Ansicht des Bundesverfassungsgerichtes in der 36 Jahre später ergangenen DAT/Altana- Entscheidung keineswegs einmalig und völlig neuartig in der Abfindungsrechtsprechung war, denn schon in der Entscheidung 1963 heißt es:

„Es sind lediglich Zufälligkeiten und spekulative Einflüsse auszuschalten, die den Kurs beeinflusst haben, weil die Umwandlung bevorstand. Deshalb kann nicht der Börsenkurs eines bestimmten Tages, etwa des Umwandlungsstichtages oder ein nur kurzfristig notierter Höchst- oder Mindestkurs zugrunde gelegt werden. Es ist vielmehr ein Normalkurs zu nehmen, der sich aus der Entwicklung eines längeren

[27] BVerfGE 14, 263, 282; kritisch zur Entscheidung Fechner AG 1962, 229, 232. Im Ergebnis dem BVerfG zustimmend v. Falkenhausen, AG 63, 150, 153, wobei er die Begründung durch eine Abwägung allein der Vermögensinteressen der Groß- und Kleinaktionäre gewinnen will.
[28] BVerfGE 14, 263, 283,284 m.w.Nachw.
[29] BVerfGE 14, 263, 283, 287.
[30] OLG Hamm AG 1963, 218 ff., ebenso OLG Hamm AG 1964, 41.
[31] OLG Hamm AG 1963, 218, 219.
[32] OLG Hamm AG 1963, 218, 219.

Zeitraums abzeichnet. Denn nur so können Zufälligkeiten und spekulative Einflüsse der angeführten Art ausgeschaltet werden, ... "[33]

Mit der Ermittlung eines „Normalkurses" aus in der Vergangenheit ermittelten Börsenkursen gab sich der Senat allerdings noch nicht zufrieden. Vielmehr versuchte er durch eigene Erwägungen, unter Berücksichtigung der zukünftig eintretenden Vor- und Nachteile für die Beteiligten, den bei Aktienkäufen im Vorfeld der Umwandlung gezahlten Preisen sowie den für vergleichbare Gesellschaften anhand der Dividendensätze gezahlten bzw. potentiell zu zahlenden Kursen den Normalkurs weiter zu modifizieren. Dabei stellte das Gericht klar, dass nach seiner Ansicht die am Aktienmarkt gezahlten Preise den abzufindenden Verkehrswert besser als Ertrags- oder Substanzwert widerspiegeln.[34]

c. Urteil des KG Berlin vom 28. April 1964[35]

Das Kammergericht hatte über die Angemessenheit einer Abfindung von 320 % bei einer Umwandlung einer börsennotierten Gesellschaft zu entscheiden, deren letzte Kurse sich vor Bekanntgabe der Umwandlung bei etwa 700 % bewegt hatten.

Das Kammergericht verneinte im Gegensatz zum OLG Hamm jegliche Relevanz des Börsenkurses bei der Bemessung der Abfindung, unabhängig davon, ob der Börsenkurs höher oder niedriger als der objektive Unternehmenswert sei.[36] Eine wirtschaftlich volle Entschädigung werde nur durch den objektiv inneren Wert entsprechend der bei einem Ausscheiden aus einer Personengesellschaft gemäß § 738 BGB zu zahlenden Abfindung gewährleistet.[37] Der Kurswert an der Börse führt nach Ansicht des Senates nur zu einem fiktiven Unternehmenswert, der nicht nur durch den Wert der gesellschaftsrechtlichen Beteiligung sondern maßgeblich durch die Zahl der am Markt handelbaren Aktien, der allgemeinen und der politischen Tendenz sowie von der Entwicklung der Auslandsbörsen abhängig ist und daher für die Abfindungsermittlung nicht brauchbar sei.[38]

Der Erwerber von Aktien muss nach Ansicht des Kammergerichtes damit rechnen, dass er die Möglichkeit der Gewinnerzielung an der Börse mit Hilfe der Aktien

---

[33] OLG Hamm AG 1963, 218, 219. Weitere in der Deutlichkeit verblüffende Übereinstimmungen in den Argumentationen stellt Piltz ZGR 2001, 185, 188 f. fest.

[34] OLG Hamm AG 1963, 218, 219.

[35] KG AG 1964, 217 ff.

[36] KG AG 1964, 217, 220.

[37] KG AG 1964, 217, 218, 220.

[38] KG AG 1964, 217, 219 f.; Ähnlich das OLG Stuttgart im Beschluss vom 12. November 1962, mitgeteilt bei Koppenberg, S. 67, das die Entwicklung an der Aktienbörse als Umschlagplatz für Aktien allerdings trotzdem nicht außer Betracht lassen will, ohne zu konkretisieren wie eine solche Berücksichtigung aussehen soll.

nur bis zum Zeitpunkt der Umwandlung hat, so dass es keinen Unterschied mache, ob eine AG durch Umwandlung oder in sonstiger Weise erlischt. In beiden Fällen komme es letztlich zur darauf an, dass die Aktie die gesellschaftliche Beteiligung an einem Unternehmen verkörpere und deshalb nur den Wert haben könne, der durch den zugehörigen Anteil an vorhandener Vermögenssubstanz unterlegt ist.[39]

d. Urteil des BGH vom 30. März 1967[40]

Der II. Senat des Bundesgerichtshofes hatte im folgenden als Revisionsinstanz über den der Entscheidung des Kammergerichtes zugrundeliegenden Sachverhalt zu entscheiden.

Der BGH stimmte grundsätzlich mit dem durch das Bundesverfassungsgericht in der Feldmühle– Entscheidung aufgestellten Grundsatz der vollen Abfindung überein. Ebenso wie das Kammergericht wies der Senat auf die Abfindung eines aus einer Personengesellschaft ausscheidenden Gesellschafters hin, der zum objektiven Wert der Beteiligung abzufinden sei.[41] Der BGH verneint dann die Relevanz des Börsenkurses in der Abfindungsermittlung und begründet seine Erwägungen insbesondere mit den seiner Ansicht nach bei der Kursbildung wirkenden Einflussfaktoren.

Der Bundesgerichtshof führt dazu aus:

„*Er* (Der Börsenkurs – d. Verfasser) *ergibt sich aus dem im Augenblick der Kursbildung vorhandenen Verhältnis von Angebot und Nachfrage, das von der Größe und Enge des Marktes, von zufallsbedingten Umsätzen, von spekulativen Einflüssen und sonstigen nicht wertbezogenen Faktoren wie politischen Ereignissen, Gerüchten, Informationen, psychologischen Momenten oder einer allgemeinen Tendenz abhängt. Außerdem unterliegt der Börsenkurs unberechenbaren Schwankungen und Entwicklungen, wie die Aktienkurse der letzten Jahre besonders deutlich gemacht haben.*“[42]

Diese prägnante in der Konsequenz scheinbar einleuchtende Ablehnung des Börsenkurses als Grundlage der Abfindung wurde fortan bis in die Neunziger Jahre von der Rechtsprechung zur Grundlage der Nichtberücksichtigung von Börsenkursen gemacht.[43] In vielen Entscheidungen wurde die Börsenkursentwicklung

---

[39] KG AG 1967, 217, 221.
[40] BGH AG 1967, 264.
[41] BGH AG 1967, 264.
[42] BGH AG 1967, 264.
[43] OLG Düsseldorf WM 1992, 986, 990 – Dt.Babcock/Balcke-Dürr; OLG Düsseldorf AG 1995, 85, 86; BayObLG AG 1995, 509, 510 - Brauhaus Amberg; ebenso noch OLG Celle Beschluss v. 31. August 1998 - 9 W 128/97 - Hofbrauhaus Wolters/Gildebrauhaus.

daher noch nicht einmal thematisiert.[44]

e. Beschluss des BayObLG vom 29. September 1998[45]

Die Entscheidung des Bayerischen Obersten Landesgerichts vom 29. September 1998, die einen ersten Meilenstein hin auf dem Weg zu einer Berücksichtigung des Börsenkurses setzte, betraf einen in der veröffentlichten Abfindungsrechtsprechung eher ungewöhnlichen Sachverhalt.

Auf dem Prüfstand stand ein im Jahr 1990 zwischen der Gebrüder März AG und der EKU AG abgeschlossener Beherrschungs- und Gewinnabführungsvertrag, in dem den Minderheitsaktionären der EKU AG eine Barabfindung von 1.625 DM je Aktie angeboten wurde. Das Bewertungsgutachten hatte einen Wert von 1303 DM je EKU – Aktie für angemessen gehalten, obwohl der Börsenkurs der Gesellschaft in den Vorjahren und auch 1990 weit über 2.000 DM lag.[46]

Nachdem das Landgericht die Anträge auf Erhöhung der Abfindung zurückgewiesen hatte, fielen in der Beschwerdeinstanz vor dem BayObLG sowohl die EKU AG als auch die Gebrüder März AG in Konkurs. Das in dem Verfahren bis dahin vorgelegte Bewertungsgutachten war nach Ansicht des Senates ungeeignet und ein neues Bewertungsgutachten nach seiner Meinung zu den Vergütungssätzen des § 3 ZSEG nicht zu bekommen. Das BayObLG stellte daher in Abkehr von der genannten Entscheidung des BGH aus dem Jahr 1967 auf einen um einen Abschlag von knapp 10 % verminderten Durchschnittsbörsenkurs der letzten 2-2,5 Jahre als Barabfindung ab.[47] Ob der Senat mit seinen allgemeinen Erläuterungen zur Brauchbarkeit des Börsenkurses und den Veränderungen des Aktienmarktes eine allgemeine und generelle Berücksichtigung des Börsenkurses befürwortete, konnte in der Entscheidung offen bleiben.[48]

---

[44] In vielen Entscheidungen wurde trotz teilweiser Börsennotierung der beteiligten Unternehmen eine mögliche Relevanz des Börsenkurses, wohl angesichts der eindeutigen Rechtsprechung des BGH, gar nicht angesprochen. Es ist zu vermuten, dass die nähere Vertiefung der Börsenkursrelevanz durch die Gerichte oftmals schon mangels näherem Vortrag der Minderheitsaktionäre unterbleiben konnte, die sich davon keinen Erfolg versprachen. Vgl. etwa OLG Zweibrücken AG 1995, 421 ff. – Saint Gobain/ Grünzweig + Hartmann.

[45] BayObLG ZIP 1998, 1872 ff.

[46] BayObLG ZIP 1998, 1872.

[47] BayObLG ZIP 1998, 1872, 1876.

[48] Offenbar maßgeblich beeinflusst durch Ammon, FGPrax 1998, 121, 122.

1. Schrifttum

a. Entwicklungen bis 1956

Schon unter der Geltung des Umwandlungsgesetzes von 1934, nach dessen Wortlaut die Abfindung „unter Berücksichtigung des Wertes der Aktien“ festzusetzen war, sprach sich im Jahre 1938 Rieger[49] für die Berücksichtigung des Börsenkurses bei Abfindungen aus. Rieger definierte dabei den Börsenkurs als den zusammengefassten Ausdruck aller Tatsachen und Möglichkeiten, die bei der Urteilsbildung am Markt ins Gewicht fallen, ohne dass es auf die Richtigkeit der im gebildeten Kurs enthaltenen Meinungen und Anschauungen ankomme.[50] Der Börsenkurs könne mangels Vergleichsmaßstab weder verbessert noch korrigiert werden.[51]

Im Gegensatz dazu lehnte Meilicke die Verwendung des Börsenkurses mit Hinweis auf die notwendig objektiv, grenzpreisbezogene Ermittlung des Unternehmenswertes ab.[52] Seiner Meinung nach sei zur Ermittlung der Abfindung eine Auseinandersetzung des Gesellschaftsvermögens vorzunehmen. Dabei sei ein Verkauf der gesamten Gesellschaft an einen Dritten zu unterstellen und der Kaufpreis ebenso wie ein Liquidationserlös auf die abfindungsberechtigte Minderheit zu verteilen.[53]

b. Entwicklungen nach 1956

Die Änderung des UmwG im Jahre 1956, dessen Gesetzeswortlaut fortan bei Umwandlungsmaßnahmen eine „angemessene Abfindung“ forderte, veranlasste Teile der Literatur die Berücksichtigungsfähigkeit des Börsenkurses unter Geltung des UmwG 1956 auszuschließen.[54] Durch die Entscheidungen des OLG Hamm und des Kammergerichts Berlin belebte sich die Kontroverse erneut. Meilicke[55] und ihm folgend Kindermann[56] widersprachen mit Hinweis auf den zu ermittelnden objektiven Unternehmenswert einer Berücksichtigung des Börsenkurses. Kindermann betonte dabei in Anlehnung an die Entscheidung des Kammergerichtes nochmals die Unzuverlässigkeit des Aussagewertes des Börsenkurses und dessen Abhängigkeit von unternehmensexternen Einflussfaktoren.[57] Eine am Börsenkurs bemessene Abfindung wäre seiner Meinung nach nur dann vertretbar, wenn man

---

[49] Rieger, JW 1938, 3016.
[50] Rieger JW 1938, 3016,.3017.
[51] Rieger JW 1938, 3016, 3017.
[52] Meilicke, JW 1938, 3018 f. m. w. Nachw.
[53] Meilicke, JW 1938, 3018, 3019.
[54] Franta, DB 1956, 1198, 1202; Kropff, DB 1962, 155.
[55] Böttcher-Meilicke, Anm. 24 zu §§ 12, 13 UmwG 1956.
[56] Kindermann, AG 1964, 178, 180.
[57] Kindermann, AG 1964, 178, 180; Franta, DB 1956, 1198, 1202.

die Abfindung als Entschädigung auffasse, was er für nicht haltbar hielt.[58] Nach Busse von Colbe[59] als Befürworter der Gegenansicht können gerade Börsenkurse den objektiven Unternehmenswert besser als jegliche mit Unsicherheiten belasteten Wertermittlungen von Gutachtern ausdrücken. Auftretende Kursschwankungen seien deshalb kein Grund den Börsenkurs als Abfindungsgrundlage zu verwerfen. Vielmehr könne der die Unternehmensmaßnahme betreibende Mehrheitsaktionär bei für ihn ungünstigen weil überhöhten Kursen auf ein für ihn akzeptables Kursniveau warten und die Maßnahme erst dann durchführen.[60]

c. Entwicklungen nach der Entscheidung des BGH 1967

Die Entscheidung des BGH aus dem Jahre 1967 ließ die in den Vorjahren begonnene Kontroverse alsbald verstummen. Angesichts der Klarheit der Entscheidung, deren Übernahme durch die instanzgerichtliche Rechtsprechung und der fast einhellig auf die Ertragswertbetrachtung fixierten Bewertungspraxis erfolgte lange Jahre keine erneute vertiefte Auseinandersetzung mit dem Thema. Man kann sogar davon sprechen, dass die Irrelevanz des Börsenkurses für die Abfindungsermittlung auch in der Literatur zumindest bis Mitte der Neunziger Jahr als gesicherte Erkenntnis galt.[61]

d. Entwicklungen in den Neunziger Jahren

Eine ernstzunehmende Diskussion über die Verwendbarkeit des Börsenkurses in der Abfindungsermittlung wurde erst wieder im zeitlichen Zusammmenhang mit dem März/EKU Urteil des BayObLG[62] im Jahre 1998 aufgenommen. Von einzelnen Autoren wurde dabei, entgegen der damals noch herrschenden Kommentarliteratur[63], sowohl aus finanztheoretischer als auch aus gesellschaftsrechtlicher Sicht ein Umdenken zugunsten des Börsenkurses gefordert.[64] Götz, der als Prozessbevollmächtigter im Spruchstellenverfahren DAT/Altana auftrat, vertrat bereits 1996 die Ansicht, dass die Minderheitsaktionäre nicht mehr als Träger des Unternehmens sondern als bloße Disponenten im organisierten Kapitalmarkt ohne unter-

---

[58] Kindermann, AG 1964, 178, 181; ebenso Kropff, DB 1962, 155.

[59] Busse von Colbe, AG 164, 263 ff.

[60] Busse von Colbe, AG 1964, 263, 266 f.

[61] Eingehende Beschäftigung mit der Fragewohl nur noch bei Hüchting, S.39 ff. im Jahre 1972, der im Verhältnis Mehr- und Minderheitsaktionär zwischen Gesellschaftssphäre und der Sphäre der Börse unterscheidet, wobei bei letzterer die Wertschätzung durch das außenstehende Börsenpublikum erfolgt (S. 47).

[62] BayObLG ZIP 1998, 1872 ff.

[63] KölnKomm-Koppensteiner, § 305 AktG Rn. 37; Hüffer, 4. Auflage, § 305 AktG Rn. 20.

[64] Steinhauer AG 1999, 299 ff.; Luttermann ZIP 1999, 45 ff.; Luttermann, EWiR 1/98, 821; vorher schon Ammon, FGPrax 1998, 121 ff.; Aha, AG 1997, 26 ff.; Götz, DB 1996, 259 ff.

nehmerische Verfügungsmöglichkeiten angesehen werden müssten.[65] Marktpreise seien bei unterstellter Markttransparenz daher beste Indikatoren für eine Bewertung der Unternehmensanteile. Abfindungen unter Marktpreisen könnten schon deshalb nicht angemessen sein, da der Großaktionär bei Erwerb über den Markt mindestens diese Preise hätte aufwenden müssen.[66] Aha[67] und Steinhauer[68] begründeten die Verwendbarkeit von Börsenkursen vor allem mit den eingetretenen Kapitalmarktveränderungen, die die bisher vorgebrachten Argumente der Rechtsprechung entkräften und die Aussagekraft des Börsenkurses erhöht haben sollten. Luttermann[69] argumentierte darüber hinaus mit der Maßgeblichkeit des Marktpreises in Teilbereichen des Zivil- und Steuerrechtes und der allgemeinen Funktion des Marktpreises in einer funktionierenden Marktwirtschaft. Die Suche nach der angemessenen Abfindung gründe sich seiner Meinung nach auf der gesicherten Basis, dass der durch Börsennotierung ermittelte Aktienkurs Maßgröße für die Bewertung der Barabfindung sei.[70]

III. Entwicklungen nach den Urteil des BVerfG

Angesichts der klaren von der bisherigen Rechtsprechung des Bundesgerichtshofes und der auch in Sachverständigenkreisen ganz herrschenden Meinung abweichenden Entscheidung des Bundesverfassungsgerichtes war anfangs mit Spannung zu erwarten, wie die ersten Reaktionen in Rechtsprechung und Schrifttum ausfallen würden. Dies umso mehr, als das Bundesministerium der Justiz, der Bundesverband der Deutschen Industrie, das Institut der Wirtschaftsprüfer (IDW) und die Senatsmitglieder des für Gesellschaftsrecht zuständigen II. Zivilsenates des Bundesgerichtshofes Dr. Bommel und Prof. Dr. Henze die Berücksichtigung des Börsenkurses unter Hinweis auf die Argumente des BGH in seiner Entscheidung vom 30. März 1967 in ihren zu dem Verfahren übermittelten Stellungnahmen noch abgelehnt hatten. Einzig der Vorsitzende des II. Zivilsenates Dr. Röhricht problematisierte in seiner Stellungnahme eine Abfindung unter Börsenkursen mit dem von dem Bundesverfassungsgericht später aufgegriffenen Hinweis auf den Börsenkurs als Verkehrswert und dürfte daher die Entscheidung maßgeblich mit beeinflusst haben.

[65] Götz, DB 1996, 259, 265.
[66] Götz, DB 1996, 259, 264.
[67] Aha, AG 1997, 26 ff.
[68] Steinhauer, AG 1999, 299, 302 f.
[69] Luttermann, ZIP 1999, 45, 47.
[70] Luttermann, ZIP 1999, 45, 51.

1. Rechtsprechung

Durch den in der Entscheidung des Bundesverfassungsgerichtes vom 27. April 1999 enthaltenen Auftrag zur Konkretisierung des zu berücksichtigenden Börsenkurses kam es der Rechtsprechung zu, die Entscheidung der Verfassungshüter in die Praxis umzusetzen. Beispielhaft sollen daher die ersten vier richtungsweisenden Entscheidungen erwähnt und später aufgearbeitet werden. Drei dieser Entscheidungen beschäftigen sich dabei wiederum mit dem Fall DAT/Altana. Dabei wird sich schnell herausstellen, dass die Entscheidungen wegen ihrer fallspezifischen Besonderheiten noch keineswegs als neue Rechtsprechung des Bundesgerichtshofs oder der Instanzgerichte bezeichnet werden können.

a. Beschluss des OLG Stuttgart vom 4. Februar 2000[71]

Dem OLG Stuttgart oblag es im Fall Schwaben-Zell AG/Hannover Papier AG als erstem Zivilgericht in einem Spruchstellenverfahren, den Beschluss des Bundesverfassungsgerichtes zu berücksichtigen und die Vorgaben des Verfassungsgerichtes soweit nötig und möglich zu konkretisieren.

aa. Sachverhalt

Zwischen der börsennotierten Schwaben-Zell AG und der an ihr mehrheitlich beteiligten Hannover Papier AG wurde im Jahr 1990 ein Gewinnabführungs- und Beherrschungsvertrag abgeschlossen. Der geplante Vertragsschluß wurde am 23. März 1990 verkündet und am 27. Juni 1990 durch Zustimmung der Hauptversammlung der Schwaben-Zell AG besiegelt. Die Hannover Papier AG hatte zu diesem Zeitpunkt auf Grundlage einer von Sachverständigen vorgenommenen Ertragswertberechnung der Schwaben-Zell AG eine Barabfindung von 150 DM pro Aktie angeboten. Die Börsenkurse der Schwaben-Zell AG bewegten sich im Zeitraum zwischen dem 23. Oktober 1989 und dem 27. Juni 1990 zwischen 165 und 250 DM. Am Tage der Bekanntmachung der geplanten Maßnahme dem 23. März 1990 wurde ein Kurs von 190,50 DM festgestellt, der bis zum Tage der Hauptversammlung auf 250 DM stieg.

Das Landgericht Stuttgart als Vorinstanz hatte unter Zuhilfenahme eines Gutachtens einer Wirtschaftsprüfungsgesellschaft 183,50 DM je Aktie als angemessen festgesetzt. Nachdem das OLG Stuttgart über den Sachverhalt bereits 1994 entschieden und dabei eine höhere Abfindung abgelehnt hatte, erhielt es, nachdem sein damaliger Beschluss 1998 durch das BVerfG wegen Verletzung des rechtlichen Gehörs aufgehoben und zurückverweisen wurde, erneut Gelegenheit, sich

[71] OLG Stuttgart DB 2000, 709 ff.

mit den Argumenten der Antragsteller zu beschäftigen. Diese machten nunmehr u.a. mit Hinweis auf die DAT/Altana- Entscheidung des Bundesverfassungsgerichtes auf die bis zur Zustimmung der Hauptversammlung festgestellten Börsenkurse eine höhere Abfindung geltend.

bb. Entscheidung

Das OLG Stuttgart setzte die angemessene Abfindung im Einklang mit dem im Rahmen des landgerichtlichen Verfahrens bereits eingeholten Bewertungsgutachten auf 183 DM fest. In den Gründen referiert der Senat zuerst die Kernpunkte der Entscheidung des BVerfG und stellt dann für den zu berücksichtigenden Börsenkurs auf den Durchschnittskurs im Zeitraum 23. Oktober 1989 bis 23. März 1990 ab. Nach den Berechnungen betrug dieser 180,93 DM, erreichte mithin bereits den nach dem letzten eingeholten Ergänzungsgutachten ermittelten Wert nicht.[72] Der Senat verzichtet auf eine längerfristige Kursbetrachtung, obwohl ihm bewusst ist, dass auch Referenzzeiträume von 2-3 Jahren möglich und ggf. sogar wünschenswert wären. Die angestellte 5 Monats-Kursbetrachtung genügt nach Ansicht des Gerichtes, weil von keinem der Beteiligten für längere Zeiträume ein höherer Durchschnittswert vorgetragen wurde.[73] Eine längerfristige Betrachtung der Entwicklung des Börsenkurses ist nach Ansicht des Senates allerdings wünschenswert.[74] Das OLG Stuttgart stellt im übrigen weder auf den Börsenkurs vom 27. Juni 1990 noch auf den Durchschnittskurs im Zeitraum 23. Oktober 1989 bis 27. Juni 1990 ab. Letzterer hätte, nicht zuletzt wegen der stark gestiegenen Kurse seit der Bekanntgabe der Unternehmensverträge, 198,70 DM betragen. Maßgeblich könne nach Ansicht des Senates nur der Börsenkurswert sein, der nicht die durch das Bekanntwerden der Verträge eingetretenen spekulativen Kursgewinne berücksichtige. Eine Berücksichtigung solcher Kursgewinne nach Veröffentlichung der Unternehmensabsichten sei nach Ansicht des Gerichtes von Verfassung wegen nicht geboten.[75]

b. Vorlagebeschluss vom 25. Mai 2000 - DAT/Altana II[76]

Nach Aufhebung und Zurückverweisung seiner ursprünglichen Entscheidungen

---

72 OLG Stuttgart DB 2000, 709, 710.

73 OLG Stuttgart DB 2000, 709, 710.

74 Ob man mit Luttermann, EWiR § 305 AktG 2/2000, S. 210 davon ausgehen kann, dass der Senat einen Zeitraum von ca. 2 Jahren für angemessen hält, ist m. E. zweifelhaft. Aus der Zitierung der diskutierten Referenzzeiträume dürfte sich eine solche Übereinstimmung nicht ableiten lassen.

75 OLG Stuttgart DB 2000, 709, 710.

76 OLG Düsseldorf ZIP 2000, 1525 ff.

im Fall DAT/Altana durch das BVerfG hatte das OLG Düsseldorf über die angemessene Abfindung für den abgeschlossenen Beherrschungs- und Gewinnabführungsvertrag zwischen der DAT AG und der Altana AG zu entscheiden.

Der Senat ging dabei, anders als das OLG Stuttgart, schon im Ansatz her davon aus, dass der als Untergrenze der Abfindung heranzuziehende Börsenkurs nur der am Tag der zustimmenden Hauptversammlung der DAT AG festgestellte Kurs von 1.120,- DM und nicht ein durch eine Zeitraumbetrachtung zu bildender Durchschnittskurs sein könne.[77] Dafür spreche nach Ansicht der Richter nicht nur, dass es bei einer unterstellten „Deinvestitionsentscheidung" des Minderheitsaktionärs auf den konkreten im Zeitpunkt des Verkaufes erzielbaren Kurses ankommen soll, sondern auch die Vergleichbarkeit mit den stichtagsbezogenen Wertberechnungen beim eherechtlichen Zugewinnausgleich, bei der erbrechtlichen Pflichtteilsberechnung und im Steuerrecht.[78] Ohne das Hinzutreten weiterer Umstände sei die Zugrundelegung eines stichtagsbezogenen Börsenkurses daher nicht schon generell und schlechthin missbräuchlich.[79] Maßgeblich für die Frage der Verwendbarkeit des Börsenkurses sei allein, dass dieser am Stichtag erzielbar gewesen wäre. Das OLG Düsseldorf stellt dabei ausdrücklich nicht auf die Realisierbarkeit des Börsenpreises für alle, sondern nur für einzelne Minderheitsaktionäre ab. Nach Ansicht des Senates kann der Wert des geschützten Eigentums nicht von der Anzahl der Aktien abhängen, da damit die zu zahlende Entschädigung umso geringer würde, je stärker in Rechtspositionen der Minderheitsaktionäre eingegriffen wird.[80]

Wegen der bei Zugrundelegung dieser Meinung auftretenden Divergenz der beabsichtigten Entscheidung zur Entscheidung des OLG Stuttgart vom 4. Februar 2000, entschloss sich das OLG Düsseldorf zu einer Vorlage an den Bundesgerichtshof gemäß § 28 Abs.2 FGG. Der BGH sollte nunmehr über den zu verwendenden Kurs entscheiden.

c. Beschluss des OLG Düsseldorf vom 25. Mai 2000 – DAT/Altana III[81]

Ebenso wie beim Beherrschungs- und Gewinnabführungsvertrag musste das OLG Düsseldorf nach Aufhebung und Zurückverweisung seines ursprünglichen Beschlusses durch das Bundesverfassungsgericht erneut über die Angemessenheit der bei der Eingliederung der DAT AG angebotenen Abfindung entscheiden. Anders als im Verfahren über den Beherrschungs- und Gewinnabführungsvertrag wurden die auf die Erhöhung des Abfindungsangebotes gerichteten Beschwerden

[77] OLG Düsseldorf ZIP 2000, 1525, 1526.
[78] OLG Düsseldorf ZIP 2000, 1525, 1527.
[79] OLG Düsseldorf ZIP 2000,1525, 1527.
[80] OLG Düsseldorf ZIP 2000, 1525, 1528.
[81] OLG Düsseldorf AG 2000, 421 f.

der Antragsteller hier zurückgewiesen.

Der Senat ging anhand der ihm vorgelegten Handelsumsatzübersichten für DAT-Aktien an der Börse für das erste Halbjahr 1990 davon aus, dass die vorherrschenden Marktverhältnisse einen jederzeitigen Verkauf durch die Minderheitsaktionäre nicht gewährleisteten.[82] Dabei hielt es das Gericht für ausreichend, dass aus den von den Unternehmen vorgelegten Übersichten keine Umsätze mit DAT-Aktien für den Stichtag und das erste Halbjahr 1990 ersichtlich waren und ein Börsenhandel überhaupt nur an vereinzelten Tagen stattgefunden hatte. Infolge des Beherrschungs- und Gewinnabführungsvertrages und den weiteren Erwerb von Aktien durch die Altana AG hätten sich im übrigen ohnehin nur noch weniger als 5 % Aktien im Streubesitz befunden.[83] Weitere Nachforschungen zur Realisierbarkeit sah der Senat schon deshalb als nicht erforderlich an, weil die Antragsteller trotz Hinweisen des Gerichtes nichts zu den Börsenkursen im Umfeld des Hauptversammlungsbeschlusses der DAT AG am 12. Juni 1990 vorgetragen hatten.[84]

d. Beschluss des BGH vom 12. März 2001[85]

Die Entscheidung des Bundesgerichtshofes auf den Vorlagebeschluss des OLG Düsseldorf vom 25. Mai 2000 hat für die weitere Entwicklung der Abfindungsrechtsprechung eine mehrfache Bedeutung. Der II. Zivilsenat des Bundesgerichtshofes hatte erstmals Gelegenheit über die für die Berücksichtigung des Börsenkurses schlechthin entscheidende Frage der Art und Weise des Zustandekommens des zu berücksichtigenden Kurses zu entscheiden. Wegen der eindeutigen Divergenz der vertretenen Konzeptionen war diese Entscheidung als richtungsweisend für die weitere Entwicklung anzusehen. Gleichzeitig erhielt der Bundesgerichtshof die Gelegenheit, den Inhalt des Bundesverfassungsgerichtsbeschlusses und die darin vertretene Grundkonzeption zur Berücksichtigung von Börsenkursen als Abfindungsgrundlage zu konkretisieren und eine für die Instanzgerichte leicht anzuwendende Form zu geben. Letztlich versprach die Entscheidung wegen der im Verfahren vor dem BVerfG vorgelegten Stellungnahmen einzelner Senatsmitglieder einige Spannung.

Der Bundesgerichtshof wiederholte in seiner Entscheidung die Argumentation des Bundesverfassungsgerichtes zur Übereinstimmung von abzufindendem Verkehrswert und Börsenkurs. Hierzu stellte der Senat fest, dass nach den verfassungsrechtlichen Vorgaben prinzipiell sowohl der Börsenkurs zum Stichtag als auch ein

[82] OLG Düsseldorf AG 2000, 421, 422.

[83] OLG Düsseldorf AG 2000, 421, 422. Unter den Begriff „Streubesitz" fallen alle diejenigen Aktien, deren Aktionäre z.B. wegen der geringen Beteiligungshöhe nicht näher bekannt sind.

[84] OLG Düsseldorf AG 2000, 421, 422.

[85] BGH DB 2001, 969 ff.

auf den Stichtag bezogener Durchschnittskurs in Betracht komme.[86] Aus Gründen der Rechtssicherheit befürwortete der Senat mit Hinweis auf die schon vom BVerfG[87] befürchteten Manipulationsmöglichkeiten jedoch einen auf den Zustimmungszeitpunkt der Hauptversammlung bezogenen Durchschnittskurs.[88] Die Stichtagsbezogenheit soll nach Ansicht des BGH durch die Verwendung von möglichst nah am Hauptversammlungstag liegenden Kursen zur Ermittlung des Durchschnittskurses gewahrt werden, wobei, um Missbrauch auszuschließen, ein Zeitraum von 3 Monaten unmittelbar vor der zustimmenden Hauptversammlung erforderlich und ausreichend sei.[89] Einen längeren Referenzzeitraum lehnt der BGH ebenso wie schematisierende Voraussetzungen eines bestimmten Mindesthandelsvolumens dagegen ab.[90] Gleichzeitig geht der Senat davon aus, dass auch für die Bewertung des herrschenden Unternehmens dessen Börsenkurse herangezogen werden können, soweit diese nicht nachweisbar von ihrem Verkehrswert abweichen.[91]

Unter Zugrundelegung der Ansicht des BGH werden folglich gerade solche Börsenkurse in die Betrachtungen einbezogen, die durch die Bekanntgabe der Unternehmensmaßnahme vor der Hauptversammlung die Erwartungen der Marktteilnehmer über zukünftige Effekte der angestrebten Maßnahme beinhalten. Der BGH erkennt die Problematik und sieht auch den Widerspruch zu seiner bisherigen Rechtsprechung, die echte Synergieeffekte bisher nicht in die Ermittlung des Abfindung einbezogen hatte,[92] hält es aber nicht für ausgeschlossen, diese Effekte künftig in dem Maße zu berücksichtigen, wie sie in der Börsenpreisbildung des Marktes untrennbar bereits enthalten sind.[93] Auch darin liegt eine nicht minder bedeutsame und in ihren Auswirkungen noch näher zu diskutierende Aussage des Bundesgerichtshofes.

2. Schrifttum

Die Reaktionen in der Literatur auf die Bundesverfassungsgerichtsentscheidung sind in zweierlei Hinsicht zu beleuchten. Für die zuletzt zahlreicher gewordenen Befürworter der Berücksichtigung des Börsenkurses mag die Entscheidung eine Genugtuung für ihre bisherigen Anstrengungen gewesen sein. Aus praktischer Sicht betraf die Entscheidung einen Bereich, der lange Jahre infolge der ständigen

---

[86] BGH DB 2001, 969, 971.
[87] BVerfG ZIP 1999, 1436, 1442.
[88] BGH DB 2001, 969, 971.
[89] BGH DB 2001, 969, 972.
[90] BGH DB 2001, 969, 973.
[91] BGH DB 2001, 969, 972.
[92] BGHZ 138, 136, 140.
[93] BGH DB 2001, 969, 972.

Rechtsprechung kaum wissenschaftlich bearbeitet worden war. Für die begutachtenden Wirtschaftsprüfer konnte die Art und Weise der Abfindungsermittlung bis zum Beschluß vom 27. April 1999 nämlich als im wesentlichen gesichertes Gebiet der Rechtsanwendung gelten.

Für große Emotionen war angesichts der noch ausfüllungsbedürftigen Vorgaben des Bundesverfassungsgerichtes allerdings ohnehin kein Platz. Vielmehr galt es, völlig neue Wege in der Abfindungsermittlung zu beschreiten, um die Entscheidung, soweit überhaupt möglich, in die bis dahin bestehende Abfindungspraxis einzupassen. Dabei stellten sich die in der Rechtsprechung kontrovers beantwortete Frage nach dem Referenzzeitraum der Kursbetrachtung ebenso wie die nach der Realisierbarkeit des zugrunde zulegenden Börsenkurses für die Minderheitsaktionäre oder die nach dem Börsenkurs als Obergrenze für die Bewertung der herrschenden Gesellschaft.

a. Referenzzeitraum der Kursbetrachtung

Die Literatur konzentrierte sich von Anfang an auf die primär zu lösende Frage nach dem zur Abfindungsermittlung heranzuziehenden Börsenkurs. Insbesondere der mögliche Referenzzeitraum für den vom Bundesverfassungsgericht erwähnten auf den Stichtag bezogenen Durchschnittswert[94] fand dabei besonderes Interesse. Als möglicher Referenzzeitraum nennt Wilken[95] in einer der ersten Reaktionen auf die Entscheidung ein Zeitraum von 30 – 100 Tagen vor der Ad Hoc – Mitteilung nach § 15 WpHG, die die der Abfindung zugrundeliegende Unternehmensmaßnahme ankündigt. Vetter[96] sieht dagegen mit Hinweis auf Vorschläge der Börsensachverständigenkommission zur Regelung von Unternehmensübernahmen für die Preisbestimmung bei Pflichtangeboten einen Zeitraum von 6 Monaten als Mindestgrenze an. Dabei will er ebenfalls nur auf den Zeitraum bis zur öffentlichen Bekanntgabe der Unternehmensmaßnahme abstellen. Luttermann[97] und Wilm[98] sehen zur Ermittlung eines zutreffenden Referenzkurses eine Zeitspanne nicht unter einem Jahr vor Bekanntgabe der abzufindenden Maßnahme als nötig an, womit Luttermann seine bis dahin wohl in Anlehnung an die Entscheidung des BayObLG im Fall März/ EKU aus dem Jahre 1998[99] vertretene Ansicht eines Zeitraums von

[94] BVerfG ZIP 1999, 1436, 1442.

[95] Wilken, ZIP 1999, 1443, 1444.

[96] Vetter, DB 2001, 1347, 1351, anders noch in AG 1999, 569, 572 wo er auf einen Zeitraum von 2-3 Jahren abstellen will.

[97] Luttermann, AG 2000, 459, 463.

[98] Wilm, NZG 2000, 234, 239, der sich damit aber wohl in Widerspruch zu den eigenen Ausführungen unter Rn. 37 gesetzt hat, in denen er hinsichtlich der Frage der Realisierbarkeit von enem maximalen Zeitraum von einem Jahr ausgeht.

[99] BayObLG ZIP 1998, 1872, 1876.

2-3 Jahren[100] revidiert.

Der Präsident des OLG Düsseldorf Klaus Bilda[101], der Senatsvorsitzender der Entscheidungen des OLG Düsseldorf vom 25. Mai 2000[102] war und Piltz[103] sehen den am Stichtag der zustimmenden Hauptversammlung der Gesellschaft ermittelten Börsenkurs als maßgeblich an, der im einzelnen auf Manipulationen zu untersuchen sei.[104] Welf Müller[105] differenziert dagegen zwischen Barabfindung und Abfindung durch Aktientausch. Während für die Barabfindung grundsätzlich der Stichtagskurs maßgebend sei, wobei zur Feststellung und Bereinigung von Manipulationen zeitnahe Kurse herangezogen werden sollen, soll es bei einer Abfindung durch Aktientausch nicht auf den speziellen Tag der Beschlussfassung der Hauptversammlung ankommen.[106] Entscheidend sei, dass der für die Bewertung beim Aktientausch zugrundegelegte Stichtag für die abzufindende und die abfindungsverpflichtete Gesellschaft gleich ist.[107]

b. Realisierbarkeit des zugrundezulegenden Börsenkurses

Weitere in der Literatur heftig diskutierte Streitpunkte betreffen die Fragen nach dem Ausschluss von Kursmanipulationen und der vom Bundesverfassungsgericht als möglich betrachteten Unterschreitung festgestellter Börsenkurse, die beide eng mit der Frage der Realisierbarkeit von Börsenkursen für die Minderheitsaktionäre verbunden sind.

Piltz[108] schlägt vor, dass der Mehrheitsaktionär durch das Gericht zu befragen ist, ob und welche Umsätze er oder auf seine Veranlassung hin andere in Aktien des Unternehmens getätigt haben. Bei einem gesteuerten Verkauf durch den Mehrheitsaktionär sei der dadurch ausgelöste Kursabschlag herauszuschätzen. Wilm[109] und Vetter[110] gehen dagegen davon aus, dass von Missbrauch im Sinne der Entscheidung des Bundesverfassungsgerichtes bereits bei Abfindungsspekulationen im Vorfeld einer Konzernmaßnahme oder bei damit verbundener gezielter Kursbeeinflussung auszugehen ist. Einigkeit im Schrifttum herrscht, soweit ersichtlich,

---

100 Luttermann, ZIP 1999, 45, 51; ebenso Vetter AG 1999, 569, 572.

101 Bilda, NZG 2000, 296 ff.

102 OLG Düsseldorf AG 2000, 421 f. sowie OLG Düsseldorf ZIP 2000, 1525 ff.

103 Piltz, ZGR 2001, 185 ff.

104 Piltz, ZGR 2001, 185, 200.

105 Welf Müller, EWiR § 305 AktG 3/2000, 751, 752.

106 Welf Müller, EWiR § 305 AktG 3/2000, 751, 752. In FS für Bezzenberger, 705, 718 sieht Welf Müller dagegen einen Zeitraum von bis zu einem Jahr vor dem Stichtag als maßgeblich für die Kursbetrachtung an.

107 Welf Müller, EWiR § 305 AktG 3/2000, 751, 752.

108 Piltz, ZGR 2001, 185, 200.

109 Wilm, NZG 2000, 234, 239.

110 Vetter, DB 2001, 1347, 1350.

nur darüber, dass Sonderbewegungen und atypische Kursauschläge in der Abfindungsermittlung keine Berücksichtigung finden dürfen.[111] Allerdings wird nicht genau definiert, wann ein solcher Fall vorliegt.

Ungleich schwerer tut sich die Literatur mit der Frage, unter welchen Voraussetzungen eine Unterschreitung des Börsenkurses in Betracht kommt. Einigkeit dürfte darin bestehen, dass soweit überhaupt kein Handel stattfindet, ein Berücksichtigung des Börsenkurses für die Abfindungsermittlung in Übereinstimmung mit den Ausführungen des Bundesverfassungsgerichtes nicht in Betracht kommt.[112] Teilweise wird allerdings auch eine Fortschreibung der letzten am Markt festgestellten Kurse anhand der allgemeinen Börsenentwicklung erwogen.[113]

Umstrittener ist ein Unterschreiten des Börsenkurses in Fällen, in denen ein regelmäßiger Handel zwar stattfindet, dieser sich aber nur auf wenige Aktien beschränkt. Wilm[114] fordert eine Untergrenze von 3 bis 5 % der ausgegebenen Aktien als Gesamtumsatz des letzten Jahres vor Bekanntgabe der Maßnahme und einen Börsenhandel mindestens an jedem zweiten Tag. Seine Forderung beruht dabei auf der, im folgenden noch zu überprüfenden Annahme, das der Umsatz von Aktien des betroffenen Unternehmens annähernd der Anzahl der von Minderheitsaktionären gehaltenen und damit potentiell veräußerbaren Aktien entsprechen muss, damit von einer Realisierbarkeit für die Minderheitsaktionäre gesprochen werden kann.[115] Vetter[116] wendet sich gegen starre Grenzen im Aktienumsatz und fordert eine Einzelfallbetrachtung entsprechend der Höhe des Anteils der Minderheitsaktionäre, was zu einer unterschiedlichen Behandlung von Gewinn-/Beherrschungsverträgen und Eingliederungen führen würde. Piltz[117] lässt einen geringen aber stetigen Handel ausreichen und stellt ebenso wie das OLG Düsseldorf auf die Veräußerbarkeit für einen oder einzelne Minderheitsaktionäre ab, ohne auf deren Anteilsgröße einzugehen.

c. Börsenkurs der herrschenden Gesellschaft als Obergrenze ?

Obwohl es das Bundesverfassungsgericht in seiner Entscheidung von Verfassung

[111] Wilken, ZIP 1999, 1443, 1444; Welf Müller, FS für Bezzenberger, 705, 716; Bungert/Eckert, BB 2000, 1845, 1849.
[112] Piltz, ZGR 2001, 185, 202.
[113] Kallmeyer, AG 2000, 59, 60 mit Verweis auf den Beschluss des BayObLG vom 29. September 1998.
[114] Wilm, NZG 2000, 234, 238.
[115] Wilm, NZG 2000, 234, 238; Großfeld, BB 2000, 261, 266 stellt offensichtlich ebenfalls auf die Veräußerbarkeit für alle Minderheitsaktionäre ab.
[116] Vetter, DB 2001, 1347, 1351.
[117] Piltz, ZGR 2001, 185, 202.

wegen nicht als geboten ansah, den Börsenkurs der herrschenden Gesellschaft als Obergrenze in der Abfindungsermittlung anzusehen[118], entwickelte sich in der Literatur schnell ein Streit, ob für die beherrschte und die herrschende Gesellschaft (bzw. Gesellschaft und Hauptgesellschaft) unterschiedliche Bewertungsmethoden möglich sind. Ein Teil der Autoren verneint die Berücksichtigung eines den Börsenkurs der herrschenden Gesellschaft übersteigenden Ertragswertes mit der Begründung, dass für beide Gesellschaften dieselbe Bewertungsmethode anzuwenden sei, um nicht die Aktionäre des einen oder des anderen Unternehmens zwangsläufig zu benachteiligen.[119] Welf Müller[120] sieht sogar Manipulationsmöglichkeiten für das Umtauschverhältnis, ohne zu begründen, worin diese im einzelnen liegen könnten. Andere Autoren sehen die Berücksichtigung eines höheren Ertragswertes der herrschenden Gesellschaft zum Schutz des Anteilseigentums von deren Aktionären vor dem Hintergrund des Art. 14 Abs.1 GG und zur Vermeidung der Verwässerung von deren Eigentum als notwendig an.[121]

Im folgenden wird entgegen der im Beschluss des Bundesverfassungsgerichtes enthaltenen Aussagen zur Verwendbarkeit des Börsenkurses, der darauf aufbauenden Rechtsprechung sowie der ihr in verschiedenen Facetten mehrheitlich folgenden Literatur nachgewiesen werden, dass der Börsenkurs trotz der als zu begrüßenden Entwicklung des deutschen Kapitalmarktes in fast allen praxisrelevanten Fällen keine für die Abfindungsberechnung relevante Größe sein kann. Dabei wird insbesondere auf die Organisation des Kapitalmarktes und die von Rechtsprechung und Literatur bisher vernachlässigten Wirkgrößen für das Zustandekommen des Börsenkurses intensiver einzugehen sein. Gleichzeitig sondern sind Widersprüche und praktische Unwägbarkeiten in der vom BGH verfolgten Konzeption aufzudecken, die es nach Meinung des Verfassers zukünftig teurer und damit ungleich schwerer machen dürften, abfindungspflichtige Konzernierungsmaßnahmen durchzuführen.

---

118 BVerfG ZIP 1999, 1436, 1442.

119 Piltz, ZGR 2001, 185, 203. Welf Müller, EWiR § 305 AktG 3/2000, 751, 752. Unklar Bungert/ Eckert, BB 2000, 1845, 1847 die bei Ermittlung der Verschmelzungsrelation keinen zufriedenstellenden Ausgleich der beteiligten Aktionärsgruppen feststellen können. Das von ihnen gewählte Beispiel von über dem Ertragswert liegenden Börsenkurse der beteiligten Gesellschaften führt tatsächlich jedoch nur dann zu einer Schlechterstellung der Aktionäre der übernehmenden Gesellschaft, wenn nur deren niedrigerer Ertragswert zugrunde gelegt werden würde. Bei einer Zugrundelegung des höheren Börsenkurses dieser Gesellschaft lässt sich dagegen, unterstellt beide Börsenkurse liegen in gleichem oder ähnlichen Maße über den ermittelten Ertragswerten, keine gravierenden Nachteile der Aktionäre feststellen.

120 Welf Müller, EWiR § 305 AktG 3/2000 , 751, 752.

121 Vetter, DB 2001, 1347, 1352, unentschieden dagegen noch in ZIP 2000, 561, 566. Im Ergebnis kritisch aber wohl zustimmend Wenger, EWiR 2001, 605, 606.

B. Abfindungen bei börsennotierten Unternehmen

I. Abfindungsanlässe

Abfindungsanlässe lassen sich nach der Art der abzufindenden Beteiligung je nach Gesellschaftsform und nach dem Grundes für die Abfindung unterscheiden. Der Börsenkurs kommt als Grundlage der Abfindung dabei nur dann in Betracht, wenn eines der beteiligten Unternehmens an einer Wertpapierbörse notiert ist, sich mithin ein Börsenkurs feststellen lässt.

Nach § 5 Abs. 1 BörSZulV müssen die für den amtlichen Handel an einer deutschen Wertpapierbörse zuzulassenden Wertpapiere frei handelbar, d.h. ohne Beschränkungen oder besondere Formerfordernisse bei der Übertragung sein. Der Kreis möglicher Unternehmensformen wird dadurch erheblich eingeengt. So ist ein Handel mit Anteilen von Gesellschaften mit beschränkter Haftung an der Börse trotz der Möglichkeit, die Anteile zu verbriefen, wegen der notwendigen notariellen Beurkundung beim Übertragungsakt gemäß § 15 Abs. 3 GmbHG derzeit nicht vorstellbar. GmbH-Anteile eignen sich auch im übrigen u.a. wegen der durch die Einflussmöglichkeiten der Gesellschafter auf die Geschäftsführung und die Ausfallhaftung für nicht eingezahlte Stammeinlagen gemäß § 24 GmbHG zu Tage tretenden personalistischen Züge nicht für einen schnellen Umschlag im anonymisierten Börsenhandel. Bei Personengesellschaften kommt angesichts des aus der persönlichen Verbundenheit resultierenden Zustimmungserfordernisses der Mitgesellschafter[122] ein Handel von Gesellschaftsanteilen an der Börse ebenfalls von vornherein nicht in Betracht.

Ernstlich in Frage für eine Börsennotierung kommen folglich nur die Aktiengesellschaft oder die Kommanditgesellschaft auf Aktien. Entsprechend der Thematik der Arbeit sollen nachfolgend daher nur aktien- und umwandlungsrechtliche Abfindungsfälle mit Beteiligung von AG´s bzw. KGaA´s betrachtet werden. Im Rahmen der allgemeinen Erläuterungen kann dabei vorerst noch offen bleiben, ob die DAT/Altana- Entscheidung überhaupt Auswirkungen auf umwandlungsrechtliche Fälle hat. Alle übrigen Fälle, bei denen die Abfindung nicht als Ausgleich für die aufzugebende Gesellschafterstellung, dient, sondern ein bloßer vermögensrechtlicher Ausgleich gegenüber Dritten im Vordergrund steht, können nur im untechnischen Sinne als Abfindungsfälle bezeichnet werden. Der Wert des dabei zu treffenden Ausgleiches unterschiedlicher Vermögensinteressen der Beteiligten macht unter Umständen allerdings ebenfalls eine Bewertung des börsennotierten Unternehmens bzw. seiner Anteile erforderlich. Diese Fälle sollen nur der Vollständigkeit halber und ggf. zu Vergleichszwecken Erwähnung finden.

---

[122] Dazu Schmidt, GesellschaftsR, § 45 II 2 b.

1. Abfindungen nach dem AktG

a. Abfindung nach § 305 Abs.1 AktG

Nach § 305 Abs.1 AktG muss sich bei Abschluss eines Beherrschungsvertrages nach § 291 Abs.1 S.1 1.Alt. AktG, ebenso wie bei Abschluss eines Gewinnabführungsvertrages nach § 291 Abs.1 S.1 2.Alt. AktG, das herrschende (bzw. berechtigte) Unternehmen gegenüber den Aktionären des beherrschten (bzw. verpflichtete) Unternehmens verpflichten, die Aktien der außenstehenden Aktionäre gegen *angemessene* Abfindung zu erwerben. Vertragspartner bei derartigen Verträgen wird wegen der nach § 293 AktG notwendigen Zustimmung von mindestens ¾ des bei Beschlussfassung vertretenen Grundkapitals, der Interessenlage der unmittelbar und mittelbar am Vertragsschluß Beteiligten und den möglichen wirtschaftlichen Zielen solcher Verträge im Regelfall der Mehrheitsaktionär der Gesellschaft sein. In der Praxis werden Beherrschungs- und Gewinnabführungsvertrag oft verknüpft, um damit als sog. Organschaft nach § 14 KStG die Verrechnung von Einkünften der beteiligten Unternehmen zu ermöglichen.[123] Auftretende Verluste oder bestehende Verlustvorträge aus früherer Geschäftstätigkeit können somit trotz der Eigenständigkeit des Unternehmens steuerlich geltend und somit für ein anderes Unternehmen nutzbar gemacht werden.

aa. Abfindungsgrund beim Beherrschungsvertrag

Das herrschende Unternehmen ist durch den Beherrschungsvertrag gemäß § 308 Abs. 1 AktG berechtigt, dem Vorstand der beherrschten Gesellschaft als Ausnahme zur in § 76 Abs. 1 AktG geregelten Weisungsfreiheit des Vorstandes einer AG, (auch nachteilige) Weisungen zu erteilen, soweit sie für den Konzern als ganzen dienlich erscheinen. Die Konzerneigenschaft der beteiligten Unternehmen ergibt sich dabei kraft gesetzlicher Anordnung des § 18 Abs. 1 S. 2 AktG bereits aus dem Vertragsabschluß selbst. Der Vorstand der beherrschten Gesellschaft muss den Weisungen, die zum Beispiel auf die Übertragung von Unternehmenssubstanz auf Dritte oder den Abschluss gewinnmindernder Beratungsverträge gerichtet sein können,[124] selbst dann folgen, wenn er der Ansicht ist, dass sie konzernfremden Zwecken dienen.[125] Eine Ausnahme soll nach allgemeiner Meinung nur dann be-

---

123 Indem dem Organträger das Einkommen der Organgesellschaft als eigenes zugerechnet wird - vgl. dazu Streck, § 14 KStG Anm.1; Lange/Reiß, S. 272 ff.

124 So etwa bei BGHZ 65, 15, 16 - ITT.

125 Hüffer, § 308 AktG Rn. 15, 21 – Die Beurteilungskompetenz liegt beim herrschenden Unternehmen.

stehen, wenn die Konzernfremdheit für jeden Sachkenner erkennbar ist[126], was allerdings angesichts bestehender Beurteilungsspielräume in der Einschätzung und bestehender wirtschaftlicher Interdependenzen zu ggf. begünstigten Dritten nur selten der Fall sein dürfte. Dem Umfang nach wird das Weisungsrecht im übrigen nur durch den grundsätzlichen Vorrang des Bestandsschutzes eingeschränkt.[127] Genauso wie der Vorstand nicht befugt wäre, den Geschäftsbetrieb einzustellen[128], kann das herrschende Unternehmen aus Gläubigerschutzgründen nicht die wirtschaftliche Existenz der beherrschten Gesellschaft zerstören.[129]

Die Abfindung soll wegen der Gefahr der „Ausplünderung" der beherrschten Gesellschaft[130]- zum Beispiel durch Auflösung stiller Reserven[131], dem Minderheitsaktionär die Möglichkeit verschaffen, sich von seiner Beteiligung am Unternehmen zu lösen. Der Beherrschungsvertrag zwischen den Unternehmen ist damit nach § 328 BGB als Vertrag zugunsten Dritter, nämlich der Minderheitsaktionäre, anzusehen.[132] Die Abfindung ist als Option zur Entschädigung für verlorengegangene Herrschaftsrechte zu verstehen, die bei Annahme zum Ausscheiden des Aktionärs aus der Gesellschaft führt.[133]

bb. Abfindungsgrund beim Gewinnabführungsvertrag

Der bei einem Gewinnabführungsvertrag an das berechtigte Unternehmen abzuführende Gewinn beträgt gemäß § 301 AktG höchstens den ermittelten Jahresüberschuss abzüglich der gesetzlichen Rücklage aus § 300 AktG und eines evtl. bestehenden Verlustausgleiches. Verteilungsfähiger Gewinn bleibt bei der verpflichteten Gesellschaft somit in keinem Falle zurück. In der Gewinn- und Verlustrechnung des zur Abführung verpflichteten Unternehmens muss gemäß § 277 Abs. 3 S. 2 HGB der durch Vorabschluss ermittelte Gewinn als Aufwendung wegen Gewinnabführungsvertrages und in der Gewinn- und Verlustrechnung des

126 Baumbach-Hueck, § 308 AktG Rn. 5.

127 Immenga, ZHR 140 (1976), 301, 307; Geßler, ZHR 140 (1976), 433, 438 f.

128 Geßler, ZHR 140 (1976), 433, 439.

129 Immenga, ZHR 140 (1976), 301, 307. Schmidt, GesellschaftsR, § 31 III 2 c; Hüffer, § 308 AktG Rn. 19.

130 vgl. Emmerich/Sonnenschein/Habersack, KonzernR, § 1 III 3 b (S.12 f.).

131 Ebenso wie stille Reserven sich still bilden, können sie ohne weiteres aufgelöst werden vgl. BGHZ 135, 374, 378; GroßKomm-Würdinger, § 301 AktG Rn. 7; KölnKommAktG-Koppensteiner, § 301 AktG Rn. 21. Der Vorschlag von Geßler in Geßler/Hefermehl, § 301 AktG Rn. 21,22, der vom Vorstand unter Androhung von Schadensersatz eine vorherige Aufdeckung stiller Reserven zur späteren Erstattung verlangt, dürfte wohl angesichts der Interessen- und der Einflusslage keinen wirksamen Schutz vor Ausplünderung bieten.

132 BGHZ 135, 374, 380; Hüffer, § 305 AktG Rn. 3.

133 BGHZ 138, 136, 139; BGHZ 135, 374, 380; Röhricht, ZHR 162 (1998), 249, 255.

empfangenden Unternehmens als Ertrag aus diesem Vertrag erscheinen.[134] § 301 AktG schließt dabei, ebenso wie beim Beherrschungsvertrag, nicht aus, dass auch stille Reserven nach ihrer ergebniswirksamen Auflösung als Gewinn abgeführt werden. Auch in diesem Falle steht daher eine „Ausplünderung" der Gesellschaft bis auf Grundkapital und gesetzlichen Rücklagen zu befürchten.[135]

Die nach § 305 Abs. 1 AktG anzubietende Abfindung als Option[136] ist für den Minderheitsaktionär somit eine Alternative für die eingebüßte Gewinnchance und die Gefahr einer ggf. verdeckten Abführung stiller Reserven. Der Minderheitsaktionär wird sich für das Ausscheiden gegen Abfindung entscheiden, wenn ihm die gemäß § 304 Abs. 1 S. 1 AktG vorgesehene und für ihn alternativ zur Abfindung mögliche, jährlich wiederkehrende Ausgleichszahlung nicht als zumindest gleichwertige Alternative erscheint.

b. Abfindung nach § 320b Abs. 1 AktG

Bei der Eingliederung haben die ausgeschiedenen Aktionäre der eingegliederten Gesellschaft nach § 320b Abs. 1 S. 1 AktG einen Anspruch auf *angemessene* Abfindung. Eingliederung ist dabei die organisatorische Einordnung dieser Gesellschaft durch Integration in eine mindestens zu 95 % als Aktionärin beteiligte Hauptgesellschaft, § 320 AktG.[137] Gemäß § 323 AktG führt die Eingliederung nach ihrem Vollzug zu unbeschränkter Weisungsbefugnis der Hauptgesellschaft. Die eigene Rechtspersönlichkeit der eingegliederten Gesellschaft bleibt dabei erhalten, so dass das Unternehmen weiterhin unter eigenem Namen im Rechtsverkehr auftreten kann.[138]

Mit der Eintragung der Eingliederung in das Handelsregister gehen nach § 320a AktG alle Aktien der verbliebenen außenstehenden Aktionäre mit den damit verbundenen Rechten automatisch auf die Hauptgesellschaft über.[139] Die Minderheitsaktionäre erhalten als Ausgleich für ihr Ausscheiden den Abfindungsanspruch nach § 320b AktG, der durch die vorhandenen Aktienurkunden verbrieft wird.[140]

---

134 Vgl. KölnKommAktG-Koppensteiner, § 291 AktG Rn. 53; Würdinger, AktienR, § 71 I 1 a.
135 BGHZ 135, 374, 378.
136 Vgl. Fußn. 133.
137 Schmidt, GesellschaftsR § 30 III 1,2; Henn, Hdb. des AktienR, Rn. 387.
138 Würdinger, AktienR, § 69 I.
139 Dazu Emmerich/Sonnenschein/Habersack, § 10 III 3.
140 Timm/Schick, WM 1984, 185, 186; Emmerich/Sonnenschein/Habersack, KonzernR, § 10 III 3.

2. Abfindungen nach dem UmwG

a. Abfindung bei Verschmelzungen

Bei einer Verschmelzung durch Aufnahme ist in § 29 UmwG für betroffene Anteilsinhaber in zwei Fällen ein Austrittsrecht gegen angemessene Barabfindung vorgesehen. Ein Anspruch auf Abfindung besteht danach bei einer Verschmelzung, in der entweder nach § 29 Abs. 1 S. 1 UmwG der aufnehmende Rechtsträger eine andere Rechtsform als der übertragende hat[141] oder nach § 29 Abs. 1 S. 2 UmwG anstelle der ursprünglich bestehenden Aktienanteile solche mit Verfügungsbeschränkungen gewährt werden. Letzteres ist nach der Gesetzesbegründung insbesondere dann der Fall, wenn eine AG mit Inhaberaktien durch eine AG mit vinkulierten Namensaktien aufgenommen wird.[142] In beiden Fällen wird die Rechtsstellung des Aktionärs des übertragenden Unternehmens durch die daraus erwachsenden Veränderungen aus objektiver Sicht beeinträchtigt, was einen weiteren Verbleib der Aktionäre in der aufnehmenden Gesellschaft unzumutbar machen könnte. Nach freier Wahl soll der Aktionär der übertragenden Gesellschaft daher zum Ausscheiden berechtigt sein.[143] Voraussetzung hierfür ist, dass der Anteilsinhaber gegen die Verschmelzung gestimmt und Widerspruch zur Niederschrift erklärt hat.[144]

Obwohl die Abfindungsregelung des § 29 UmwG vom Wortlaut her nur die Verschmelzung durch Aufnahme erfasst, ist wegen dem Verweis in § 36 Abs. 1 S. 1 UmwG diese Vorschrift auch bei der Verschmelzung durch Neugründung anwendbar. Der Schutzzweck der Norm, die dem Minderheitsaktionär die Möglichkeit des Ausscheidens gegen Abfindung bei drohender Veränderung seiner Stellung als Anteilsinhaber geben soll, ist auch hier einschlägig.[145]

b. Abfindung bei Formwechsel

Nach § 207 UmwG muss bei einem Formwechsel der formwechselnde Rechtsträger den Anteilsinhabern den Erwerb ihrer Anteile gegen angemessene Barabfindung anbieten, soweit diese durch Gegenstimme und Widerspruch ausgedrückt

---

141 Insbesondere, wenn als aufnehmender Rechtsträger eine GmbH vorgesehen ist.

142 Begr. zum RegE BT/Drucksache 12/6699 S. 94.

143 Hoffmann-Becking, ZGR 1990, 482, 487; Lutter-Grunewald, § 29 UmwG Rn .2,5.

144 Lutter-Grunewald, § 29 UmwG Rn. 10, 12 m.w.Nachw., nach a. A. reicht auch nur ein Widerspruch ohne Betrachtung des Abstimmungsverhaltens: so Kallmeyer-Marsch-Barner, § 29 UmwG Rn. 13. Gleichgestellt dem Widerspruch ist nach § 29 Abs.2 UmwG die Nichtzulassung zur Versammlung, Einberufungsfehler oder fehlerhafte Bekanntmachung des Beschlussfassungsgegenstandes.

145 Dazu Lutter-Grunewald, § 37 UmwG Rn.4; Kallmeyer-Marsch-Barner, § 36 UmwG Rn.4.

haben, nicht Gesellschafter der neuen Rechtsform werden zu wollen.[146] Ein Formwechsel liegt vor, wenn die Rechtsform unter Wahrung der Identität des Rechtsträgers im übrigen gewechselt wird[147], ohne dass eine Vermögensübertragung stattfindet[148]. In den hier ggf. relevanten Fällen kommt vor allem der Formwechsel von börsennotierten AG's oder KGaA's in eine GmbH & Co KG etwa aus mitbestimmungsbedingten Gründen[149] in Betracht. Für den Formwechsel zwischen AG und KGaA besteht dagegen nach § 250 UmwG wegen fehlender Berührung der Stellung der Minderheitsaktionäre kein Abfindungsanspruch. Ein Verbleib in der Gesellschaft ist dem Anteilsinhaber hier wegen der weiterhin bestehenden Veräußerungsmöglichkeit der Aktien und der faktisch unveränderten Rechtsstellung nach Ansicht des Gesetzgebers zumutbar.[150]

c. Abfindung bei Vermögensübertragungen

Als weiterer im Zusammenhang mit börsennotierten Unternehmen ggf. relevanter Abfindungstatbestand kommt die Vermögensübertragung nach § 174 UmwG in Betracht. § 175 Nr.1 UmwG sieht die Vermögensvollübertragung von einer börsennotierten AG oder KGaA auf den Bund, ein Land, eine Gebietskörperschaft oder ein Zusammenschluss von Gebietskörperschaften vor. § 175 Nr. 2 a UmwG regelt die Vermögensvollübertragung von einer börsennotierten Versicherungs-AG auf Versicherungsvereine auf Gegenseitigkeit (VVaG) oder öffentlich-rechtliche Versicherungsunternehmen. In beiden Fällen erfolgt die Vermögensübertragung gegen Gewährung einer Gegenleistung, die nicht in Mitgliedschaftsanteilen besteht. Die öffentliche Hand könnte strukturbedingt ohnehin keine Anteile gewähren und eine Beteiligung an einem VVaG wäre wegen der nach § 20 VAG bestehenden Notwendigkeit eines Versicherungsverhältnisses nicht systemgerecht.[151] Für beide Fälle sind nach § 176 Abs. 2 S. 4 UmwG bzw. § 178 Abs. 2 und § 180 Abs. 2 jeweils in Verbindung mit § 176 Abs. 2 S. 4 UmwG die Vorschriften der Verschmelzung und damit auch die in § 29 UmwG vorgesehene Barabfindung für die Aktionäre entsprechend anwendbar. Ein Aktionär kann somit statt des sonst entsprechend seiner Beteiligung auf ihn entfallenden Anteils an der

---

146 Vgl. dazu Lutter-Decher, § 207 Rn.7, gleichgestellt dem Widerspruch ist gemäß § 207 Abs.2, § 29 Abs.2 UmwG die unberechtigte Nichtzulassung zur Versammlung, fehlerhafte Einberufung oder Bekanntmachung des Gegenstandes der Beschlussfassung.

147 Kallmeyer-Meister/Klöcker, § 190 UmwG Rn 6; Henn, Hdb. des AktienR, Rn. 1413.

148 Begr. zum RegE, BT/Drucksache 12/6699, S.136.

149 So wird etwa die GmbH & Co KG als besondere Form einer Personenhandelsgesellschaft von § 1 MitBestG 1976 nicht erfasst und unterliegt auch nicht der Mitbestimmung nach § 76 BetrVG 1952. Einen Trend zur Flucht aus der AG, KGaA in die GmbH & Co KG aus diesen Gründen ist bislang nicht feststellbar.

150 Vgl. Begr. zum RegE, BT/Drucksache 12/6699, S. 159.

151 Lutter-Schmidt, § 174 UmwG Rn.1; Widmann/Mayer-Schwarz, § 174 UmwG Rn. 3.

vereinbarten Gegenleistung, die in jedem vermögenswerten Gegenstand, etwa auch in Anteilen an der Umwandlungsmaßnahme nicht unmittelbar beteiligten Dritten, bestehen kann[152], eine Barabfindung erhalten.

3. Sonstige Abfindungsanlässe

Sonstige „Abfindungen“ etwa im Rahmen von Pflichtteilsberechnungen oder beim gesetzlichen Zugewinnausgleich können nur im untechnischen Sinne als Abfindungsanlässe verstanden werden, da es hier nicht um eine Abfindung für ein endgültiges Ausscheiden aus der Gesellschaft sondern um eine bloße Wertberechnung der Aktienbeteiligung geht. So werden zwar der Pflichtteilsberechtigte bzw. der Ehepartner beim Zugewinn dem Wortlaut nach abgefunden[153], diese Abfindung meint aber nur einen Wertausgleich auf Grundlage vorheriger Anteilsbewertung, ohne dass zwangsläufig und unmittelbar in die gesellschaftsrechtliche Stellung des Anteilsinhabers eingegriffen wird. Die detaillierte Berechnung des Wertausgleiches und die sich daraus im Vergleich zu gesellschaftsrechtlichen Abfindungen ergebenden Schlussfolgerungen sollen und können daher nicht Gegenstand dieser Arbeit sein. Auf mögliche Berührungspunkte wird daher höchstens indirekt zu Vergleichszwecken eingegangen.

II. Abfindungsarten

Als Abfindung kommt entweder eine Barabfindung oder eine Abfindung in Anteilen eines anderen an der abfindungspflichtigen Maßnahme beteiligten Unternehmens in Betracht. Die § 29 UmwG und § 207 UmwG sehen nur die Barabfindung vor, da in diesen Fällen andere Unternehmensanteile entweder aus strukturellen Gründen nicht gewährt werden können oder diese etwa durch Verfügungsbeschränkungen oder abweichende Rechtsformen nicht den bestehenden Gesellschafterstatus gleichwertig ersetzen können. Die §§ 305, 320b AktG unterscheiden zwischen der Abfindung in Aktien und der Barabfindung.

1. Abfindung in Aktien bei §§ 305, 320b AktG

Anders als bei den genannten Abfindungsfällen nach dem UmwG besteht bei Gewinnabführungs-, Beherrschungsverträgen und bei Eingliederungen die Möglichkeit, dass das herrschende Unternehmen bzw. die Hauptgesellschaft selbst eine Aktiengesellschaft oder eine Kommanditgesellschaft auf Aktien ist und somit als

---

[152] Widmann/Mayer-Schwarz, § 174 UmwG Rn. 9.
[153] So ausdrücklich für den Zugewinnausgleich WP-Handbuch 1998 II S. 16.

Abfindung auch Anteile an diesem Unternehmen gewährt werden könnten. Die Höhe der Abfindung ändert sich bei der Abfindung in Aktien im Vergleich zur Barabfindung nicht, die bei beiden Varianten gemäß § 305 Abs. 1 AktG, § 320b Abs. 1 S. 1 AktG stets angemessen sein muss.

a. Aktien des abfindungsverpflichteten Gesellschaft

Wenn die abfindungsverpflichtete Gesellschaft weder abhängig ist noch in Mehrheitsbesitz steht[154], sind den Aktionären des beherrschten bzw. zur Gewinnabführung verpflichteten Unternehmens, bei § 320b AktG der einzugliedernden Gesellschaft, eigene Aktien des abfindungsverpflichtete Unternehmens, bei § 320b AktG von der Hauptgesellschaft, als Abfindung zu gewähren. Sinn dieser Abfindungsregelung ist es, dass der Aktionär möglichst durch eine Beteiligung abgefunden wird, die seiner bisherigen Beteiligung am nächsten steht.[155] Der Aktionär wird dadurch in die Lage versetzt, in Zukunft von den Erfolgen des Unternehmensvertrages bzw. der Eingliederung als Anteilseigner weiterhin partizipieren zu können.

b. Aktien bei Vorliegen eines Konzerns

Ist der abfindungsverpflichtete Vertragsteil bzw. die Hauptgesellschaft selbst abhängig oder steht bei Abfindungen nach § 305 AktG in Mehrheitsbesitz[156], kann nach Wahl der Vertragsparteien[157] als Alternative zur Barabfindung die Abfindung in Aktien der herrschenden AG/KGaA erfolgen. Die Abfindung in Aktien eines seinerseits abhängigen Unternehmens soll dem ausscheidenden Aktionär wegen der damit ggf. verbundenen Gefahren und der Möglichkeit weiterer Unternehmenskonzentrationen in diesen Fällen nicht zugemutet werden.[158]

Ein Unternehmen ist nach § 17 AktG abhängig, wenn ein anderes Unternehmen die rechtliche oder faktische Möglichkeit hat, einen beherrschenden Einfluss auf das Unternehmen auszuüben. Auf eine tatsächliche Ausübung potentiell bestehen-

---

154 Dazu gleich unter b.

155 Begr. zum RegE. zu § 305 Abs.2 AktG bei Kropff, S. 397.

156 Eine eigene Bedeutung des Mehrheitsbesitzes ergibt sich etwa bei einem die Abhängigkeit trotz Mehrheitsbesitzes widerlegenden Entherrschungsvertrag (dazu Schmidt, GesellschaftsR § 31 II 3 b).

157 So die h.M. etwa Hüffer, § 305 AktG Rn. 15; KölnKommAktG-Koppensteiner, § 305 AktG Rn. 23. Nach a.A. müssen die Vertragsparteien bzw. die Hauptgesellschaft in diesem Fall alternativ Aktien oder eine Barabfindung anbieten, so dass beim Aktionär ein Wahlrecht bestünde. Dagegen spricht jedoch sowohl ein Umkehrschluss aus dem Wortlaut des § 320b Abs.1 S.3 AktG, der dieses Wahlrecht dort ausdrücklich zulässt, als auch die Gleichwertigkeit von Bar- und Aktienabfindung.

158 Begr. RegE zu § 305 AktG bei Kropff, S. 398.

der Herrschaftsmacht kommt es dabei nicht an.[159] Bei einer in Mehrheitsbesitz stehenden Gesellschaft spricht bereits die widerlegliche Vermutung nach § 17 Abs. 2 AktG für dessen Abhängigkeit vom Hauptaktionär. Auf die Möglichkeiten zur Widerlegung[160] der Vermutung kommt es in diesem Zusammenhang nicht an, denn unabhängig davon wird der Mehrheitsbesitz in § 305 Abs. 2 Nr. 2 AktG ohnehin bereits erfasst.

2. Barabfindung

Die Notwendigkeit einer Barabfindung ist gemäß § 305 Abs. 2 Nr. 3 AktG ausdrücklich nur für die in § 305 Abs. 2 Nr. 1 und 2 nicht geregelten Fälle vorgesehen. Eine Barabfindung ist danach zwingend anzubieten, wenn der Vertragspartner keine AG oder KGaA ist und somit keine gleichwertigen Anteile zur Verfügung stellen kann oder sich der Sitz der abfindungsverpflichteten Gesellschaft im Ausland befindet.[161] Bei der Eingliederung, die nach § 320 AktG sowieso nur zwischen Aktiengesellschaften erfolgen kann, ist die Barabfindung nach § 320b Abs.1 S.3 AktG als Alternative für den Aktionär nur bei Vorliegen einer ihrerseits abhängigen Hauptgesellschaft vorgesehen. Die Gewährung einer Barabfindung ist also auch hier nicht der gesetzlich vorgesehene Regelfall sondern bloße Ausnahme.

Den Vertragsparteien bzw. der Hauptgesellschaft ist es im übrigen ohnehin stets möglich, neben der gesetzlich vorgesehenen Abfindung in Aktien freiwillig auch ein Barabfindungsangebot zu machen. In der Praxis ist dabei oft ein im Vergleich zum Umtauschangebot in Aktien großzügigeres Barabfindungsangebot festzustellen.[162] Dies legt die Vermutung nahe, dass für die Minderheitsaktionäre der Anreiz zum Ausscheiden aus der Gesellschaft erhöht werden soll. Bestehende Mehrheitsverhältnisse beim Vertragspartner bzw. der Hauptgesellschaft können damit auch in Zukunft gewahrt bleiben, ohne dass das Hinzutreten zu vieler neuer Aktionäre und daraus ggf. resultierende Einflussverschiebungen zu befürchten sind.

---

[159] BGHZ 62, 193, 201; Emmerich/Sonnenschein/Habersack, § 3 II 2 b; Schmidt, GesellschaftsR, § 31 II 3 b.

[160] Eine Ausnahme der Widerlegbarkeit besteht etwa für den Fall wechselseitiger Beteiligungen mit Mehrheitsbesitz nach § 19 Abs. 2 AktG. Vgl. Emmerich/Sonnenschein/Habersack, § 3 IV.

[161] Umkehrschluss aus § 305 Abs. 2 Nr. 2 AktG.

[162] So das Ergebnis empirischer Untersuchungen bei Dörfler/Gahler/Unterstraßer/Wirichs, BB 1994, 156, 161.

C. Abfindungshöhe als Rechtsproblem

I. Rechtsnatur der Aktie

Der Begriff „Aktie" kann in drei Bedeutungen interpretiert werden. Nach § 1 Abs. 2 AktG ist die Aktie Bruchteil des Grundkapitals der AG.[163] Sie verkörpert aber auch die Mitgliedschaft in der AG und verbrieft drittens dieses Recht in einer Urkunde.[164] Die Verbriefung selbst findet in neuerer Zeit bei den meisten Gesellschaften nicht mehr in einzelnen, druckkostenintensiven Aktienurkunden, sondern in einer gemäß § 9a Abs. 1 S. 1 DepotG zulässigen Sammelurkunde statt. Durch diese Art der Verbriefung in einer einzelnen Urkunde bleiben die davon erfassten Einzelwerte in ihrer rechtlichen Selbständigkeit jedoch unberührt, unterscheiden sich also im übrigen nicht von Einzelurkunden.[165] Bereits Ende 1999 entfielen bereits 97 % des Handels auf per Globalurkunde verbriefte Aktien.[166]

1. Aktie als Mitgliedschaftsrecht

Der Begriff „Mitgliedschaft" bezeichnet im Gesellschaftsrecht die auf die Zugehörigkeit zu einem Verband beruhende Rechtsstellung einer Person.[167] Die Mitgliedschaft in einer AG oder KGaA gewährt und beinhaltet ein Bündel von sich aus den anwendbaren rechtlichen Vorschriften für die (Kommandit-)Aktionäre ergebenden Rechte und Pflichten. Von den Rechten seien hier beispielhaft insbesondere das Stimmrecht gemäß §§ 118, 134 AktG, das Gewinnbezugsrecht nach § 60 AktG oder das Recht auf Auszahlung des Liquidationserlöses gemäß § 271 AktG genannt. Die Aktionärsrechte lassen sich dabei grob in Teilhabe-, Schutz- und Vermögensrechte unterteilen. Für bestimmte Aktionäre können auch Vorzugs- bzw. Sonderrechte bestehen. Die in Deutschland insoweit gebräuchlichste Form der sogenannten Vorzugsaktie gewährt den Vorzugsaktionären regelmäßig das Recht auf eine höhere Dividende im Ausgleich für das fehlende Stimmrecht.[168]

Zu den Pflichten des (Kommandit-)Aktionärs gehören u.a. die Einlageverpflichtung nach § 54 AktG sowie die sich aus der Mitgliedschaft ergebendenden, von

---

163 Für die börsennotierte KGaA gelten gemäß des die Anwendbarkeit der aktienrechtlichen Regelungen ermöglichenden § 278 Abs. 3 AktG jetzt und im folgenden die Ausführungen entsprechend.

164 Vgl. dazu Schmidt, GesellschaftsR, § 26 IV 1 b; Wiesner, in: MünchHdbAG § 12 Rn. 1.

165 Kümpel, Rz.11.186.

166 Euro am Sonntag v. 12. Dezember 1999, S. 27.

167 Schmidt, GesellschaftsR, § 19 I 1 b; Lutter AcP 180 (1980), 86.

168 Schmidt, GesellschaftsR, § 19 III 3 c; Wiesner in MünchHdbAktG, § 17 Rn.3 ff.; Mehrstimm-rechte sind nach der Streichung des § 12 Abs. 2 S. 2 AktG durch Art. 1 Nr. 3 KonTraG vom 27. April 1998 (BGBl I S.786) dagegen generell unzulässig.

der Rechtsprechung konkretisierten Treuepflichten gegenüber der Gesellschaft und ggf. auch gegenüber Mitaktionären.[169] Die Erfüllung der Pflichten ist dabei unabhängig davon, welche Ziele der Aktionär mit seiner Investition verfolgt, d.h. ob es ihm beim Erwerb der Aktien um eine unternehmerische Mitbestimmung oder um bloße Kapitalanlage geht.

2. Aktie als Wertpapier

An der Börse verbriefen Aktien regelmäßig die Mitgliedschaft und die aus ihr folgenden Rechte. Die Aktie ist vor diesem Hintergrund folglich Wertpapier im engeren Sinne.[170] Verfügungen werden nicht über die Mitgliedschaft sondern über die Aktien getroffen, wobei gemäß § 952 BGB das Recht aus dem Papier dem Recht am Papier folgt.[171] Der Erwerb einer Mitgliedschaft an einer AG/KGaA erfordert daher einen sich nach den §§ 929 ff. BGB richtenden wirksamen Eigentumserwerb an den Aktienurkunden. Die praktische Ausgestaltung des eigentlichen Übertragungsaktes ist dabei abhängig von der Verwahrungsart der Aktienurkunden.

Bei der bislang gebräuchlichsten Form, der sogenannten Sammelverwahrung werden unter den Voraussetzungen des § 5 DepotG Aktien voneinander ungetrennt in einem einheitlichen Bestand z.B. durch die Deutsche Börse Clearing AG als Tochter der Deutschen Börse AG aufbewahrt.[172] Die Eigentumsverschaffung erfolgt, indem das Kreditinstitut des Verkäufers dessen Miteigentum am Sammelbestand des Verwahrers auf den Käufer überträgt und ihn anweist, zukünftig mit dem Kreditinstitut des Käufers ein Besitzmittlungsverhältnis einzugehen.[173] Besitzrechtlich bleibt also, trotz der rechtlich erfolgten Übergabe, der Verwahrer weiterhin unmittelbarer Besitzer der Aktienurkunden, das Kreditinstitut des Käufers erlangt mittelbaren und der Käufer gestuften mittelbaren Besitz.

II. Angemessenheit der Abfindung

Bei Abfindungen nach dem UmwG als auch nach dem AktG verlangen die Vorschriften der §§ 305, 320b AktG, § 30 UmwG die Gewährung einer angemessenen Abfindung, ohne dass in den Vorschriften erläutert wird, was angemessen ist. § 305 Abs. 3 S. 1 AktG verweist für die Gewährung von Aktien als Abfindung auf

---

169 Raiser, Kap-GesR, S. 33. Ob es Treupflichten des Aktionärs gegenüber anderen Aktionären gibt, war früher streitig: bejahend: BGHZ 103, 184, 194 f.; BGH DB 1989, 593, 595; verneinend noch BGH WM 1976, 449, 450 - VW/Audi NSU. Zum Meinungsstand und dem Pflichtenumfang: vgl. zusätzlich Wiesner in MünchHdbAG, § 17 Rn. 13; Grunewald, Rn. 35 f.

170 Schmidt, GesellschaftsR, § 26 IV 1 b.

171 Schmidt, GesellschaftsR, § 26 IV 1 b.

172 Claussen, § 9 Rn. 281; Kümpel, Rz.11.141.

173 Claussen, § 9 Rn. 257, 258.

die Verschmelzungswertrelation des UmwG. § 30 UmwG seinerseits verlangt allerdings nur auf die Berücksichtigung der Verhältnisse des übertragenden Rechtsträgers, ohne dass sich daraus tatsächlich weiterführende Aussagen entnehmen lassen. Die Interpretation der mithin unbestimmten Rechtsbegriffes „angemessene Abfindung" als eine der näheren Bestimmung bedürftige Generalklausel, muss daher übergeordnete Gesichtspunkte des Zivil- und des Verfassungsrechtes insbesondere die Eigentumsgarantie des Art. 14 Abs. 1 GG beachten und verwirklichen.[174]

1. Einfluss des Art. 14 Abs. 1 GG auf die Angemessenheit

Durch die erforderliche verfassungskonforme Ausfüllung des Begriffes „Angemessenheit" ist die Bestimmung des Einflusses von Art. 14 Abs. 1 GG auf die Abfindungsermittlung erforderlich. Dabei stellt sich bereits zu Beginn die Frage, ob Aktien überhaupt in den Schutzbereich der Eigentumsgarantie des Art. 14 Abs. 1 GG fallen und daher die Höhe der Abfindung und die zu ihrer Ermittlung ggf. anzuwendenden Methoden durch Art. 14 Abs.1 GG beeinflusst werden.

a. Anteilseigentum im Schutzbereich des Art. 14 Abs.1 GG

In den Schutzbereich der in Art. 14 Abs. 1 GG geregelten Eigentumsgarantie fallen alle vermögenswerten Rechte und Güter.[175] Das Vermögen als solches oder die erst zukünftige Möglichkeit oder Chance eines Erwerbes aufgrund günstiger äußerer Gegebenheiten oder situationsbedingter Erwerbsvorteile einen Gewinn zu erzielen, wird davon nicht erfasst.[176]

Von Art. 14 Abs. 1 GG geschütztes bürgerlich-rechtliches Eigentum besteht an der Aktienurkunde. Maßgeblich für den Aktionär ist allerdings nicht sein Eigentum an der Urkunde, sondern die in der Aktie verkörpert Mitgliedschaft an der AG bzw. KGaA. Diese ist als selbständig rechtsfähige juristische Person selbst imstande, Eigentum im bürgerlich-rechtlichen Sinn zu erwerben. Über den Erwerb, die Veräußerung oder Aufgabe von Eigentumspositionen der Gesellschaft entscheidet dabei im Rahmen der gewöhnlichen Geschäftstätigkeit nach § 76 AktG der Vorstand. Der Aktionär ist, auch wenn im nach Liquidation der Gesellschaft der Liquidationserlös zusteht, dagegen weder Eigentümer gesellschaftseigener Gegenstände noch Eigentümer oder Miteigentümer der Gesellschaft selbst, da es Eigen-

[174] Großfeld, Unternehmensbew., S. 10.

[175] BVerfGE 83, 201, 208 f.; 89, 1,6 ; Pieroth/Schlink, Rn. 903; Hesse, Rn. 444.

[176] Ständige Rechtsprechung des BVerfG: BVerfGE 28, 119, 142; 74, 129, 148; 78, 205, 211; BGHZ 45, 83, 87; Papier in Maunz- Dürig, Art. 14 GG, Rn. 101; BK- Kimminich, Art. 14 GG Rn. 86; v.Münch/Kunig– Bryde, Art.14 GG Rn. 11, 23, 26; Badura AöR 98 (1973), 153, 159.

tum nur an Sachen, nicht aber an juristischen Personen geben kann.[177] Allenfalls kann man den Aktionär als „wirtschaftlichen“ Eigentümer des Gesellschaftsvermögens entsprechend seiner Beteiligung ansehen.[178]

Anknüpfungspunkt für einen durch Art. 14 Abs. 1 GG vermittelten eigentumsrechtlichen Schutz kann daher nur die durch die Aktie verkörperte Mitgliedschaft sein. Das Bundesverfassungsgericht unterteilte diese bisher in ein mitgliedschaftsrechtliches und ein vermögensrechtliches Element, wobei zu ersterem u.a. das Stimm- und Auskunftsrecht zum vermögensrechtlichen Element dagegen der Anspruch auf Gewinnbeteiligung und Liquidationsquote gehören sollten.[179] Angesichts dieser mit der Mitgliedschaft verknüpften Rechte stellt die Aktie nach Ansicht des Bundesverfassungsgerichtes gesellschaftsrechtlich vermitteltes Eigentum dar und genießt als solches den Schutz des Art. 14 Abs. 1 GG.[180]

Ob die von den Verfassungsrichtern getroffene Unterscheidung zwischen vermögens- und mitgliedschaftsrechtlichen Elementen notwendig ist oder nicht eher die Betrachtungen verkompliziert, erscheint allerdings fraglich. Auch die vermögensrechtlichen Ansprüche auf Gewinn, Bezugsrechte oder Liquidationserlös stellen nämlich kein separates Rechtebündel dar, sondern folgen unmittelbar aus der Mitgliedschaft. Es erscheint daher überflüssig, eine von der anerkannten gesellschaftsrechtlichen Definition der Mitgliedschaft, als Gesamtheit einer mit Rechten und Pflichten geprägten Rechtsbeziehung[181], abweichende Definition einer allein auf Verwaltungsrechte gegründeten Mitgliedschaft einzuführen. Eine derartige Unterscheidung findet sich auch im Zivilrecht nicht, in dem die gesellschaftsrechtliche Mitgliedschaft insgesamt eine gegenüber Eingriffen Dritter geschützte absolute Rechtsposition ist, unabhängig davon welche Einzelrechte betroffen sind.[182] In seiner Entscheidung vom 27. April 1999 leitet auch das Bundesverfassungsgericht die Leitungsbefugnisse und die vermögensrechtlichen Ansprüche aus der als Einheit zu verstehenden, von Art. 14 Abs.1 GG geschützten mitgliedschaftlichen Stellung her.[183]

---

177 Staudinger-Seiler, Vorbem. zu §§ 903 ff. BGB Rn. 3; Henn, Hdb. des AktienR, Rn.1582.

178 Henn, Hdb. des AktienR, Rn. 1582.

179 BVerfGE 14, 263, 276 f.; 50, 290, 342; ebenso BGHZ 82, 188, 192; Papier in Maunz/Dürig, Art. 14 GG, Rn. 193.

180 BVerfGE 14, 263, 276; 25, 371, 407; 50, 290, 341 f.

181 Vgl. dazu oben Fußn. 167.

182 Für Mitgliedschaftsrechte bei der AG: RGZ 158, 248, 255; Soergel-Zeuner, § 823 BGB Rn. 60; Erman-Schiemann, § 823 BGB Rn. 41; für Mitgliedschaftsrecht bei Verein allgemein auch BGHZ 110, 323, 327; hier ablehnend Medicus, BR, Rn. 620a.

183 BVerfG ZIP 1999, 1436, 1439; in der Literatur ebenso schon: Raiser, Kap-GesR, S. 35; Henn, Hdb.des AktienR, Rn. 25 f.

b. Verfassungsrechtliches Gebot des vollen Wertes

Nach Art. 14 Abs. 3 S. 3 GG ist die bei einer hoheitlichen Enteignung erforderlich werdende Entschädigung unter gerechter Abwägung der Interessen der Beteiligten und der Allgemeinheit zu bestimmen. Nach der Rechtsprechung des für derartige Entschädigungen letztinstanzlich zuständigen Bundesgerichtshofes soll für dem Betroffenen dadurch ein wirklicher Wertausgleich geschaffen werden, der es ihm ermöglicht, sich Sachen gleicher Art und Güte zu beschaffen.[184] Mit Hilfe eines objektiven Maßstabes sei dazu der Wert zu ermitteln, den die Sache für jedermann hat.[185] Entscheidend ist damit der im gewöhnlichen Geschäftsverkehr zu erzielende Preis, also der Verkehrswert als objektiver Tauschwert.[186] Der Enteignete soll durch die Maßnahme keinen Vermögensverlust erleiden, sondern unter Berücksichtigung der bestehenden Marktverhältnisse wirtschaftlich durch die mit der Entschädigung eröffnete Neuerwerbsmöglichkeit gleichgestellt bleiben.

Ob diese zumeist im Hinblick auf Enteignungen von Grund und Boden ergangene Rechtsprechung wegen der in Art. 14 Abs. 3 S. 3 GG enthaltenen Abwägungsklausel für hohheitliche Enteignungsfälle zutrifft[187], kann offen bleiben, da bei den hier zu behandelnden Abfindungsfällen die Initiative nicht von hoheitlicher sondern von Unternehmensseite ausgeht. Platz für eine vom objektiven Wert abweichende Abwägung zugunsten öffentlicher Rechtsgüter besteht hier bereits deshalb nicht, da der mehrheitlich beschließenden Hauptversammlung der Gesellschaft durch den Gesetzgeber keine Enteignungsbefugnisse verliehen wurden. Das Recht zur Umgestaltung der privatrechtlichen Beziehungen der Aktionäre zueinander oder zu Dritten entsteht nicht erst mit Durchführung der abfindungspflichtigen Maßnahme, sondern lastet auf der Mitgliedschaft in der AG bzw. KGaA per Gesetz schon von Beginn an.[188] Für eine Abwägung zur Bestimmung der Höhe der zu gewährenden Abfindung würde es wegen der Gleichordnung der Beteiligten im übrigen an einem plausiblen Grund fehlen. Der den Abfindungsanspruch begründende Sachverhalt liegt nämlich meistens im eigenen Interesse des nahezu immer mit dem Großaktionär identischen Vertragspartners bzw. der Hauptgesellschaft und wurde durch die für einen wirksamen Hauptversammlungsbeschluss notwendige Zustimmung herbeigeführt.[189] Lässt man Konzernierungs- oder Umwand-

---

[184] BGHZ 39, 198, 200; 119, 62, 68.

[185] BGH WM 1989, 1154, 1155.

[186] BGHZ 31, 238, 241; 39, 198, 200; BK-Kimminich, Art. 14 GG Rn. 469.

[187] Gegen den Äquivalenzgedanken BVerfGE 24, 367, 421; 46, 268, 285; Papier in Maunz-Dürig, Art. 14 GG Rn. 608, Bielenberg, DVBl 1974, 113, 116. Nach Bielenberg, DVBl 1974, 113, 116 wurde durch das Deichordnungsgesetz-Urteil BVerfGE 24, 367 ff. dieser Theorie der Boden entzogen. Der BGH erkannte aber trotzdem die Möglichkeit einer der den Marktwert unterschreitenden Entschädigung nur in BGHZ 67, 190, 192 kurzzeitig an, blieb dem Äquivalenzgedanken aber auch weiterhin treu, insoweit eindeutig BGHZ 119, 62, 68.

[188] So bereits BVerfGE 14, 263, 277.

[189] BVerfGE 14, 267, 284.

lungsmaßnahmen im Interesse freier Entfaltung unternehmerischer Initiative und Entwicklung als Eingriff in die Rechte von Minderheitsaktionären zu[190], kann der unbestimmte Rechtsbegriff „angemessene Abfindung“ nur als „volle“ Abfindung verstanden werden. Die Abfindung muss demnach den vollen Wert der Beteiligung am arbeitenden Unternehmen abbilden.[191]

2. Angemessenheit durch Unternehmensbewertung

Angesichts eines derartig verfassungsrechtlich determinierten Maßstabes zur Abfindungsermittlung ist von vornherein absehbar, dass weder die Höhe der Barabfindung noch die der Abfindung in Aktien durch eine einfache, überschlagsmäßige Schätzung eines vermeintlich richtigen Anteilswertes ermittelt werden können. Der Beteiligungswert muss vielmehr im Hinblick auf die Zielsetzung einer Abfindung zum vollen Wert für die Beteiligten und die Gerichte[192] nachvollziehbar und überprüfbar festgestellt werden. Es bleibt daher nichts weiter übrig, als die Beteiligung der Minderheitsaktionäre am Unternehmen fachmännisch zu bewerten bzw. bewerten zu lassen.

a. Bewertungszweck

Eine Bewertung kann verschiedenen Zwecken dienen und zu verschiedenen jeweils zweckadäquaten Unternehmens- bzw. Anteilswerten führen.[193] Der jeweilige Bewertungszweck bestimmt dabei die Wahl der Verfahrenstechnik und die Möglichkeit von Vereinfachungen und Objektivierungen.[194] So ist etwa der bei einem Unternehmenskauf maximal zu zahlende Grenzpreis des Käufers, der sich für ihn aus dem für ihn erwarteten Nutzen und den möglichen Alternativrenditen ergibt, vom minimal zu erlösenden Grenzpreis des Verkäufers, der sich anhand des von

---

190 So schon BVerfGE 14, 267, 282; bestätigt durch BVerfG ZIP 1999, 1436, 1439.

191 So im Anschluss an BVerfGE 14, 267, 284 die einhellige Literatur und Rechtsprechung etwa: BGH AG 1967, 264; BGH WM 1974, 713, 716; OLG Düsseldorf AG 1995, 85, 86; BayObLG AG 1995, 509; LG Dortmund AG 1998, 142; KölnKommAktG-Koppensteiner, § 305 AktG Rn.27; Hüffer, 4. Auflage, § 305 AktG Rn.18; Seetzen, WM 1999, 565; Steinhauer, AG 1999, 299; Dielmann/König, AG 1984, 57 - bestätigt durch BVerfG ZIP 1999, 1436, 1440 m.w.Nachw.

192 Nach § 305 Abs.5 S.2 AktG, § 320b Abs. 2 S. 2 AktG bzw. § 34 UmwG, § 212 UmwG hat das Gericht auf Antrag eines Aktionärs in einem Spruchstellenverfahren die gebotene angemessene Abfindung zu bestimmen, was eine Kontrolle der bis dahin gebotenen Abfindung voraussetzt. Zuständig ist nach § 306 Abs. 1 AktG bzw. § 306 Abs. 1 UmwG das Landgericht am Sitz der Gesellschaft an der der Antragsteller beteiligt ist.

193 Moxter, Grundsätze, S. 6.

194 Moxter, Grundsätze, S. 8.

diesem erwarteten Nutzens ergibt, zu unterscheiden.[195]

Anders als bei der Beratung und Bewertung von Beteiligungen aus der subjektiven Sicht von Käufer oder Verkäufer ist eine Bewertung zur Ermittlung der Abfindung an der Prämisse des „vollen Wertes“ festzumachen. Wenn die Minderheitsaktionäre unter Zugrundelegung des Äquivalenzgedankens[196] durch die volle Abfindung nicht schlechter gestellt werden sollen, als sie bei weiterer Unternehmensbeteiligung stünden, muss ihr Grenzpreis des Ausscheidens ermittelt werden. Darunter ist derjenige Preis zu verstehen, den die Minderheitsaktionäre im Hinblick auf den aus der Anlage objektiv zu erwartenden Nutzen und der anderweitig möglichen Alternativrendite erzielen müssen, um sich gleichwertigen Ersatz zu beschaffen.[197] Vereinfachungen und Objektivierungen dürfen, soweit sie zu einer Verzerrung des wahren Wertes des Unternehmens führen könnten, wegen der strikten verfassungsrechtlichen Vorgaben nur in einem die Bewertung überhaupt ermöglichenden Maße eingesetzt werden.

b. Direkte oder Indirekte Bewertung

Vor Beginn einer erfolgreichen Bewertung stellt sich die Frage nach dem zugrunde zulegenden Bewertungsobjekt. Denkbar ist entweder die isolierte Bewertung der Aktienbeteiligung der Minderheitsaktionäre, sog. direkte Methode oder die sog. indirekte Methode, in der vorab zu ermittelnde Gesamtwert der Unternehmung entsprechend den Beteiligungsverhältnissen auf die Anteilseigner quotal umgelegt wird.[198] Die wohl herrschende Ansicht verfolgt bisher den letzteren Weg, da durch eine gleichmäßige quotale Umlegung sichergestellt sei, dass die Abfindung ohne Rücksicht auf die Individualität des Aktionärs und dessen Beteiligungsquote errechnet werden kann.[199]

Eine Ermittlung des Gesamtunternehmenswertes erübrigt sich selbst dann nicht, wenn man nach dem Beschluss des Bundesverfassungsgerichtes vom 27. April 1999 den Börsenkurs zur Festlegung der Abfindung zugrundelegt und damit mehr auf den Wert der einzelnen Aktie als auf den Wert des gesamten Unternehmens abstellt.[200] Nach dem Grundsatz der Abfindung zum „vollen Wert“ muss nämlich,

---

[195] Busse von Colbe, in Busse von Colbe/Coenenberg, S. 57.

[196] Vgl. oben S. 43 f. und Fußn. 184 f.

[197] Moxter, Grundsätze, S. 22. Anders Busse von Colbe/Coenenberg, S. 57, der als Abfindungswert einen fairen Einigungswert (Arbitriumwert) ermitteln will, der zwischen dem Grenzpreis des Minderheitsaktionärs und dem Grenzpreis des Erwerbers liegt. Der Unterschied liegt aber weniger in der Wertermittlung, sondern vielmehr in der Frage der Berücksichtigung von potentiellen Synergieeffekten.

[198] Piltz, Unternehmensbewertung, S. 235 f.

[199] BGH AG 1980, 158, 159.

[200] BVerfG ZIP 1999, 1436 ff.

wenn der Börsenkurs den nach quotaler Umlegung des durch konventionelle Unternehmensbewertung ermittelten Gesamtunternehmenswertes erhaltenen Wert unterschreitet, der höhere Wert als Abfindung gewährt werden.[201] Um die Unterschiede und somit die mögliche Relevanz des Börsenkurses als Abfindungsgrundlage feststellen zu können, muss daher regelmäßig eine Gesamtunternehmensbewertung erfolgen. Erleichterungen durch den Verzicht auf komplizierte Bewertungsgutachten sind durch den Beschluss des Bundesverfassungsgerichtes nicht daher zu erwarten.[202]

III. Abfindungsermittlung als Rechtsfrage

Angesichts der zumindest vergleichsweise weiterhin bestehenden Notwendigkeit die Abfindungshöhe durch Unternehmens- und Anteilsbewertung zu ermitteln, stellt sich die Frage, ob und wie die Rechtsprechung auf die Bewertung Einfluss nehmen kann. Zu klären ist dabei insbesondere, ob Gerichte die durch die Bewertung gesetzten Vorgaben kontrollieren können.

Nach § 307 Abs.1 UmwG bzw. §§ 306 Abs.2, 99 Abs.1 AktG sind auf das Spruchstellenverfahren zur gerichtlichen Überprüfung der angebotenen Abfindung auf ihre Angemessenheit die Vorschriften des Gesetzes über die Angelegenheiten der freiwilligen Gerichtsbarkeit (FGG) anwendbar, soweit nichts anderes bestimmt ist. Mangels spezieller gesetzlicher Regelungen im Aktien- oder Umwandlungsrecht sind daher insbesondere der in § 12 FGG geregelte Amtsermittlungsgrundsatz sowie über den Verweis in § 15 FGG die Vorschriften der Zivilprozessordnung über die Beweisaufnahme durch Augenschein, Zeugen oder Sachverständige anwendbar.[203]

1. Art und Umfang gerichtlicher Ermittlungen

Das Ziel der gerichtlichen Ermittlungen besteht entsprechend den erörterten verfassungsrechtlichen Vorgaben in der Kontrolle der Angemessenheit der angebotenen Abfindung. Die Gerichte haben dabei die angemessene Abfindung durch ei-

---

201 BVerfG ZIP 1999, 1436, 1443.

202 Unzutreffend anderer Erwartung sind Ammon, FGPrax 1998, 121,122; Luttermann, EWiR 1998, 965, 966; Neye, EWiR 1999, 751, 752, die davon ausgehen, dass der Börsenkurs anderweitige Unternehmensbewertung überflüssig macht oder ersetzt. Auch bei Zugrundelegung der Ansicht des BVerfG gelangt man nur dann zu einem Urteil über die Aussagekraft des Börsenkurses, wenn man ihn in Relation zu einem durch Unternehmensbewertung ermittelten Wert setzt.

203 Im Referentenentwurf zur Neuordnung des gesellschaftsrechtlichen Spruchverfahrens vom 10. Dezember 2001 soll durch die Schaffung des Spruchstellengesetzes zukünftig eine einheitliche Regelung des Spruchstellenverfahrens geschaffen werden.

gene Berechnungen in nachvollziehbarer Auseinandersetzung mit den von dem abfindungsverpflichteten Unternehmen vorgelegten Zahlen festzustellen.[204]

Nach § 12 FGG hat das Gericht die für die Entscheidungsfindung erforderlichen Tatsachen zu ermitteln und dafür ggf. geeignet erscheinende Beweise zu erheben. Anders als im Zivilprozess, in dem der Beibringungsgrundsatz durch die Parteien gilt, sind die Beteiligten lediglich verpflichtet, die Ermittlungen durch eigenes Vorbringen zu unterstützen.[205] Das Gericht kann daher prinzipiell selbständig entscheiden, ob es formlose Ermittlungen, etwa durch Einsichtnahme in Unternehmensbilanzen, Anhörungen von Auskunftspersonen oder die Einholung amtlicher Auskünfte, anstellt und/oder eine förmliche Beweisaufnahme nach § 15 FGG nach den Vorschriften der ZPO anordnet.[206] Welche Art von Beweisen erhoben werden oder ob beide Möglichkeiten der Beweiserhebung kombiniert werden, steht im pflichtgemäßen Ermessen des Gerichtes. Bei der Ermessensausübung ist dabei zu berücksichtigen, dass formlose Ermittlungen häufig eine geringere Gewähr für die Richtigkeit des Ergebnisses bieten.[207] Schlussfolgerungen aus Einsichtnahmen in Geschäftsbücher, Bilanzen und/oder zukünftige Pläne des Vorstandes dürften, auch wenn es sich bei den meisten der entscheidenden Gerichte um Spezialkammern und -senate handelt, wegen des Umfanges der zu sichtenden Papiere und der Gefahr mangelnder Objektivität dieser Unterlagen und Auskünfte kaum möglich sein. Durch formlose Ermittlungen wird der angemessene Abfindungsbetrag daher im Regelfall nicht berechnet werden können. Die Gerichte sind daher in Spruchstellenverfahren gehalten, förmlichen Beweis zu erheben.[208] Dies geschieht regelmäßig durch die Hinzuziehung von Bewertungssachverständigen. Sachverständig ist eine Person dabei immer dann, wenn sie den Richter durch ihre besondere Sach- und Fachkunde entweder in der Tatsachenermittlung unterstützt oder aus vorgegebenen Tatsachen aufgrund von Erfahrungssätzen konkrete Schlussfolgerungen zieht.[209] Als Sachverständige für Bewertungen und Bewertungsgutachten kommen vor allem unabhängige Wirtschaftsprüfer und Professoren der Wirtschaftswissenschaften in Betracht, die in der Sichtung und Auswertung des oftmals sehr umfangreichen Datenmaterials und der daraus folgenden Beurteilung des Unternehmens und seiner Entwicklung genügend Erfahrung besitzen müssen.

Da bereits durch die beteiligten Unternehmen zumindest ein Gutachten eines unabhängigen Wirtschaftsprüfers zur Bewertung der beherrschten bzw. einzugliedernden Gesellschaft und Festlegung daraus folgenden Festlegung der Abfindung

---

[204] Seetzen WM 1999, 565, 567.

[205] G. Schmidt, Hdb. der FG, S.4; Lutter/Bezzenberger, AG 2000, 433, 436; KG OLGZ 1971, 260, 265.

[206] Kayser, in Keidel/Kuntze/Winkler § 12 FGG Rn.42; Schmidt, Hdb. der FG, S. 5.

[207] Jansen, § 12 FGG Rn. 39; OLG Zweibrücken NJW-RR 1988, 1211.

[208] Soweit formlose Beweisverfahren den Sachverhalt nicht genügend erforschen besteht die Pflicht zu förmlicher Beweiserhebung. Vgl. OLG Zweibrücken NJW-RR 1988, 1211.

[209] Jauernig, § 54 I ; Musielak, Grundkurs, Rn.426; Lausterer, S. 81.

eingeholt wird, könnte die Beauftragung von Sachverständigen auf den ersten Blick allerdings überflüssig sein. Ein ggf. schon unter dem sich abzeichnenden Einfluss des Mehrheitsaktionärs in Auftrag gegebenes Bewertungsgutachten ist allerdings nur dann für das Spruchstellenverfahren verwendbar, wenn der darin ermittelte Wert dem objektiven, d.h. dem angemessenen, „vollen" Wert der zu bewertenden Unternehmung entspricht. Eine empirische Untersuchung aus dem Jahre 1994 legt die Vermutung nahe, dass unter der Prämisse eines ohnehin stattfindenden Spruchstellenverfahrens[210] bzw. dem verständlichen Begehren des Zahlungspflichtigen nach möglichst billigem Ausscheiden der Minderheitsaktionäre derartige Gutachten oftmals eine zu niedrige Wertbestimmung vorweisen.[211] Neben der nicht von der Hand zu weisenden Gefahr möglicherweise bestehender Abhängigkeiten der beauftragten Wirtschaftsprüfer von den beteiligten Unternehmen könnte ein nachvollziehbarer Grund für dieses Ergebnis der offenbar noch immer vorhandene Trend deutscher Wirtschaftsprüfern zu einer entsprechend den Bilanzierungsvorschriften des HGB zu vorsichtigen Bewertung des Unternehmens sein.[212]

Nach der Bestellung gerichtlicher Sachverständiger hat das Gericht nach § 15 FGG, § 404a Abs.1 ZPO den Sachverständigen bei seiner Tätigkeit zu leiten und kann ihm dazu Weisungen über Art und Umfang seiner Tätigkeit erteilen. Ob die Gerichte diese Aufgabe wegen der Komplexität von Unternehmen praktisch überhaupt ausfüllen können oder den Sachverständigen in Bewertungsfragen insoweit freie Hand lassen müssen, ist dabei im Hinblick auf die angestrebte, primär rechtlich definierte Abfindungshöhe und damit für die Verwendbarkeit des Gutachtens im gerichtlichen Verfahren von entscheidender Bedeutung. Neuere Entscheidungen haben gezeigt, dass Gerichte trotz der in der gerichtlichen Tätigkeit nicht alltäglichen Materie Sachverständigen detaillierte Vorgaben machen können und

---

[210] Die Einleitung eines Spruchstellenverfahrens ist für die antragstellenden Minderheitsaktionäre unabhängig vom Ergebnis nach § 306 Abs. 7 S. 7 AktG; § 312 Abs. 4 S. 1 UmwG fast ohne Kostenrisiko. Da gleichzeitig im Rahmen der freiwilligen Gerichtsbarkeit für Antragsverfahren als Ausfluß der Dispostionsmaxime das Verschlechterungsverbot (Verbot der reformatio in peius) gilt (dazu Kayser in Keidel/Kuntze/Winkler, § 12 FGG Rn. 200; Jansen, § 25 FGG Rn. 9; für den Zivilprozeß vgl. Jauernig, § 72 VIII) führt dies tendenziell zu einer hohen Anzahl von Spruchstellenverfahren - dazu Dörfler/Gahler/Unterstraßer/Wirichs, BB 1994, 156, 159; Lutter-Krieger, § 305 UmwG Rn. 6.

[211] So Dörfler/Gahler/Unterstraßer/Wirichs, BB 1994, 156, 157.

[212] So die Vermutung von Dörfler/Gahler/Unterstraßer/Wirichs, BB 1994, 156, 159. Im Fall der Umwandlung der C.H. Knorr GmbH auf die Dt. Maizena Werke GmbH: OLG Stuttgart Beschluss v. 12. November 1962 - 8/AR 1/59 mitgeteilt bei Koppenberg, S. 58 (nicht abgedruckt in AG 1963, 77 ff.) wurden, nachdem das selbst in Auftrag gegebene Gutachten eine nach Unternehmensmeinung zu hohe Abfindung von 800 % ergab, vom Unternehmen weitere 4 (!) Gutachten in Auftrag gegeben, die eine Abfindung von 560 %, 720 %, 640 %, 608 % als angemessen ansahen. Das OLG Stuttgart setzte in seinem Beschluss 800 % als angemessen fest, (mitgeteilt bei Koppenberg, S. 66), nachdem ein gerichtlicher Sachverständiger 920 %, ein anderer Gutachter 1060 % ermittelt hatten (mitgeteilt bei Koppenberg, S. 61).

dies in verstärktem Maße auch tun.[213] Art und der Umfang der gerichtlichen Vorgaben hängen dabei insbesondere davon ab, ob sich die Beauftragung der Sachverständigen auf Einzelfragen beschränken kann oder eine generelle Unternehmensbewertung erforderlich wird.[214] Hierbei spielt neben der Fallgestaltung und auch das persönliche Geschick des Gerichtes im Umgang mit den Sachverständigen eine entscheidende Rolle.

2. Beweiswürdigung

Die von einem gerichtlich bestellten Sachverständigen ermittelten Ergebnisse sind unter Einbeziehung der bisher vorliegenden Parteigutachten sowie ggf. anderweitig vorliegender Unterlagen/Gutachten durch das Gericht nach § 286 ZPO tatrichterlich frei zu würdigen.[215] Das Sachverständigengutachten muss vor allem auf Richtigkeit hin sorgfältig überprüft und darf nicht kritiklos übernommen werden.[216] Im Vordergrund der Überlegungen steht dabei die Nachvollziehbarkeit der tatsächlichen Feststellungen und die daraus gezogenen Schlußfolgerungen des Sachverständigen auf den Wert des Unternehmens.[217] Der Richter muss hierbei den durch die verfassungsrechtlichen Vorgaben determinierten „vollen Wert" als Maßstab seiner Betrachtungen zugrundelegen. Die zur Ermittlung der Abfindung angewandten Bewertungsmethoden und Feststellungen müssen dabei nicht nur plausibel, sondern gerade für das angestrebte Bewertungsziel adäquat sein.[218] Der These, dass es sich bei der Unternehmensbewertung um ein rein betriebswirtschaftliches Gebiet handelt,[219] kann nicht gefolgt werden, da sie unterstellt, dass ein Richter Bewertungsgutachten nicht selbst, sondern nur durch erneut zu beauftragende gerichtliche Sachverständiger überprüfen kann. Die Ermittlung des „vollen" Wertes der Unternehmensbeteiligung im Spruchstellenverfahren muss, da es sich bei der näheren Bestimmung dieses Begriffes um eine primär juristische Aufgabe handelt, vielmehr Sache der Richter bleiben. Der betriebswirtschaftliche Sachverständige kann daher auch zukünftig nur wichtiger Helfer bei den vom Gericht vorzunehmenden Beurteilungen sein.[220] Gerichte können und dürfen sich im Gegenzug nicht darauf verlassen, dass der Gutachter schon kraft seiner Sachkunde

---

213 BayObLG AG 1996, 176, 178; BayObLG AG 1995, 509, 510; anders noch BGH AG 1978, 196, 198, der dies ausschließlich den Fachleuten überlassen will. Übersicht dazu bei Aha AG 1997, 26, 27.

214 Lutter/Bezzenberger, AG 2000, 433, 436.

215 BGH NJW 1989, 2948; BGH WM 1982, 17; BGH WM 1977, 781; Müller, Rn. 684; Jansen, § 12 FGG Rn. 81.

216 BGH NJW 1997, 803f.; BGH NJW 1989, 2948; Jansen, § 12 FGG Rn. 81.

217 BGH DB 1992, 622; Jansen, § 12 FGG Rn. 81.

218 Vgl. dazu Großfeld, Unternehmensbew., S.8 f.

219 Dörner, WpG 1983, 549.

220 BGH WM 1982, 17, 18.

und Autorität selbst alle für die Abfindungsermittlung erheblichen Punkte berücksichtigt.[221]

Wenn ein Gutachten den Anforderungen an die Ermittlung der Abfindung nicht genügt, kann und müssen die Gerichte in ihren Entscheidungen davon schon wegen der verbindlichen verfassungsrechtlichen Vorgaben unter Darlegung der maßgeblichen Gründe abweichen.[222] Wenn das Gutachten nach Überzeugung des Gerichtes für ein den gesetzlichen Vorgaben entsprechendes Ergebnis noch nicht ausreicht, müssen weitere Aufklärungsmöglichkeiten zum Beispiel durch Einholung eines neuen Bewertungsgutachtens genutzt werden.[223] Bisher erstellte Gutachten der Parteien sind als Privatgutachten hierbei als substantiiertes, urkundlich belegtes Parteivorbringen zu werten.[224] Sie ersetzen die Einholung eines Gutachten durch einen gerichtlich bestellten Sachverständigen nur dann, wenn sie zur Überzeugung des Gerichtes zur Beantwortung der Abfindungsfrage bereits ausreichen.[225] Dies dürfte nach den dargestellten Bedenken über die Unparteilichkeit und Aussagekraft von Privatgutachten nur nach ausgiebiger fachkundiger Prüfung der Fall sein.

Wenn zwei im Ergebnis abweichende Gutachten vorliegen, ist eine besonders sorgfältige Beweiswürdigung notwendig, die mit treffenden Argumenten begründet, warum den Ausführungen eines der Gutachter zu folgen ist.[226] Wenn es dem Gericht in einer derartigen Lage an der für eine solche Entscheidung notwendigen Sachkunde fehlt und eine erneute, dritte Begutachtung nötig wird, besteht die Gefahr, dass das neue Gutachten von beiden bisherigen Ergebnissen abweicht. Durch eine geschickte Anleitung des Sachverständigen durch das Gericht kann dieser Gefahr allerdings wirksam begegnet werden.

---

221 Müller, Rn. 688, 691a.

222 BGH NJW 1989, 2948; BayObLG AG 1996, 176, 178; Musielak-Huber, § 402 ZPO Rn.12; Baumbach/Lauterbach/Hartmann, § 286 ZPO Rn. 60.

223 BGH NJW 1996, 1597, 1599; BGH NJW 1994, 2419, 2421; Müller, Rn. 687.

224 Zur Bedeutung und Bewertung von Parteigutachten: BGH NJW-RR 1994, 255, 256; BGHZ 98, 32, 40.

225 BGH VersR 1987, 1007, 1008; Baumbach/Lauterbach/Hartmann, Übers. § 402 ZPO Rn. 21.

226 Müller, Rn. 685a.

D. Ermittlung der Abfindungshöhe durch Unternehmensbewertung

Die zielorientierte Bewertung von Unternehmen wirft für die Praxis eine Vielzahl von Problemen auf. Ursachen dafür liegen in der Komplexität der zu bewertenden Unternehmen und der notwendig werdenden Bestimmung des Bewertungszweckes, der die Bewertungsmaßstäbe determiniert. Von den an der Bewertung beteiligten Personen werden hierzu zur Vermeidung möglicher Konflikte zwischen Bewertungsauftrag und -ergebnis fachgerechte, möglichst am konkreten Bewertungsfall orientierte Problemlösungen verlangt.[227] Das je nach Bewertungsmethode zu bewältigende (Zahlen-)Materials des Unternehmens erfordert nicht nur erhebliche Zeit und Kapazitäten für seine Sichtung, sondern muss den dadurch ermittelten Unternehmenswert nachvollziehbar begründen und tragen können. Die bei der Abfindung im Aktien- und Umwandlungsrecht verfassungsrechtlich gebotene und damit juristisch determinierte Ermittlung des vollen Wertes erfordert hierzu einen durch die Einbeziehung allen verfügbaren Daten realistischen Wertansatz des zu bewertenden Unternehmens. Diesem Ansatz muss die zur Ermittlung der Abfindungsmethode gewählte Bewertungsmethode genügen.

I. Mögliche Bewertungsmethoden

Im Aktiengesetz ist über die Formulierung der „angemessenen (Bar-)Abfindung" hinaus ausdrücklich keine bestimmte Bewertungsmethode vorgeschrieben.[228] Auch im Umwandlungsrecht findet sich wider Erwarten keine solche Definition. Der Verweis des § 305 Abs. 3 S. 1 AktG oder des § 320 Abs. 1 S. 4 AktG auf die Verschmelzungsrelation stellt sich somit als Leerformel dar.

Die Auswahl der anzuwendenden Bewertungsmethoden könnte somit theoretisch den beauftragten Wirtschaftsprüfern und somit der Betriebswirtschaft überlassen werden. Bis Juni 2000 stützten diese sich maßgeblich auf die in der Stellungnahme HFA 2/1983[229] veröffentlichten „Grundsätze zur Durchführung von Unternehmensbewertungen", die danach durch den IDW Standard: „Grundsätze zur Durchführung von Unternehmensbewertungen" IDW S 1[230] ersetzt wurde Ob die darin vorgeschlagenen Methoden zur Ermittlung des Zukunftserfolgswertes im Einzelfall geeignet sind, dem Bewertungsanlass und dem Bewertungsziel zu entsprechen, ergibt sich im Streitfall erst durch die eigenständige Beurteilung der

[227] IDW S 1, WpG 2000, 825, 826; Stellungnahme HFA 2/83, WpG 1983, 468, 469; Großfeld, Unternehmensbew., S.7 f.

[228] So schon OLG Düsseldorf WM 1984, 732, 733.

[229] Stellungnahme HFA 2/1983 WpG 1983, 468 ff.

[230] IDW S 1, WpG 2000, 825 ff.

Rechtsprechung. Spätestens die Gerichte haben sich mit der Bewertungsmethode und deren Anwendbarkeit zur Ermittlung der Abfindung auseinander zu setzen. Durch die ihnen zukommende Letztentscheidungskompetenz über die Brauchbarkeit vorgelegter Bewertungsgutachten können die zuständigen Gerichte daher wiederum selbst die betriebswirtschaftliche Bewertungslehre beeinflussen. In der Betriebswirtschaft können damit letztlich nur solche Bewertungsmethoden dauerhaft Bestand haben, die auch von der Rechtsprechung anerkannt werden. Dies hindert allerdings nicht, dass sich auch neue Bewertungsmethoden langfristig durchsetzen können, wenn sie sich an den von der Rechtsprechung aufgestellten Vorgaben orientieren und ihnen ggf. sogar besser entsprechen als bis dahin bekannte Methoden.

In der Bewertungspraxis hatte sich unter Einfluß der Stellungnahme HFA 2/1983[231] bis zum Beschluss des Bundesverfassungsgerichtes vom 27. April 1999 in der betriebswirtschaftlichen und der Praxis in den Spruchstellenverfahren die Ertragswertmethode durchgesetzt.[232] Insbesondere die Gerichte betonten dabei allerdings immer wieder, dass damit keine Festschreibung auf diese Methode als die einzig geeignete erfolgen solle.[233] So sieht der nach der Entscheidung des Bundesverfassungsgerichtes veröffentlichte, die Stellungnahme HFA 2/1983 ersetzende IDW Standard IDW S 1 zur Ermittlung des Zukunftserfolgswertes des Unternehmens erstmalig neben dem Ertragswertverfahren auch das im angloamerikanischen Raum gebräuchliche Discounted-Cash-Flow-Verfahren (im folgenden auch DCF-Verfahren) vor. Daneben gibt es eine Vielzahl weiterer Bewertungsverfahren, von denen das Stuttgarter Verfahren, das Mittelwertverfahren oder vergleichsorientierte Verfahren beispielhaft genannt werden sollen.[234] Teilweise werden diese Methoden nur in der Literatur diskutiert, z. T. werden sie in bestimmten Rechtsgebieten, etwa dem Steuerecht, praktisch angewendet.[235] Wegen der Komplexität der diskutierten Ansätze sollen hier nur die drei bedeutsamsten Bewertungsmethoden summarisch vorgestellt werden, zu denen neben den bereits benannten Ertragswert- und Discounted-Cash-Flow-Verfahren auch das Substanzwertverfahren zu zählen ist. Dabei verdient insbesondere das DCF-Verfahren als für die deutsche Rechtsanwendung bisher noch eher unbekanntes Bewertungsverfahren besondere

231 Stellungnahme HFA 2/1983 WpG 1983, 468 ff.

232 Für die Betriebswirtschaft vgl. Moxter, Grundsätze, S.119 ff., 171; grundlegend Stellungnahme HFA 2/1983 WpG 1983, 468 ff; Für die Spruchstellenpraxis: BGH WM 1979, 432; OLG Karlsruhe AG 1998, 288; BayObLG AG 1996, 176, 177; OLG Celle AG 1979, 230; Hüffer, § 305 AktG Rn.19; Dielmann/König, AG 1984, 57, 58.

233 BayObLG ZIP 1998, 1872, 1874; BayObLG AG 1996, 176, 177; KölnKommAktG-Koppensteiner, § 305 AktG Rn. 36; Hüffer, § 305 AktG Rn. 20.

234 Vgl. dazu etwa Moxter, DB 1976, 1585 ff.; Hosterbach, DB 1987, 897 ff.; Übersicht über bei Dielmann/König, AG 1984, 57 ff.; speziell zum vergleichsorientierten Verfahren insbesondere Barthel, DB 1996, 149 ff. und Sanfleber-Decher, WpG 1992, 597 ff.

235 Für das Stuttgarter Verfahren in einem Spruchstellenverfahren etwa OLG Düsseldorf AG 1977, 168, 169 f.

Beachtung, da es durch den wachsenden Einfluss amerikanischer Banken, Investmenthäuser und Beratungsfirmen in Deutschland in der Praxis eine immer größer werdende Bedeutung erlangt.[236] Es ist angesichts dieser Entwicklungen daher nur konsequent, wenn das Institut der Wirtschaftsprüfer im IDW Standard IDW S 1 dem DCF-Verfahren ein selbständiges Kapitel widmet.[237]

1. Ertragswertverfahren

Mit Hilfe des Ertragswertverfahrens wird der Unternehmenswert durch den zukünftig zu erwartenden Ertrag des Unternehmens zuzüglich des Wertes des nicht betriebsnotwendigen, also für den Unternehmensertrag nicht oder nicht wesentlichen Betriebsvermögens, bestimmt.[238] Hierzu werden die erzielbaren künftigen Erträge des Unternehmens prognostiziert und auf den Abfindungszeitpunkt abgezinst, mithin der Barwert der Erfolge zukünftiger Perioden ermittelt.[239] Zum davon abzugrenzenden betriebsnotwendigen Vermögen gehören alle die Unternehmensbestandteile (einschließlich der darauf lastenden Schulden), die veräußert werden können, ohne dass die Funktionsfähigkeit des Unternehmens beeinträchtigt wird. Für diese Gegenstände ist, sofern der bei einem freihändigen Verkauf erzielbare Preis den Barwert der erzielbaren Überschüsse bei Verbleib im Unternehmen übersteigt, der Verwertungspreis als sog. Liquidationswert anzusetzen.[240] Neben den möglichen Schwierigkeiten bei der Ermittlung der Zukunftserfolge (dazu gleich unter a) kann auch die Abgrenzung zwischen betriebsnotwendigem und nicht betriebsnotwendigem Vermögen erhebliche Bedeutung haben. Gerade bei Grundstücken können im Einzelfall erhebliche Zuordnungsprobleme entstehen. So war etwa in einem vom Bayerischen Obersten Landesgericht 1995 entschiedenen Fall der Wertansatz der im Eigentum einer Brauerei stehenden Gaststättengrundstücke strittig. Dabei ging es um die Frage, ob diese Grundstücke zu ihrem niedrigeren Ertragswert oder höheren Verkehrswert in der Abfindungsermittlung berücksichtigt werden müssen.[241]

---

236 Peemöller/Bömelburg/Denkmann, WpG 1994, 741, 742, 743.

237 IDW S 1, WpG 2000, 825, 837 ff.

238 Grundlegend dazu IDW S 1, WpG 2000, 825, 835; Stellungnahme HFA 2/1983, WpG 1983, 468, 469; Ränsch, AG 1984, 202, 209; aus der Rechtsprechung BGH AG 1978, 196, 199; OLG Zweibrücken AG 1995, 421.

239 Seetzen, WM 1999, 565, 569; IDW S 1, WpG 2000, 825, 833.

240 IDW S 1, WpG 2000, 825, 831.

241 BayObLG AG 1996, 176, 178. Der Senat ging in seiner Entscheidung davon aus, dass, trotzdem das Unternehmen die Grundstücke nachweisbar nicht verkaufen wollten, der Begriff des nicht betriebnotwendiges Vermögens nicht zu eng zu fassen sei und bereits alle Gegenstände erfasse, „*die sich ohne Schaden für den Ertrag aus dem Unternehmen herauslösen lassen, wenn sich so ein höherer Wert als im Rahmen des Ertragswertes ergibt.*" Die Grundstücke wurden daher unter Zugrundelegung dieser Definition als nicht betriebsnotwendiges Vermögen angesehen.

a. Ertragswertermittlung

Zur Ermittlung der zukünftigen Erträge sind prinzipiell zwei Wege vorstellbar. Man könnte versuchen, den Zukunftsertrag aus den Vergangenheitserträgen abzuleiten und für die Zukunft unter Fortschreibung der bisherigen Entwicklung hochzurechnen. Alternativ könnte man stattdessen an die aus den Finanz- und sonstigen Unternehmensplanungen der Unternehmensleitungen zu ermittelnden Ertragserwartungen anknüpfen.

Eine vergangenheitsorientierte Betrachtung ist gerade bei jungen Unternehmen undurchführbar oder kann bei Unternehmen mit veränderter Zukunftsausrichtung, man denke dabei nur an die Gründung neuer zukünftig lukrativer Unternehmensbereiche oder den Wechsel in andere Geschäftsbereiche, zu nicht sachgerechten Erfolgsansätzen führen. Einer an Unternehmenserwartungen orientierten Bewertung haftet dagegen ggf. der Makel an, dass derartige Einschätzung tendenziell eher zu hoch ist, vor allem wenn damit den Erwartungen der Aktionäre und des Aktienmarktes entsprochen werden soll.

Als dritte Alternative schlägt der IDW Standard IDW S 1 deshalb ein auf eine Vergangenheitsanalyse aufbauendes Phasenmodell vor,[242] in dem unter Einteilung in zwei Phasen in der ersten Phase (3-5 Jahre) für jedes Jahr anhand zumeist vorhandener interner Unternehmensplanungen ein individueller Ertrag ermittelt wird. In der sog. ferneren zweiten Phase wird ein durchschnittlicher Jahreserfolg durch Fortschreibung der Detailplanungen sowie der langfristigen Unternehmensziele und Trenderwartungen ermittelt. Entscheidend ist hierbei, ob zu erwarten ist, dass sich die finanzielle Lage des Unternehmens nach der ersten Phase nicht mehr verändert oder aber stattdessen in Höhe einer finanzmathematisch ermittelbaren Konstante steigt.[243] Die Analyse der Vergangenheitszahlen dient bei diesem Vorgehen als Ausgangspunkt für die anzustellenden Überlegungen und zur abschließenden Plausibilitätskontrolle der ermittelten Ergebnisse, die im Hinblick auf die bisherigen Unternehmenskennzahlen nachvollziehbar sein müssen.[244] Mögliche Prognoseunsicherheiten können sich im Normalfall durch die gleichberechtigte Einbeziehung von sowohl kurz- als auch langfristiger Planung insgesamt neutralisieren.[245]

b. Kapitalisierungszins

Der ermittelte Ertrag ist auf den Gegenwartswert, d.h. den Barwert abzuzinsen. Je

[242] IDW S 1, WpG 2000, 825, 832 f.
[243] IDW S 1, WpG 2000, 825, 833.
[244] IDW S 1, WpG 2000, 825, 832, 833.
[245] So bereits Stellungnahme HFA 2/83, WpG 1983, 468, 470; Lausterer, S. 49.

höher der dabei verwendete Diskontierungszinssatz ist, desto niedriger wird ceteris paribus der Barwert. In der Bewertungspraxis wird der Diskontierungszinssatz ausgehend von einem Basiszinssatz[246] durch einzelfallgerechte Zu- und/oder Abschläge[247] modifiziert und konkretisiert.[248] Grundsätzlich soll der abzufindende Anteilseigner durch die Kapitalisierung auf den Gegenwartswert den Betrag als Abfindung erhalten, der bei heutiger Anlage zum Kapitalisierungszins zu einem Anlageerfolg in Höhe der in der Ertragsschätzung ermittelten zukünftigen Unternehmensgewinne führen würde.

aa. Basiszins

Der Basiszins ist Ausgangspunkt für die Ermittlung des Kapitalisierungszinses. Er wird regelmäßig mit der Durchschnittsrendite für Anleihen der öffentlichen Hand, der sog. Umlaufrendite, gleichgesetzt.[249] Die Umlaufrendite stellt wegen der Solvenz der öffentlichen Hand dabei die im wesentlichen risikoloseste Anlageform des Kapitalmarktes dar. Das Zinsniveau von Unternehmensanleihen spielt als Maßstab dagegen bislang keine Rolle. Dies dürfte vor allem dadurch bedingt sein, dass bei der Bewertung von Unternehmensanleihen durch den Markt und somit für die Höhe der durch die Anleihen erzielbaren Rendite unternehmensspezifische Gesichtspunkte wie z.B. die finanzielle Solidität und Zuverlässigkeit des Unternehmens eine entscheidende Rolle spielen. Soweit das zu bewertende Unternehmen selbst keine Anleihen emittiert hat, müsste geprüft werden, ob Unternehmensanleihen vergleichbarer Unternehmen als Renditemaßstab zur Verfügung stehen. Ungeklärt und damit möglicher Angriffspunkt für Kritik von Minderheitsaktionären wäre dann, welcher Grad an Vergleichbarkeit noch akzeptabel ist. Die Verwendung von Unternehmensanleihen als Basiszinssatz würde daher zu keinen erkennbaren Erleichterungen in der Bewertung führen.

bb. Risikozuschlag

Strittig, von der Rechtsprechung und herrschenden Lehre jedoch anerkannt, ist die Erhöhung des Basiszinssatzes durch einen Risikozuschlag, der den abgezinsten Unternehmenswert mindert und dessen Höhe in einer Spanne 0,5 – 2 % angegeben wird.[250] Die als Alternative zum Risikozuschlag mögliche Erfassung das Investiti-

---

246 Dazu gleich unter **aa**.

247 Dazu gleich unter **bb** und **cc**.

248 IDW S 1, WpG 2000, 825, 833 f.; Stellungnahme HFA 2/83, WpG 1983, 468, 472; Dielmann/König, AG 1984, 57, 59.

249 BayObLG AG 1996, 176, 178; Dielmann/König, AG 1984, 57, 60.

250 BayObLG AG 1996, 176, 178; OLG Düsseldorf AG 1995, 85, 87; BGH WM 1982, 17, 18 ; BGH AG 1978, 196, 199; aus der Literatur: IDW S 1, WpG 2000, 825, 833; Stellungnahme

onsrisikos durch einen Sicherheitsabschlag bereits vom Wert der erwarteten Erträge konnte sich bisher in der Bewertungspraxis nicht durchsetzen.[251]

Der Risikozuschlag soll das im Vergleich zu einer öffentlichen Anleihe höhere Investitionsrisiko in eine Unternehmensbeteiligung abdecken, da der (Kapital-) Markt für diesen Fall ebenfalls eine Risikoprämie fordert. Der Zuschlag ist anhand der unternehmensspezifisch feststellbaren Risiken zu bestimmen und unterliegt der richterlichen Würdigung.[252]

cc. Inflationsabschlag

Inflation ist das Absinken des realen Geldwertes durch Preissteigerungen.[253] Bei jeder Kapitalanlage ist daher, um die tatsächliche Vermögensmehrung des Anlegers zu errechnen, der nominell erzielte Zins um die Inflationsrate zu bereinigen. Auch der für öffentliche Anleihen erzielbare Zins antizipiert bereits die durch die Marktteilnehmer erwartete Inflation. Der Basiszinssatz ist daher umso höher, je höher die vom Anleihemarkt erwartete, im Basiszins enthaltene Inflationsrate ist.

Anders als Verbraucher, die als bloße Nachfrager agieren, können Unternehmen durch ihre Doppelrolle als Nachfrager auf den Beschaffungsmärkten und Anbieter auf den Gütermärkten allerdings ggf. in der Lage sein, steigende Preise auf der Kostenseite auf die Absatzpreise umzulegen. Eine auf der Beschaffungsseite auftretende Inflation kann dadurch teilweise oder ganz ausgeglichen werden. Der die erwartete Inflationsrate beinhaltende Basiszinssatz muss demnach nach unten angeglichen werden, der abdiskontierte Unternehmenswert steigt.[254]

HFA 2/83, WpG 1983, 468, 472; Seetzen, WM 1994, 45, 49; Dielmann/König, AG 1984, 57, 61. Anders dagegen noch OLG Celle AG 1979, 230, 232, das mit Hinweis auf die Berücksichtigung des Unternehmensrisikos schon in der Ertragswertschätzung einen generellen Risikozuschlag ablehnt. Dem zustimmend LG Berlin AG 1983, 135, 136, ebenso Köln-KommAktG-Koppensteiner, § 305 AktG Rn. 40. Die ablehnende Haltung wäre nur zutreffend, wenn das Risiko des Unternehmens doppelt erfasst werden würde und man deshalb zu einem unzutreffenden Bewertungswert gelänge. Soweit man jedoch den Risikozuschlag als die Abgeltung des Riskos außergewöhnlicher Umstände und Ereignisse (so ausdrücklich LG Dortmund AG 1996, 278, 280), das im Ertragswert nicht oder nicht völlig berücksichtigt werden kann, hat dieser Zuschlag eine eigenständige Bedeutung.

[251] IDW S 1, WpG 2000, 825, 833.

[252] Vgl. die eingehende Beschäftigung mit dem Risikozuschlag bei OLG Karlsruhe AG 1998, 96, 97 sowie BayObLG AG 1996, 176, 197. Wie wichtig eine eingehende Beschäftigung mit dem Risikozuschlag sein kann zeigt ein Beispiel von Ränsch AG 1984, 202, 211: Bei einer unterstellten Ertragserwartung von 1 Million p.a. ergibt sich bei einem Kapitalisierungszins von 6 % ein Unternehmenswert von 16,7 Mio., bei 8 %, d.h. etwa einem 2 % höheren Risikozuschlag dagegen nur ein wert von 12,5 Mio.

[253] Zur Inflation vgl. die betriebswirtschaftliche Literatur etwa: Dornbusch/Fischer, Kap.14 S.527 ff.

[254] Stellungnahme HFA 2/83, WpG 1983, 468, 472; Dielmann/König, AG 1984, 57, 60.

Wie sehr die Fähigkeit eines Unternehmens zum Inflationsausgleich ausgeprägt ist, ist Fallfrage. Sie hängt maßgeblich von den Marktbedingungen, insbesondere von den Preiselastizitäten der Güter des zu bewertenden Unternehmens ab. So kann ein Unternehmen fähig ist, die Preiserhöhungen in voller Höhe des Inflationssatzes auf die Kunden abzuwälzen.[255] Andere Unternehmen können etwa wegen bereits bestehendem harten Preiswettbewerb keine der Preisveränderungen auf die Kunden abwälzen, so dass der Abschlag entfällt. Auch hier haben die bewertenden Wirtschaftsprüfer und später ggf. die Gerichte die für das Unternehmen und dessen Umfeld individuell angepasste Höhe der Inflationsresistenz zu ermitteln bzw. zu überprüfen und ggf. als Abschlag zu berücksichtigen.

2. Substanzwertverfahren

Das Substanzwertverfahren bezieht sich anders als das Ertragswertverfahren auf die Bewertung der vorhandenen Sachgesamtheit Unternehmen, mithin aller betriebseigenen Anlagen, Vorräte und Produkte.[256] Dabei soll der Substanzwert den Wiederbeschaffungswert einer solchen Unternehmung, d.h. den Betrag abzüglich der Verbindlichkeiten verkörpern, der zum Aufbau eines identischen Unternehmens aufzuwenden wäre.[257] Bei dieser Bewertungsmethode ist der objektive Marktwert der einzelnen Bestandteile zu ermitteln und aufzuaddieren, nicht betriebsnotwendiges Vermögen ist mit dem erzielbaren Veräußerungswert (sog. Liquidationswert) an- und Verbindlichkeiten sind vom Unternehmenswert abzusetzen.[258]

Zumindest auf den ersten Blick vorteilhaft an dieser Vorgehensweise könnte die im Vergleich zu der durch Schätzungen beeinflussten und beeinflussbaren Ertragswertmethode objektivere Bewertungsgrundlage sein. Ein nachvollziehbarer Marktwert kann andererseits nur für solche Güter bestimmt werden, für die es tatsächlich einen eigenen Markt und damit eine eigene Preisbildung gibt. Gerade Unternehmen können allerdings Vermögenswerte besitzen, die getrennt vom Unternehmen nicht oder nur unter Wert zu verkaufen sind. So sind etwa der als „Good Will" bezeichnete originäre Firmenwert, bestehende Kundenbeziehungen etc. nach deutschem Recht nicht bilanzierungsfähig, so dass sich aus der Bilanz

---

[255] Anderer Ansicht LG Dortmund AG 1996, 278, 280 mit Verweis auf Seetzen, WM 1994, 45, 48, die jedoch das zumindest theoretisch denkbare Modell eines gleichzeitig vorliegenden Nachfragemonopsons (alleiniger Nachfrager auf Rohstoffmarkt) und Angebotsmonopols (alleiniger Anbieter auf Gütermarkt) übersehen.

[256] Zum Substanzwertverfahren: IDW S 1, WpG 2000, 825, 841; Stellungnahme HFA 2/1983, WpG 1983, 468, 479; Hosterbach, DB 1987, 897, 898 f. Aus der Rspr.: OLG Düsseldorf WM 1973, 1085, 1086.

[257] Moxter, Grundsätze, S. 41; WP-Handbuch II 1998, A Rn. 377; Dielmann/König, AG 1984, 57, 61; Lausterer, S. 65.

[258] Moxter, Grundsätze, S. 41.

keine Anhaltspunkte für deren Wert entnehmen lassen.[259] Das lebende Unternehmen verkörpert damit gerade durch die nicht oder nur eingeschränkt bilanzierungsfähigen Bestandteile[260] einen weit höheren Wert als die Summe der ohne weiteres ersetzbaren, marktgängigen Einzelteile. Gerade in den Abfindungsfällen geht es im übrigen nicht um die Zerschlagung des Unternehmens sondern um einen durch eine Fortführung zu erzielenden, den ausscheidenden Minderheitsaktionären zukünftig entgehenden und damit abzufindenden Nutzen.[261] Angemessenheit im Sinne eines vollen Unternehmenswertes kann daher nur vorliegen, wenn dem ausscheidenden Minderheitsaktionär auch die beim Unternehmen verbleibenden nicht bilanzierungsfähigen Vermögenspositionen und der daraus zu ziehende Nutzen mitvergütet werden.[262] Welchen Wert die einzelnen nicht marktgängigen Vermögensgegenstände besitzen, lässt sich ohne das Bestehen eines Marktes für Firmenwerte oder Kundenbeziehungen nur zu schätzen oder mit Hilfe bereits stattgefundener Transaktionen bemessen. Dadurch entfällt allerdings der vorab angepriesene Vorteil der Objektivität. Konsequenterweise hat das Substanzwertverfahren deshalb und wegen des erheblich höheren Einzelbewertungsaufwandes[263] in der Bewertungspraxis[264] und in der Rechtsprechung[265] keine Verbreitung gefunden. Der Substanzwert spielt selbst als Untergrenze der Abfindung keine Rolle, solange es nicht absehbar ohnehin zu einer Liquidation kommt oder die Fortführung wirtschaftlich nicht unvertretbar ist.[266]

3. Discounted Cash-Flow-Verfahren

Bei dem hauptsächlich in der U.S.-amerikanischen Bewertungspraxis gebräuchlichen **D**iscounted **C**ash **F**low -Verfahren wird der Unternehmenswert durch Diskontierung des dem Unternehmen entziehbaren Cash Flows ermittelt.[267] Nach dem

---

259 Entscheidend greift hier insbesondere das Verbot aus § 248 Abs. 2 HGB, das insbesondere die Bilanzierung eines Firmenwertes, von Patenten, Urheberrechten oder Marken verhindert.

260 Neben dem „Good Will" sind hier alle diejenigen insbesondere immateriellen Güter z.B. Maken, Patente etc. zu nennen, die zwar mit den Anschaffungskosten allerdings nicht mit ihrem richtigen Wert anzusetzen sind.

261 Großfeld, Unternehmensbew., S. 21; Moxter, DB 1976, 1585.

262 Dielmann/König, AG 1984, 57, 63.

263 Konsequent müßte jede einzelne Schraube eine Bewertung erfahren !

264 IDW S 1, WpG 2000, 825, 841 sieht eine Substanzwertbetrachtung nur noch dann vor, wenn diese im Auftrag für die Bewertung ausdrücklich festgelegt wird.

265 So ausdrücklich zuletzt BayObLG AG 1996, 176, 177; LG Dortmund AG 1996, 427, 428.

266 BGH WM 1973, 306. Anders Moxter, Grundsätze, S. 41, der das Substanzwertverfahren heranziehen will, wenn Objektivierungs- und Vereinfachungsgesichtspunkte im Vergleich zum Ertragswert dominieren. Weder Schätzungen noch die separate Bewertung von jedem Unternehmensbestandteil dürfte allerdings als Vereinfachung bezeichnet werden können.

267 Näher zum DCF-Verfahren: IDW S 1, WpG 2000, 825, 837 ff.; WP-Handbuch II 1998, A Rn. 288; Großfeld/Egert, FS für Ludewig, 365 ff.

in der Praxis gebräuchlichsten sog. WACC-Ansatz (**W**eighted **A**verage **C**ost of **C**apital), einem von drei möglichen Berechnungsmöglichkeiten des DCF-Verfahrens, wird von dem durch Abzinsung mit dem gewogenen Kapitalkostensatz ermittelten Gesamtkapitalwert der Marktwertes des in der Unternehmung eingesetzten Fremdkapitals abgezogen. Der dadurch ermittelte Marktwert des Eigenkapitals ist identisch mit dem als Zielgröße zu ermittelnden Unternehmenswert.[268]

Diese strukturell dem Ertragswertverfahren recht ähnliche Bewertungsmethode findet wegen ihrer ursprünglich amerikanischen Prägung gerade bei international tätigen Investmentbanken und Unternehmensberatungen großen Anklang. Bei deutschen Wirtschaftsprüfungsgesellschaften hatte es bis Ende der Neunziger Jahre nur geringe Verbreitung gefunden.[269] In dem ab 2000 geltenden neuen IDW Bewertungsstandard wird die DCF-Methode als nunmehr zukünftig gleichberechtigt neben dem Ertragswertverfahren genannt.[270] Durch die zunehmende internationale Kapitalverflechtung und den größer werdenden Einfluss angloamerikanischer Finanzhäuser ist in naher Zukunft eine stärkere Beachtung dieser Methode von der Praxis zu erwarten, auch wenn das DCF-Verfahren, soweit ersichtlich, bisher noch nicht Gegenstand höchstrichterlicher Rechtsprechung war.[271]

a. Cash Flow

Der Free Cash Flow ist der finanzielle Überschuss, der den Kapitalgebern, unabhängig ob Eigen- oder Fremdkapitalgeber, unter Berücksichtigung gesellschaftsrechtlicher Ausschüttungsgrenzen zur Verfügung steht.[272] Zu seiner Berechnung werden Abschreibungen und getätigte Rückstellungen auf das handelsrechtliche Unternehmensergebnis vor Zinsen und Steuern aufaddiert und getätigte Investitionen sowie Erhöhungen des Netto-Umlaufvermögens abgezogen.[273] Der Cash Flow

---

[268] Anders verfahren das Konzept des angepaßten Barwertes (APV- Adjusted Present Value - Ansatz) oder das Konzept der direkten Ermittlung (Equity-Ansatz), die sich vom WACC-Ansatz jedoch nur in der Rechentechnik, nicht aber in den Ergebnissen unterscheiden. Vgl. dazu insgesamt IDW S 1, WpG 2000, 825, 837; WP-Handbuch II 1998, A Rn. 288.

[269] Peemöller/Bömelburg/Denkmann, WpG 1994, 741, 743.

[270] IDW S 1, WpG 2000, 825, 826.

[271] Unverständlich erscheint insoweit der Ratschlag von Großfeld/Egert, FS für Ludewig, 365, 381, die den Gerichten zur Zurückhaltung bis zur Klärung der Brauchbarkeit des Verfahrens in der Wirtschaftswissenschaft raten. Ob das DCF-Verfahren zur Ermittlung der Angemessenheit geeignet ist, stellt sich als Rechtsfrage im originären Zuständigkeitsbereich der Gerichte. Ob die Wirtschaftswissenschaft bereits zu einer Klärung gelangt ist, ist insoweit völlig irrelevant.

[272] WP-Handbuch II 1998, A Rn. 295; Großfeld/Egert, FS für Ludewig, 365, 367. Der hier nicht näher erläuterte sog. Brutto Cash Flow bestimmt sich durch das Potential an finanziellen Mitteln der Periode und umfasst auch Investitionsmittel. Serfling/Pape, WISU 1996, 57, 60.

[273] Peemöller/Bömelburg/Denkmann, WpG 1994, 741, 744; Großfeld/Egert, FS für Ludewig, 365, 369; Serfling/Pape, WISU 1996, 57, 59 f.

kann anhand der Vergangenheitsdaten entweder als konstante Größe Verwendung finden oder entsprechend dem bereits beim Ertragswertverfahren erläuterten Modell durch detaillierte Prognose in der ersten und Ansatz eines Fortführungswertes in der zweiten Phase ermittelt werden.[274]

b. Kapitalisierungszins

Der Kapitalisierungszins wird beim DCF- Verfahren erheblich komplizierter als im Ertragswertverfahren bestimmt. Während bei letzterem nur der landesübliche Durchschnittszinssatz öffentlicher Anleihen zugrundgelegt wird, wird hier nach der Kapitalstruktur des Unternehmens zwischen Eigen- und Fremdkapitalkosten unterschieden. Beim WACC-Ansatz findet dabei eine Gewichtung der Eigen- und Fremdkapitalkosten statt. Hierzu sind beide Größen in einem ersten Schritt getrennt voneinander zu ermitteln.[275]

aa. Eigenkapitalkosten

Eigenkapitalkosten sollen die Renditeforderungen der Anteilseigner verkörpern. Der für die Eigenkapitalgeber zugrundezulegende Zinsfuß ergibt sich nach dem sog. Kapitalmarktpreisbildungsmodell (CAPM)[276] aus einer Addition eines risikofreien Zinssatzes, der durch den landesüblichen Zins für öffentliche Anleihen bestimmt wird, mit einem unternehmensbezogenen Risikozuschlag, der sich aus der Multiplikation der Risikoprämie mit einem sog. Unternehmensbeta ergibt.[277]

Die Risikoprämie berechnet sich aus der Differenz der Marktrendite für Aktienanlagen, wie sie etwa in der Wertentwicklung des deutschen Aktienindex DAX verkörpert wird und des risikofreien Zinssatzes für öffentliche Anleihen. Das Unternehmensbeta ergibt sich aus der Regression der Aktienrendite des Unternehmens und der Rendite des Marktindexes. Ein Beta von eins bedeutet, dass sich die Aktienrendite der betrachteten Gesellschaft genauso wie der Vergleichsmarkt entwickelt hat. Ein Wert höher als eins deutet auf höhere, ein Beta kleiner eins auf niedrigere Schwankungen im Vergleich zur Marktentwicklung hin.[278] Negative Beta-Werte entstehen, wenn die Unternehmensperformance gegensätzlich zum Gesamtmarkt verlaufen ist.

Die Unternehmensbeta börsennotierter Gesellschaften lassen sich aus Datenbanken entnehmen und sind bis zu einem gewissen Umfang auf Finanzseiten im

[274] IDW S 1, WpG 2000, 825, 837.
[275] Serfling/Pape, WISU 1996, 57, 61.
[276] IDW S 1, WpG 2000, 825, 838.
[277] Ballwieser, WpG 1995, 119, 122 f.; Großfeld/Egert, FS für Ludewig, 365, 371.
[278] Vgl. insgesamt Ballwieser, WpG 1995, 119, 123.

Internet, etwa denen von Online-Brokern, öffentlich zugänglich. Wenn die zu bewertende Gesellschaft nicht börsennotiert ist, besteht die Möglichkeit, Betas vergleichbarer Unternehmen heranzuziehen. In diesem Fall ist zur Vermeidung von Fehlerquellen besondere Sorgfalt auf die tatsächlich gegebene Vergleichbarkeit zu verwenden.[279]

bb. Fremdkapitalkosten

Die Fremdkapitalkosten werden mit Hilfe der Zinssätze der bestehenden, ggf. auch unterschiedlichen Finanzierungsquellen unter Berücksichtigung der üblichen Marktkonditionen[280] und des Grenzsteuersatzes ermittelt.[281] Die Berücksichtigung der tatsächlichen Fremdkapitalzinskosten würde ggf. erzielte Finanzierungsvorteile nicht berücksichtigen und findet daher keine Berücksichtigung.

II. Zusätzliche Einflussgrößen der Bewertung

Die Höhe des Unternehmenswertes bestimmt sich neben der anzuwendenden Bewertungsmethode auch nach dem Bewertungszeitpunkt und der Frage der Berücksichtigungsfähigkeit der aus der abfindungspflichtigen Maßnahme zukünftig zu erwartenden Vorteile. Zu klären ist auch, ob bei der Bewertung die Stellung und die Einflussmöglichkeiten der abzufindenden Minderheitsaktionäre im Unternehmen insgesamt oder eher die eines jeden Mehrheitsaktionärs separat zu erfassen und zu berücksichtigen sind. Wegen der möglichen Auswirkungen auf die Begründungen zur Abfindung nach Börsenkursen sollen die hierzu vertretenen Ansichten und Besonderheiten kursorisch aufgezeigt werden.

1. Stichtagsprinzip

Nach §§ 305 Abs. 3 S. 2 AktG, 320b Abs. 1 S. 5 AktG bzw. § 30 Abs. 1 S. 1 UmwG muss die Abfindung die Verhältnisse der Gesellschaft im Zeitpunkt der Beschlussfassung über die Maßnahme durch die Hauptversammlung widerspie-

---

279 Peemöller/Bömelburg/Denkmann, WpG 1994, 741, 745. Der Zugriff auf Datenbanken und Vergleichszahlen dürfte im Internet- Zeitalter quasi weltumspannend möglich sein, - so finden sich z.B. bei www.comdirect.de innerhalb der Kursanzeige unter dem Stichwort "Quote" die Unternehmensbeta.

280 Serfling/Pape, WISU 1996, 57, 61.

281 Großfeld/Egert, FS für Ludewig, 365, 375; Peemöller, DStR 1993, 409, 412 will demgegenüber einen dem Kapitalisierungszins beim Ertragswertverfahren entsprechenden Zinssatz verwenden, dessen Bestimmung hier allerdings nicht notwendig erscheint, lässt sich der Fremdkapitalzins des Unternehmens hier auch ohne Risikoschätzung aus dem bestehenden Zahlenwerk entnehmen.

geln. Trotz dieser im Vergleich zum Begriff der „Angemessenheit“ überaus konkreten Gesetzesfassung war es schon vor der DAT/Altana-Entscheidung des Bundesverfassungsgerichtes problematisch, ob in einem Spruchstellenverfahren nach der Hauptversammlung eintretende Tatsachen für die Bewertung des Unternehmens Berücksichtigung finden können oder sogar müssen. Bedingt durch die für Spruchstellenverfahren nicht untypische lange Verfahrensdauer[282] könnten somit die in den Sachverständigengutachten anfänglich gestellten Prognosen der Unternehmensentwicklung im Laufe des Verfahrens auf ihre Richtigkeit überprüft werden. Die Einleitung eines Spruchstellenverfahrens würde damit für die Minderheitsaktionäre schon deshalb Sinn machen, um an späteren günstigen Unternehmensentwicklungen teilhaben zu können.

Die Rechtsprechung hielt an der gesetzlich normierten Stichtagsregelung prinzipiell fest, wollte aber nachträgliche d.h. nach der Zustimmung durch die Hauptversammlung eingetretene Tatsachen berücksichtigen, wenn deren Wurzeln schon vor dem Bewertungsstichtag gelegt wurden (sog. Wurzeltheorie).[283] Eine irgendwie geartete Kausalkette soll dabei nicht ausreichen, so dass den Gerichten die Möglichkeit einer einzelfallgerechte Abgrenzung vorbehalten bleibt.[284] Die Gegenansicht, dass jede nachträgliche Entwicklung ein Indiz für eine schon vorher bestehende Wurzel sei,[285] konnte sich bisher nicht durchsetzen. Unter Zugrundelegung dieser Ansicht müssten die Minderheitsaktionäre das Spruchstellenverfahren tatsächlich nur lange genug hinauszögern, um trotz ihres Ausscheidens über die Abfindung an der zukünftigen Entwicklung des Unternehmens weiter teilzuhaben.

2. Erfassung von Synergieeffekten

In Literatur und Rechtsprechung äußerst umstritten ist die Erfassung von den durch die abfindungspflichtige Maßnahme entstandenen Synergieeffekten. Während die Rechtsprechung einer Berücksichtigung von zukünftigen Synergieeffekten im Rahmen der Prognose zukünftiger Erträge bis zur Entscheidung des Bundesverfassungsgerichtes im Fall DAT/Altana grundsätzlich ablehnend gegenüberstand[286], gibt es in der Literatur eine starke Ansicht, die die realisierbaren Synergieeffekte als Potential des Unternehmens beschreibt und daher deren Einbezie-

---

282 Der Fall LG Dortmund AG 1998, 142 mit einer Zeitdauer von 15 (!) Jahren zwischen Unternehmensvertrag und erstinstanzlicher Entscheidung ist offensichtlich ein Extrem- aber trotzdem kein Einzelfall. Befürworter der Börsenkurses als Abfindungsgrundlage führen schon lange die überlange Verfahrensdauer als Argument ins Feld. Vgl. Steinhauer, AG 1999, 299, 301.

283 Sog. Wurzeltheorie BGH WM 1979, 432, 433; OLG Düsseldorf AG 1984, 216, 218; LG Dortmund AG 1996, 278, 279;

284 OLG Düsseldorf AG 1984, 216, 218; LG Dortmund AG 1981, 236, 239.

285 So Großfeld, Unternehmensbew., S. 29.

286 LG Dortmund AG 1981, 163, 165; LG Dortmund AG 1996, 278, 279.

hung in die Ermittlung der Abfindung fordert.[287] Als Argument dafür wird insbesondere der Gleichbehandlungsgrundsatz im Vergleich mit der Abfindung in Aktien bemüht, bei der die Aktionäre mit den neuen Anteilen an der weiteren Entwicklung partizipieren können.

Anders als bei einer Abfindung in Aktien des abfindungsverpflichteten Unternehmens soll der Aktionär im Fall einer zum Ausscheiden aus der Gesellschaft berechtigenden (Bar-)Abfindung von allen zukünftigen Ereignissen des Unternehmens gelöst werden. Der ausscheidende Aktionär muss also weder die Risiken der zukünftigen Entwicklung tragen, noch kann er konsequenter Weise an Chancen teilhaben.[288] Es ist deshalb nachvollziehbar, dass bei der Unternehmensbewertung nur solche Vorteile berücksichtigungsfähig sein sollten, die dem Unternehmen auch ohne die Synergieeffekte verwertbar anhaften. So lassen sich etwa bereits entstandene Verlustvorträge entweder künftig durch das Unternehmen selbst oder in Verbindung mit einem anderen Unternehmen realisieren und stellen daher schon im Abfindungszeitpunkt einen objektiv messbaren und damit abzufindenden Wert dar.[289]

3. Paketzu- oder Abschläge

Letztendlich könnte man die zu gewährende Abfindung der Höhe nach an die Bedeutung der Minderheitsaktionäre im Unternehmen anknüpfen. So wird im Aktiengesetz, zum Beispiel in § 122 AktG, die Einberufung einer Hauptversammlung auf Verlangen einer Minderheit und die Ausübung sonstiger gesetzlich vorgesehener Aktionärsrechte an einen Mindestprozentsatz vom Grundkapital gekoppelt. Vor diesem Hintergrund wurde insbesondere früher vertreten, dass der Wert der Beteiligung für Minderheitsaktionäre entsprechend ihrer geringeren gesellschaftsrechtlichen Bedeutung zu kürzen ist.[290] Eine andere Ansicht ging dagegen von der Notwendigkeit eines Minderheitenzuschlages aus, da der Minderheitsaktionär durch die abfindungspflichtige Maßnahme der Chance beraubt sei, mit dem Verkauf seiner Aktien z.B. an der Börse solange zu warten, bis der Mehrheitsaktionär selbst zu einem im Vergleich zur Abfindung höheren Preis kauft.[291]

Ob eine solche Verkaufsmöglichkeit für den Minderheitsaktionär tatsächlich zu-

---

[287] Großfeld, Unternehmensbew., S .118; Fleischer, ZGR 1996, 368 ff.

[288] Ränsch, AG 1984, 202, 209; a.A. Großfeld, Unternehmensbew., S. 118 f.; der aber auf S. 119 inkonsequent den Gleichbehandlungsgrundsatz durchbricht, da der Bar abgefundene nur an den Vorteilen, nicht aber auch an den Risiken teilhaben soll.

[289] LG Dortmund AG 1981, 163, 165; anders Gansweid, AG 1977, 334, 339.

[290] OLG Celle Beschluss vom 6.1.1961 Az: 9 WX 2/59 nicht veröffentlicht: mitgeteilt bei Kropff, DB 1962, 155, 158; Frey, WpG 1963, 146, 149.

[291] OLG Hamm 8 AR 1/60 Beschl. v. 23. Januar 1960 mitgeteilt bei Koppenberg, S. 106; zustimmend Koppenberg, S. 23.

stande gekommen wäre bzw. zustande kommt, ist jedoch völlig unklar und richtet sich nach den Präferenzen des Mehrheitsaktionärs. Wegen der grundgesetzlich geschützten Vertragsfreiheit, die das Recht beinhaltet, frei zu bestimmen, ob, mit wem und mit welchem Inhalt ein Vertrag geschlossen werden soll, besteht auf den Abschluss eines Kaufvertrages über Aktien zu einem höheren Kurs ohnehin kein Anspruch.[292] Auch bei der Verteilung eines ggf. anfallenden Liquidationserlöses oder bei der Gewinnverteilung werden keine Unterscheidungen des auszukehrenden Betrages anhand der jeweiligen Anteilsgröße getroffen. Es ist daher zutreffend, wenn nunmehr die nahezu einhellige Rechtsprechung und Literatur generell auf Ab- genauso wie auf Zuschläge für Minderheitsaktionäre verzichtet.[293]

---

292 Mit weiteren Argumenten Großfeld, Unternehmensbew., S. 114.

293 OLG Düsseldorf WM 1973, 1087; zustimmend Geßler in Geßler/Hefermehl, § 305 AktG Rn. 35.

E. Börsenkurs als Abfindungsgrundlage

Nach den bisherigen Ausführungen zu den Abfindungsanlässen, der Abfindungshöhe und den konventionellen Bewertungsmethoden soll nunmehr die Geeignetheit des Börsenkurses als Abfindungsgrundlage als eigentliches Thema der Untersuchung in den Vordergrund gerückt werden. Kernstück dieses Abschnittes soll dabei die Ermittlung des Börsenkurses sein. Ohne möglichst genaues Wissen um das Zustandekommen von Börsenkursen und ohne die Kenntnis möglichst vieler Einflussfaktoren der Kursentstehung und –entwicklung ist es nämlich nicht möglich, die Brauchbarkeit des Börsenkurses für die Abfindungsermittlung in irgendeiner Hinsicht zu beurteilen. Dies gilt gerade für Juristen, denen die Ausbildung und tägliche Praxis im Regelfall keine Kenntnisse über Finanzmärkte und deren Interdependenzen vermitteln, von denen aber die Entscheidung über die zukünftige Rolle des Börsenkurses aus rechtlicher Sicht erwartet wird. Weder das Bundesverfassungsgericht noch der Bundesgerichtshof oder die benannten Entscheidungen der Instanzgerichte haben sich mit diesem zugegeben betriebswirtschaftlichen Thema bisher vertieft beschäftigt.

I. Kapitalmarkt und Börsenkursermittlung

Kurssprünge von 10, 20 oder 30 % - so oder ähnlich stand und steht es trotz der seit Frühjahr 2000 weltweit sinkenden Aktienkurse für einzelne Aktien täglich, wöchentlich oder monatlich in Anlegermagazinen bzw. wird über Fernsehen, Radio und Internet in die Welt verbreitet. Nur die wenigsten der Konsumenten dieser Informationen wissen allerdings über die zugrundeliegenden Zusammenhänge Bescheid und die können Hintergründe der Entwicklungen erfassen:

Kann es tatsächlich sein, dass ein Unternehmen, dessen Wert unter Beteiligung von Investmentbanken vor dem Börsengang auf 30 Dollar pro Aktie taxiert wurde, nach Aufnahme in den regulären Börsenhandel 10 mal soviel wert ist ?[294] Welche Schlüsse auf die Aussagekraft des Börsenkurses lassen sich aus der Tatsache ziehen, dass der Kurs des Unternehmens zwei Jahre später auf weniger als ein Hundertstel des ersten ermittelten Kurses abgesunken ist ?[295] Trotz dieses zugegeben extremen Beispiels, dass gerade im Bereich der sogenannten New Economy keineswegs ein Einzelfall darstellt[296], neigt nicht nur der juristische Laie dazu, diese

[294] So geschehen bei der VA Linux Inc., deren 1. Kurs bei 320 US-Dollar bei einem Ausgabepreis von 30 US-Dollar lag (FAZ v. 13. Dezember 1999, S. 35). Bis April 2000 sank der Kurs auf etwa 50 US-Dollar ab.

[295] Am 18. November 2001 betrug der Kurswert nur noch 2,90 Dollar.

[296] So haben viele deutsche anfangs mit großen Hoffnungen und Erwartungen bedachten New Economy- Unternehmen schwerste Kursverluste bis zu 99 % hinnehmen müssen. Eine Viel-

Frage und damit die nach der Brauchbarkeit des Börsenkurses zu verneinen. Ob und wann eine derartige Sichtweise allerdings tatsächlich angebracht ist, muss nachvollziehbar dargestellt werden und bedarf damit letztlich juristischer Fundierung. Das Verständnis für einen solchen Nachweis und die daraus zu ziehenden Schlussfolgerungen hängt indes wiederum vom Verständnis der Institution Börse ab. Ohne Kenntnis der Wirkzusammenhänge an der Börse kann auch die Frage in dem der Entscheidung des Bundesverfassungsgerichtes zugrundeliegenden Fall DAT/Altana[297], in dem zu überlegen war, ob der abzufindende Wert eines Unternehmens nur halb so viel wie dessen Börsenkurs sein kann, nicht entschieden werden.

Für eine befriedigende Beantwortung der Fragestellung ist primär zu klären, wie ein Börsenkurs zustande kommt, welche Aussagekraft er hat oder zumindest haben kann. Dabei können und sollen hier nicht die alle möglichen Größen und Einflüsse der Kursbildung an Börsen mit der betriebswirtschaftlich oder mathematisch erforderlichen Schärfe erläutert werden. Wer einen umfassenden Überblick über dieses selbst in Fachkreisen durch Unsicherheiten und viele praktisch widerlegte Hypothesen geprägt Gebiet haben möchte, findet ihn nach gründlichem Studium der dazu reichhaltig vorliegenden Fachliteratur.[298] Zur leichteren Nachvollziehbarkeit für den Leser soll hier allein auf die grundlegenden Zusammenhänge an der Börse abgestellt werden, deren Kenntnis eine Beurteilung des Börsenkurses als Abfindungsgrundlage erlaubt. Bezugspunkt für die Betrachtungen soll dabei primär die deutsche Börse sein, wobei sich die Erwägungen ggf. mit geringfügigen, hier im Ergebnis allerdings nicht weiter relevanten Modifikationen ohne weiteres auf alle Börsen der Welt übertragen lassen kann. Die vorzunehmende Beurteilung bleibt dabei immer eine juristische, weil auch die Abfindung und die Auswahl der richtigen Bewertungsmethoden, soweit es diese überhaupt gibt oder geben kann, ein juristisches Problem ist und bleibt.

1. Bedeutung der Börse

Der in Börsen organisierte Kapitalmarkt wird in der Fachliteratur als denkbar effektivste Form der Kapitalaufbringung in einer auf Privateigentum ausgerichteten Wirtschaftsordnung angesehen.[299] Die Wertpapierbörse führt Kapitalnachfrager

---

zahl ist insolvent geworden und/oder ganz vom Kurszettel verschwunden und sind damit für die beteiligten Aktionäre praktisch wertlos geworden.

[297] BVerfG ZIP 1999, 1436 ff.

[298] Der daran interessierte Leser sei auf umfangreiche betriebswirtschaftliche Literatur verwiesen: z.B. Köddermann, Chartisten, Bubbles und Handelsvolumen, 1993; Schmidt, Wertpapierbörsen, 1988; Hamann, Simulation von Informationsprozessen auf idealtypischen Börsenmärkten, 1993; Schmidt, Aktienkursprognose, 1976; Lorie/Dodd/Hamilton, The Stock Market: Theorie and Evidence, 1985 auf die im folgenden immer wieder Bezug genommen wird.

[299] Claussen, § 9 Rn. 3 m. w. Nachw.

und Kapitalanbieter zusammen und schafft über den Börsenkurs den Ausgleich der gegenläufigen Interessen. Gleichzeitig ermöglicht die Börse, Claussen nennt diese Funktion Liquidationsfunktion[300], einen kurzfristigen Ausstieg aus getätigten Investitionen, mithin die zügige Beschaffung notwendiger Liquidität. Die volkswirtschaftliche Bedeutung der Börsen misst sich an deren allgemeiner Funktionsfähigkeit. Aufgabe des Kapitalmarktrechtes ist es dabei, den freien Zugang von Anbietern und Nachfragern zum Markt und das Vertrauen in die Stabilität und Integrität in die Börse als Institution zu sichern.[301]

2. Organisation der deutschen Börse

Nach der allgemein gängigen Definition ist Börse jede organisierte, regelmäßig stattfindende Zusammenführung von Angebot und Nachfrage in vertretbaren, nicht zum Handelsplatz gebrachten Gegenständen nach einheitlichen Bedingungen zwischen im Regelfall zugelassenen Kaufleuten.[302] Im Einklang mit den technischen Entwicklungen des Computerzeitalters insbesondere der Vernetzung der Welt erfordert die Definition dabei weder eine Ortsgebundenheit der Börse als Institution noch eine reale Anwesenheit der Marktteilnehmer.[303]

Eine Börse im rechtlich formellen Sinne entsteht mit staatlicher und damit öffentlich-rechtlicher Genehmigung[304]. Nach wohl herrschender Ansicht sind Börsen deshalb unselbständige Anstalten des öffentlichen Rechtes.[305] Die eigentliche Börse beschränkt sich dabei auf die Abwicklung des An- und Verkaufsgeschäftes für Wertpapiere. Die personellen und sachlichen Voraussetzungen für den Börsenbetrieb stellen sogenannte Trägergesellschaften bereit, die die eigentlichen Rechteinhaber sind.[306] In Deutschland gibt es insgesamt 8 Wertpapierbörsen nämlich je eine in Berlin, Bremen, Düsseldorf, Frankfurt, Hamburg, Hannover, München sowie Stuttgart. Die mit Abstand größte davon ist die Frankfurter Wertpapierbörse mit ihrer Trägerin der selbst börsennotierten Deutschen Börse AG.

a. Zulassung zum Handel

Bei Teilnahme am Börsenhandel ist zwischen den unmittelbaren Teilnehmern am

[300] Claussen, § 9 Rn. 3.
[301] Assmann in Assmann/Schütze, § 1 Rn. 26.
[302] Schwark, § 1 BörsG Rn. 5; Franke in Assmann/Schütze, § 2 Rn. 9; Kindermann, WM 1989, Beilage 2, S. 10.
[303] Franke in Assmann/Schütze, § 2 Rn.12; Schwark, § 1 BörsG Rn. 4.
[304] Schwark, § 1 BörsG Rn.4.
[305] Franke in Assmann/Schütze, § 2 Rn. 15, Hamann, WM 2001, 929, zweifelnd dagegen Claussen, § 9 Rn.18 ff. für die seit 1994 geltende Fassung des BörsG.
[306] Claussen, § 9 Rn. 16; Franke in Assmann/Schütze, § 2 Rn. 15.

Börsengeschehen als Handelssubjekte und den zu handelnden Wertpapiere als Handelsobjekte zu unterscheiden. Gemäß § 16 BörsG[307] bzw. §§ 30, 49 BörsG müssen im Regelfall[308] beide zum Handel zugelassen sein.

aa. Zulassung als Handelssubjekt

Gemäß § 16 Abs.1 BörsG bedürfen der Besuch und die Teilnahme am Börsenhandel der Zulassung durch die Geschäftsführung der Börse. Auf einem für Manipulationen besonders empfindlicher Umschlagplatz für Wertpapiere, Waren und Dienstleistungen soll durch die Auswahl der handelnden Akteure sichergestellt werden, dass eine verlässliche und gerechte Preisfindung erfolgen kann. Mit dem Handel dürfen gemäß § 16 Abs.4 BörsG nur Kaufleute mit der notwendigen Zuverlässigkeit und beruflichen Eignung der Geschäftsinhaber bzw. der Vertretungsberechtigten betraut werden. Dazu ist, wenn es sich nicht um ein Kreditinstitut, Finanzdienstleistungsinstitut oder ein nach § 53 Abs. 1 S. 1 oder § 53b Abs. 1 S. 1 KWG tätiges Unternehmen handelt, ein Eigenkapital von mindestens EURO 50.000,00 nachzuweisen. Personen die berechtigt sein sollen, für ein zugelassenes Unternehmen zu handeln, müssen gemäß § 16 Abs.5 BörsG ihrerseits zuverlässig sein und die notwendige beruflichen Eignung besitzen. Die Eignung als sogenannter „Börsenhändler“ wird dabei durch eine besondere Prüfung festgestellt, die sowohl die Organisationsstruktur der Börse als auch die Praxis des Wertpapierhandels und die Abwicklung von Wertpapiergeschäften umfasst.[309]

bb. Zulassung als Handelsobjekt

Wertpapiere sind gemäß § 30 Abs.3 BörsG bzw. gemäß § 51 BörsG zum Handel zuzulassen, wenn der Schutz des Anlegerpublikums und ein ordnungsgemäßer Handel gewährleistet werden können. Die hier noch nicht näher zu betrachtenden und im Umfang von der Art der begehrten Zulassung abhängigen Voraussetzungen der Zulassung[310] dienen als vorgeschaltete Schutzmechanismen zur Sicherung der am zukünftigen Handel mit den Unternehmenspapieren Beteiligten. Die Marktteilnehmer sollen dadurch über das zuzulassende Wertpapier möglichst

---

[307] In der Fassung des Vierten Finanzmarktförderungsgesetzes vom 21. Juni 2002 BGBl I, 2010 ff. Die im folgenden in den Fußnoten genannte Kommentarliteratur zum BörsG bezieht sich auf die Fassung des BörsG bis zum 30. Juni 2002, wobei die Vorschriften im wesentlichen inhaltsgleich geblieben sind.

[308] Zum Ausnahmefall der Freiverkehrs als Handelssegment für alle nicht zugelassenen Wertpapiere gleich unter **III.1.c.cc.**

[309] So § 11 der Ordnung zur Prüfung der beruflichen Eignung als Börsenhändler an der Frankfurter Wertpapierbörse.

[310] Dazu gleich unter **2.c.**

umfassend informiert werden. Gleichzeitig soll schon im Rahmen des Zulassungsverfahrens möglichst dafür gesorgt werden, dass auch nach Handelsaufnahme eine möglichst korrekte Kursermittlung erfolgen kann.

b. Überwachung

Die Börse kann ihre Aufgabe als Marktplatz für Unternehmensanteile nur dann erfüllen, wenn sichergestellt ist, dass für Käufer und Verkäufer faire Marktbedingungen gewährleistet werden können. Ein erheblicher Teil der Vorschriften des Börsengesetzes beschäftigt sich daher mit der Sorge um einen fairen und marktgerechten Börsenpreis.[311] Dazu gehört, dass Manipulationen im Börsengeschehen von am Handel Beteiligten oder auch Dritten entweder von Anfang an unterbunden oder zumindest erkannt und als Abschreckung sanktioniert werden können. Zu diesem Zweck schaffen das Börsengesetz (BörsG), das Gesetz über das Kreditwesen (KWG) sowie das Wertpapierhandelsgesetz (WpHG) ein komplexes Regelwerk von Kontroll- und Überwachungsmechanismen, deren Rechte durch die Gesetze eingerichtete Ämter und Überwachungsstellen ausgeübt werden.

Strukturell ist zwischen der Aufsicht auf Bundes- und Landesebene sowie derjenigen durch die Börse selbst zu unterscheiden. Dabei ist umstritten, ob das Überwachungssystem auf 3[312] oder 5[313] Säulen beruht.

Auf Bundesebene ist die Bundesanstalt für Finanzdienstleistungsaufsicht, unterstützt durch den nach § 5 WpHG aus Vertretern der Länder gebildeten Wertpapierrat, gemäß § 4 WpHG bzw. § 6 KWG zuständig, um Missständen im Wertpapierhandel, bei Wertpapierdienstleistungen oder Wertpapiernebendienstleistungen und im Kredit- und Finanzdienstleistungssektor entgegenzuwirken sowie Nachteile für die Wertpapiermärkte zu verhindern.

Auf Landesebene ist für die Aufsicht gemäß § 1 BörsG die Börsenaufsichtsbehörde zuständig, die auch die Genehmigung der Errichtung der Börse erteilt. Der laufende Handel wird durch eine gemäß § 4 BörsG eingerichtete Handelsüberwachungsstelle erfasst und ausgewertet. Diese ist zu einer konstanten und umfassenden Kontrolle des Tagesgeschäftes verpflichtet und überwacht die Preisbildung, die getätigten Umsätze, die Einhaltung bestehender Geschäftsbedingungen

---

[311] Hamann, WM 2001, 929, 931.

[312] Schäfer- Peterhoff, § 1b BörsG, Rn. 1; Dreyling in Assmann/Schütze, § 3 Rn. 15.

[313] Claussen, § 9 Rn. 24, der auf die Rechtslage bis zum 30. Juni 2002 abstellt, in der zwischen dem Bundesaufsichtsamt für Wertpapierhandel nach § 3 WpHG a. F. und dem Bundesaufsichtsamt für Kreditwesen nach § 5 KWG a. F. unterschieden wurde., deren Aufgaben seit dem 1. Juli 2002 einheitlich durch die Bundesanstalt für Finanzdienstleistungsaufsicht wahrgenommen werden.

bzw. Handelsusancen und die Eigengeschäfte der Makler.[314] Kurs- und/oder Umsatzauffälligkeiten bei einzelnen Werten können durch Systemmeldungen des von der Überwachungsstelle eingesetzten computergestützten Überwachungssystems registriert werden. Der Handel wird dabei anhand vorgegebener Parameter ständig überprüft, Abweichungen von der Norm führen zu automatischen Meldungen.[315]

Als unterste Ebene der Aufsicht wird bei den Börsen ein Börsenrat als Selbstverwaltungsorgan gebildet. Der Börsenrat ist für den Erlass der Börsenordnung, den Erlass der Bedingungen für die Geschäfte an der Börse und den Erlass einer Geschäftsordnung für die Geschäftsordnung zuständig.[316] Er trifft im übrigen allerdings keine Grundsatzentscheidungen der Börse oder übernimmt Überwachungen des Börsenhandels oder der Leitung/Aufsicht der Börse.[317]

c. Marktsegmente

Innerhalb der deutschen Börsenlandschaft lassen sich je nach Sichtweise verschiedene Marktsegmente unterscheiden. Eine horizontale Betrachtungsweise führt zu einer Unterscheidung in Teilmärkte mit heterogenen, d.h. verschiedenartigen Handelsobjekten, d.h. verschiedenen Wertpapierarten wie Aktien, Renten oder Derivaten.[318] Eine temporale Betrachtungsweise unterscheidet Teilmärkte mit homogenen, d.h. gleichartigen Handelsobjekten, aber abweichender zeitlicher Dimension. Der sog. Kassamarkt erfaßt dabei den gegenwärtig stattfindenden, d.h. laufenden Handel, der sog. Terminmarkt bezieht sich auf zukünftige Entwicklungen zu einem bestimmten Termin.[319] Zuletzt lassen sich Teilmärkte mit homogenen, d.h. gleichartigen Handelsobjekten mit allerdings unterschiedlichen Zulassungsvoraussetzungen unterscheiden. Wegen dem hier vorrangig auf den Börsenkurs von Unternehmensanteilen bezogenen Betrachtungswinkel sollen im folgenden unter Marktsegmenten allein die für den Handel von Aktien bestehenden Segmentierungen verstanden werden.

Die Segmentierung der Börse für Aktien, die theoretisch auch alle gleich behandelt werden könnten, soll dem Anleger den Marktzugang und den Marktüberblick

---

314 Umfassend dazu Schäfer-Peterhoff, § 1b BörsG Rn. 4.

315 Schäfer-Peterhoff, § 1b BörsG Rn. 5.

316 Vgl. § 4 der Börsenordnung der Frankfurter Wertpapierbörse.

317 Claussen, § 9 Rn. 30.

318 Der Begriff der Derivate wird in § 1 Abs. 11 KWG sowie § 2 Abs. 2 WpHG definiert als Festgeschäfte oder Optionsgeschäfte ausgestaltete Termingeschäfte, deren Preis unmittelbar oder mittelbar u.a. vom Börsen- und Marktpreis von Wertpapieren, Geldmarktinstrumenten, Waren oder Edelmetallen abhängen kann. Der Einsatz von Derivaten kann dabei einmal der Absicherung von Risiken dienen (sog. Hedging) oder zu einer Kursspekulation genutzt werden. Vgl. Kümpel, Rz.14.62, 14.64.

319 Näher dazu Gerke/Bank, S. 273.

erleichtern. Hierzu werden mit jedem Segment eigene Regeln und Besonderheiten insbesondere eine eigene Risikoklassifizierung verbunden, die dem Anleger eine Vorinformation und Vororientierung über Investitionschancen aber auch –risiken ermöglicht.[320] So heißt es etwa in den Regeln für das seit dem 10. März 1997 bestehende Segment „Neuer Markt“[321]:

„Der Neue Markt ist ein Handelssegment der Deutschen Börse AG (nachfolgend DBAG genannt) für Aktien primär kleinerer und mittlerer in- und ausländischer Gesellschaften, die Transparenz- und Publizitätskriterien nach internationalen Standards erfüllen (nachfolgend „Emittenten“ genannt). Emittenten sind insbesondere innovative Unternehmen, die neue Absatzmärkte erschließen, neue Verfahren etwa in der Beschaffung, Produktion oder beim Absatz anwenden bzw. neue Produkte und/oder Dienstleistungen anbieten und ein überdurchschnittliches Gewinnwachstum erwarten lassen.“

Durch die augenscheinlich optimistische Formulierung des Regelwerkes wird dem potentiellen Anleger signalisiert, dass bei Investitionen in Unternehmen dieses Segmentes erheblich höhere Chancen positiver Unternehmensentwicklungen bestehen. Durch die ggf. bestehende Neuheit ihrer Produkte bzw. der von ihnen angebotenen Dienste können diese Unternehmen allerdings auch einem höheren Risiko unterliegen. Im Idealfall sollte der Anleger seine individuelle Risikobereitschaft mit den bestehenden Marktsegmenten und deren Profil vergleichen und sich das seinem Profil entsprechende heraussuchen. In Deutschland hat der Anleger die Wahl zwischen amtlichem Handel, geregeltem Markt und dem Freiverkehr, wobei zu letzterem als Teilsegment auch der eben erwähnte „Neue Markt“ gehört.[322]

aa. Amtlicher Handel

Im sog. amtlichen Handel finden sich diejenigen Wertpapiere notiert, die die Voraussetzungen für ein amtliches Zulassungsverfahren nach § 30 BörsG erfüllen und deshalb von der Zulassungsstelle zugelassen worden sind. Der Antrag auf Zulassung ist gemäß § 30 Abs. 2 BörsG zusammen mit einem Kredit-, Finanzdienstleistungsinstitut oder einem Unternehmen nach § 53 Abs. 1 bzw. § 53b Abs. 1 S. 1 KWG zu stellen. Nach der aufgrund der Ermächtigung in § 32 BörsG erlassenen Börsenzulassungs-Verordnung (BörsZulV)[323] muss das Unternehmen 3 Jahre bestehen und mindestens 25 % der Aktien beim Publikum ausreichend streuen. Vor Aufnahme der Notierung ist ein Prospekt zu erstellen, das zur gründlichen Information der Anlegerkreise die nach den §§ 13 ff. BörsZulV notwendigen Details

---

320 Schmidt, S. 42.

321 Regelwerk Neuer Markt: Stand: 1. Juli 2002, Abschnitt 1, Allgemeiner Teil, Nr. 1.

322 Dazu gleich unter cc.

323 In der Fassung der Bekanntmachung vom 9. September 1998, BGBl I S. 2832 ff.

über das Unternehmen und dessen Aktien enthalten muss.

Die für die Zulassung zum amtlichen Handel erforderlichen, mit erheblichen Kosten verbundenen Maßnahmen führen dazu, dass die Informationsbasis über die Unternehmen und das daraus resultierende Vertrauen der Anleger in den amtlichen Handel vergleichsweise groß ist. Im amtlichen Handel, der derzeit fast 630 Aktientitel umfaßt[324], finden sich die größten und wichtigsten Kapitalgesellschaften der Bundesrepublik, insbesondere diejenigen, die die führenden deutschen Aktienindizes[325] bilden. Vor diesem Hintergrund nehmen Unternehmen z.T. bewusst einen höheren Aufwand für die Zulassung am amtlichen Handel in Kauf, obwohl sie nach ihrer Produktpalette bzw. der zu erwartenden Gewinndynamik auch in andere Marktsegmente hineinpassen würden. So bevorzugte etwa die Infineon AG, ein hochinnovatives Unternehmen der Halbleiter-Branche, bei ihrem Börsengang im März 2000 eine Notierung im amtlichen Handel, obwohl die Gesellschaft nach dem von ihr vermittelten Image auch in den „Neuen Markt" gepasst hätte. Andere Unternehmen mussten bei ihrem Börsengang dagegen auf eine Notierung im amtlichen Handel bereits deshalb verzichten, weil sie den für die Notierung notwendigen Streubesitz nicht erreichten und/oder noch nicht 3 Jahre existierten.[326]

bb. Geregelter Markt

Der geregelte Markt besitzt geringere Zulassungsvoraussetzungen als der amtlich Handel und ist daher insbesondere für kleine und mittlere Unternehmen konzipiert.[327] Nach § 51 BörsG reicht es aus, wenn das Unternehmen und die zuzulassenden Wertpapiere den Anforderungen an einen ordnungsgemäßen Börsenhandel entsprechen und dem Antrag ein Unternehmensbericht beigelegt ist. Dieser Bericht muss mindestens die Angaben eines Verkaufsprospektes nach den auf Grundlage der §§ 7 Abs. 2, 3 VerkProspG erlassenen Rechtsverordnungen enthalten, die an die Emittenten deutlich weniger Anforderungen als ein Prospekt für Aktien im amtlichen Handel stellen. Anders als im amtlichen Handel sind am geregelten Markt im übrigen weder ein Mindestalter der Gesellschaft noch bestimmte Besitzverhältnisse notwendig. Die zum Handel am geregelten Markt zugelassenen Wertpapiere werden im übrigen in ihrer Behandlung vielfach den amtlich zugelassenen Wertpapieren gleichgestellt.[328]

---

[324] Quelle: www.deutsche-boerse.com

[325] Dazu gleich unter **3.c.ee.**

[326] So etwa die T-Online AG, die trotz der Größe der Aktienemission keines der beiden Kriterien erfüllen konnte und deshalb die Notierung am Neuen Markt beantragte.

[327] Franke in Assmann/Schütze, § 2 Rn. 83. Derzeit sind etwa 170 Aktien am geregelten Markt notiert (Quelle: www.deutsche-boerse.com)).

[328] Vgl. §§ 54 ff. BörsG bzw. auch in anderen Vorschriften z. B. § 11 BewG.

cc. Freiverkehr

Für weder zum amtlichen Handel noch zum geregelten Markt zugelassene Wertpapiere verbleibt nach § 57 BörsG der Handel im sogenannten Freiverkehr. Wer dessen Träger ist, ist gesetzlich nicht bestimmt. Nach dem Willen des Gesetzgebers soll der Freiverkehr privatrechtlich geregelt und den Kräften der Wirtschaft zur Obhut überlassen werden.[329] Der Freiverkehr ist daher nicht in die öffentlichrechtliche Organisation der Börse mit einbezogen, wird aber zumeist ebenfalls durch den Träger der jeweiligen Börse organisiert.[330] So ist etwa die Deutsche Börse AG für den Freiverkehr an der Frankfurter Börse verantwortlich und erläßt die dazu erforderlichen Handelsrichtlinien.[331]

Die „Richtlinien für den Freiverkehr" verlangen für die Notierung von Aktien in diesem Segment weder ein Börsenprospekt noch ein Unternehmensbericht. Erforderlich, aber auch ausreichend ist ein von der Bundesanstalt für Finanzdienstleistungsaufsicht genehmigtes Verkaufsprospekt mit Angaben über die tatsächlichen und rechtlichen Verhältnisse der Gesellschaft. Die Entscheidung über die Notierung treffen die Vertretungsorgane der jeweiligen Träger der Börse, für die Frankfurter Wertpapierbörse mithin der Vorstand der Deutschen Börse AG, ohne dass eine besondere Mitwirkung anderer Börsenorgane notwendig ist.

Als besondere Form des Freiverkehrs ist der schon im Rahmen der Marktsegmente erwähnte, seit dem 10. März 1997 bestehende Neue Markt näher zu betrachten. Er ist innerhalb des Freiverkehrs ein selbständiges Handelssegment. Für die Notierung am Neuen Markt müssen die Unternehmen die Voraussetzungen für eine Zulassung am geregelten Markt erfüllen, ohne dass im folgenden tatsächlich eine Notierung am geregelten Markt erfolgt.[332] Der Neue Markt soll für Anleger hierdurch attraktiver werden, indem ggf. investitionshindernde Informationsdefizite mit vertretbarem Aufwand reduziert werden und dadurch das Vertrauen der Anleger gesteigert wird.

3. Kursfindung und –festsetzung

Die Ermittlung und Festsetzung des Börsenkurses kann in Deutschland auf zwei unterschiedlichen Wegen stattfinden. Die Kursfindung durch sog. Skontroführer

---

329 Begründung des RegierungsE der Bundesregierung, BT-Drucksache 10/4296, 11.

330 Peterhoff in BuB Band 4, 7/ 604; Potthoff/Stuhlfauth, S. 4.

331 Vgl. § 66 Abs. 2 BörsenO FWB. Hamann, WM 2001, 929, 939 ist sogar der Auffassung, dass der Betrieb des Freiverkehrs auch durch den Träger der Börse einer Erlaubnis nach § 32 KWG bedarf.

332 Potthoff/Stuhlfauth, S.7,8.

im traditionellen sog. Parketthandel mit physischer Anwesenheit der beteiligten Makler konkurriert mit dem vollelektronischen computergestützten Handel im sog. XETRA (Exchange Electronic Trading)-System. In der Praxis hat sich mittlerweile der XETRA-Handel als marktbestimmend durchgesetzt.[333]

a. Kursermittlung durch Skontroführer

Der Börsenpreis wird gemäß § 25 BörsG durch zur Feststellung des Börsenpreises zugelassene Unternehmen, sog. Skontroführer, festgestellt. Um die traditionelle Art und Weise der Kursfestsetzung zu verstehen, ist im folgenden die Rolle dieser Skontroführer im System der Börse und ihre eigentliche Tätigkeit beim Zustandekommen des Börsenkurses näher zu betrachten.

aa. Skontroführer

Skontroführer haben nach § 27 Abs. 1 BörsG den Abschluss von Börsengeschäften in den ihnen zur Skontroführung zugewiesenen Wertpapieren zu betreiben und auf einen geordneten Marktverlauf hinzuwirken. In anderen Wertpapieren darf er der Skontroführer nur handeln, wenn die ihm übertragene Skontroführung hierdurch nicht beeinträchtigt wird.[334]. Der Skontroführer ist privatrechtlicher Makler im Sinne der §§ 652 ff. BGB, §§ 93 ff. HGB, der die eingehenden Kauf- und Verkaufaufträge annimmt und diese gegen Zahlung einer Maklercourtage zum Ausgleich bringt. Wegen seiner faktischen Monopolstellung für die im zugewiesenen Werte trifft ihn die Pflicht, Aufträge in seinem Wertpapier anzunehmen und soweit möglich auszuführen.[335]

bb. Kursfindung

Der als Börsenkurs festgestellte Preis muss nach § 24 Abs. 2 BörsG ordnungsgemäß zustande kommen und der wirklichen Marktlage des Börsenhandels entsprechen. Der Skontroführer muss anhand der bestehenden Angebots- und Nachfragesituation denjenigen Kurs ermitteln und als Börsenkurs festsetzen, der den größtmöglichen Umsatz der zu diesem Zeitpunkt vorliegenden Aufträge ermöglicht.[336]

---

333 Nach Korts/Korts, S. 161 wurden im März 2001 91 % des gesamten Handelsvolumens über XETRA abgewickelt.

334 Nach § 32 Abs. 1 S. 2 BörsG a.F. war dem Kursmakler ein Handel mit anderen Wertpapieren sogar untersagt. Vgl. Claussen, § 9 Rn. 232.

335 Schwark, § 30 BörsG Rn. 7.

336 Sog. Meistausführungsgebot vgl. Peterhoff in BuB, Band 4, 7/ 625.

Bei der Kursfeststellung sind folgende Schritte zu unterscheiden:[337]

1. Die vorliegenden Kauf- bzw. Verkaufsaufträge sind unter Berücksichtigung von ggf. bestehenden Kurslimitierungen in das Skontro (Kursbuch) des Kursmaklers einzusortieren. Dies geschieht elektronisch, wenn die Orders den Skontroführer auf elektronischem Wege erreicht haben oder durch den Skontroführer selbst, wenn ihm die Aufträge telefonisch übermittelt wurden.[338] Die Sortierung der Aufträge erfolgt entsprechend der Leichtigkeit der Ausführung beginnend mit „billigst" bzw. „bestens", folgend durch die jeweils nächsten, dem letzten festgestellten Kurs am nächsten kommenden Kurslimite.

   Die Bezeichnung „billigst" bedeutet, dass unabhängig vom Kursniveau zum Zeitpunkt der Auftragsausführung vom Marktteilnehmer ein Kauf, bei „bestens" unabhängig vom Kursniveau ein Verkauf der jeweiligen Aktien gewünscht wird. Die alternativ mögliche Angabe eines zahlenmäßig bestimmten Kurslimits für Kauf- bzw. Verkaufsaufträge stellt für den Makler die verbindliche Obergrenze (bei Kauflimit) bzw. die verbindliche Untergrenze (Verkaufslimit) dar, zu dem ein Geschäft zustande kommt.

2. Die Orders auf der Kauf- und Verkaufsseite sind zu kumulieren.

3. Die bestehenden Orderlimite werden gegenübergestellt. Danach wird nach dem Kurs gesucht, der den größtmöglichen Ausgleich zwischen Angebots- und Nachfrageseite ermöglicht. Der so gefundene Wert ist als Börsenkurs gemäß § 24 Abs. 2 BörsG festzustellen.

Zur Veranschaulichung lassen sich folgende einfache Beispiele bilden. Dabei soll von einem zuletzt festgestellten Börsenpreis von 50 ausgegangen werden:

---

337 Vgl. Peterhoff in BuB, Band 4 , 7/ 625; Franke in Assmann/Schütze, § 2 Rn.96 ff.

338 Die elektronische Orderübermittlung setzt sich auch im Parketthandel immer mehr durch. Dabei wird das Orderbuch ebenfalls vollelektronisch erstellt und Kursvorschläge schon durch den Computer ermittelt. Die hier beschriebene klassische Kursermittlung bleibt aber auch für das computergestützte Vorgehen tragende Basis und unverzichtbare Grundlage. Vgl. Korts/Korts, S. 157.

1.

Kaufseite

Preis	Stück
Billigst	200
50	100
55	150
60	100

Verkaufsseite

Preis	Stück
Bestens	300
55	150
60	250
65	500

Bei einem Kurs von 50 lassen sich 300 Aktien umsetzen. Ein höherer Umsatz wird, obwohl Kaufinteresse für weitere 250 Stück besteht, dadurch verhindert, dass sich auf Verkäuferseite außer dem „Bestens"- Verkäufer keine Verkäufer zum Preis von 50 oder darunter finden lassen. Bei einem Kurs von 55 lassen sich 450 Aktien umsetzen. Auf der Verkaufsseite ist zu diesem Kurs kein weitere Interesse vorhanden. Bei einem Kurs von 60 könnten 300 Aktien ihren Besitzer wechseln. Ein höherer Umsatz wird hier, obwohl Verkaufsaufträge für weitere 400 Stück vorliegen, dadurch vereitelt, dass sich auf Käuferseite keine weiteren Käufer finden.

Unter Berücksichtigung des Meistausführungsgebotes ist somit durch den Kursmakler ein Kurs von 55 festzustellen.

2.

Kaufseite

Preis	Stück
45	200
50	100
55	150
60	100

Verkaufsseite

Preis	Stück
Bestens	200
55	50
60	100
65	300

Bei einem Kurs von 45 lassen sich 200 Stück umsetzen. Bei einem Kurs von 50 bleibt es ebenfalls bei 200 Aktien, da zu 50 kein anderes Verkaufsinteresse besteht. Bei 55 könnten 250 Stück umgesetzt werden, bei 60 dagegen nur 100. In diesem Fall könnte selbst der „Bestens“- Verkaufsauftrag nur zur Hälfte berücksichtigt werden.

Unter Berücksichtigung des Meistausführungsgebotes ist daher auch hier ein Kurs von 55 festzustellen.

b. Kursermittlung im elektronischen Handelssystem

Taugliche Handelsobjekte für den elektronischen Handel über das XETRA-System sind gemäß § 40 Abs. 1 FWBO die an der Frankfurter Börse zum amtlichen Handel, geregelten Markt oder dem Freiverkehr zugelassenen bzw. einbezogenen Wertpapiere. Nach § 25 BörsG sind auch die im elektronischen Handel ermittelten Börsenkurse Börsenpreise im Sinne des BörsG.[339]

In XETRA wird jede während des Handels in das System eingegebene Auftragsorder sofort auf ihre Ausführbarkeit im elektronischen Orderbuch überprüft. Eine Order kann deshalb im folgenden je nach Marktlage ganz, teilweise oder gar nicht ausgeführt werden. Die eingehenden Orders unterliegen einer Preis-/Zeitpriorität, die bestimmt, dass bei gleichem Limit die eher eingestellte Order zur Ausführung kommt und unlimitierte stets vor limitierten Orders zur Ausführung gelangen.[340]

Entscheidender Vorteil am XETRA-Handel ist die im Vergleich zum Präsenzhandel höhere Transaktionsgeschwindigkeit, die aus der direkten Eingabemöglichkeit für Aufträge, der sofortigen elektronische Weiterleitung der Orders unabhängig vom Standort des Marktteilnehmers und dem sofortigen Abgleich der Orderlage resultiert. Durch den Wegfall der im Präsenzhandel anfallenden Maklercourtage sind gleichzeitig die Ausführungskosten für Aufträge geringer. Da das elektronische Orderbuch im XETRA-Handel offen und damit einsehbar ist, haben Marktteilnehmer einen Einblick in die im System befindlichen, noch nicht ausgeführten Orders, was die Transparenz des Handels erhöht. Wegen der schnellen Ausführung der Aufträge und der schneller als im Präsenzhandel wechselnden Orderlage kann es gerade bei geringem Handel zu größeren Unsicherheit über zukünftige Börsenpreisfeststellungen kommen. Wenn etwa eine Vielzahl unlimitierter Aufträge in den Markt kommen, kann es im XETRA-System wegen der unverzüglichen Ausführung der Orders zu größeren Schwankungen in der (Tages-) Kursentwicklung kommen, wenn die Aufträge um sie durchführbar zu machen nur zu weit über oder unter den letzten Börsenpreisen liegenden Kursen ausgeführt werden. Die Möglichkeit, dass ein Skontroführer derartige, absehbar kurzfristige Kursschwankungen durch sog. Eigengeschäfte glättet, besteht im XETRA-Handel

[339] Vgl. Claussen, § 9 Rn. 246 f.
[340] Claussen, § 9 Rn. 247.

nicht.

c. Einheitskursfestsetzung und variabler Handel

Die Kursermittlung lässt sich der Vollständigkeit halber noch zwischen Einheitsmarkt und sog. variablem Handel unterschieden. Auf dem Einheitsmarkt wird für den Börsentag mittags um 12 Uhr nur ein Kurs, der sog. Einheitskurs, festgestellt. Dieser berücksichtigt alle bis zu diesem Zeitpunkt eingegangenen Kauf- oder Verkaufsaufträge.[341] Im variablen Handel wird zu Börsenbeginn unter Berücksichtigung der bestehenden Auftragslage ein erster Kurs festgestellt, der dann entsprechend den folgenden Auftragseingängen fortlaufend der Marktlage angepasst wird. Am Ende der Börsensitzung wird ein Schlusskurs festgestellt, der das Tagesgeschehen abschließt.[342] Anders als im Einheitsmarkt, bei dessen Einheitskurs nachträgliche Entwicklungen bzw. Nachrichten für die Kursfestsetzung keine Rolle mehr spielen können, kann im variablen Handel kurzfristig auf Veränderungen reagiert werden. Bedeutung erlangte der Einheitsmarkt bislang insbesondere dadurch, dass für den variablen Handel noch bis vor einiger Zeit Mindeststückzahlen, zuletzt 50 Stück, nötig waren. Zahlenmäßig niedrigere Aufträge mussten daher im Einheitsmarkt abgewickelt werden. Durch die Senkung des Mindestordervolumens im variablen Handel auf 1 Aktie ist die Bedeutung des Einheitsmarktes stark zurückgegangen, so dass heute die meisten Aufträge im variablen Handel abgewickelt werden.[343]

Problematisch für die Verwendbarkeit des Börsenkurses als Abfindungsgrundlage könnte die Vielzahl der im variablen Handel festgestellten Einzelkurse sein, die durchaus tägliche Schwankungen von bis zu 10 %, teilweise auch mehr aufweisen können.[344] Mögliche Schwierigkeiten bei der Ermittlung des der Abfindung zugrunde zulegenden Börsenkurses könnten ggf. durch die Verwendung des im Einheitsmarkt ermittelten Kurses oder durch die Gewichtung der im variablen Handel festgestellten Kurse anhand der getätigten Umsätze beseitigt werden. Ob ein solches Vorgehen im Einklang mit den Vorgaben des Aktien- bzw. Umwandlungsgesetzes steht und sinnvoll ist, ist an anderer Stelle zu klären. Festzuhalten ist bis jetzt, dass die gesetzlich abgesicherte und überwachte Art und Weise der Kursfeststellung an der Börse strukturell nicht gegen die Verwendung des Börsenkurses als Abfindungsgrundlage spricht.

---

341 Franke in Assmann/Schütze, § 2 Rn. 95.

342 Franke in Assmann/Schütze, § 2 Rn. 99 ff.; Kümpel, S. 760.

343 Es besteht aber auch weiterhin für den Anleger die Möglichkeit, den Auftrag im Einheitsmarkt zu platzieren. Daneben werden bei der Einheitskursermittlung alle bis dahin nicht im variablen Handel ausgeführten Orders nach obigen Schema berücksichtigt.

344 Börsentäglich abzulesen in sog. Intraday-Charts.

4. Einflussgrößen der Kursentwicklung

Als Argumente gegen die Verwendung des Börsenkurses als Abfindungsgrundlage wurden von der vor dem Beschluss des Bundesverfassungsgerichtes vom 27. April 1999 ergangenen Rechtsprechung und großen Teilen der Literatur, wie bereits unter **A II** dargestellt, die Unsicherheiten und Unwägbarkeiten in der Kursbildung angesehen.[345] Im folgenden wird diese Kritik mit Hilfe einer Darstellung der Marktmechanismen der Börse und den Einflussgrößen der Kursbildung auf ihre heutige Überzeugungskraft untersucht. Dabei ist festzustellen, ob die geäußerten Bedenken auch in der Zeit nach den großen Telekom- und Post-Aktienemissionen und dem von der Politik forcierten Trend zur Öffnung weiter Bevölkerungsschichten für die Aktie als Altersvorsorge weiter bestehen bleiben können.

Vorab ist dabei festzustellen, dass die Institution Börse, die zuständige Trägergesellschaft und alle sonst im unmittelbarem Börsenhandel oder der Abwicklung Beteiligten nur die notwendigen Strukturen für den Aktienhandel zur Verfügung stellen. Ob trotz der damit verbunden Regularien die Gewähr für eine faire und marktgerechte Kursbildung besteht, hängt von den Faktoren ab, die die Durchführung des Börsenhandels beeinflussen. Aktiver Handel entsteht nämlich erst dann, wenn akzeptierbare Kauf- und Verkaufsgebote von Marktteilnehmern vorliegen. Welche Aussagekraft ein festgestellter Börsenkurs hat, bestimmt sich folglich nicht nur danach, ob die bestehenden Strukturen einen wirklichkeitsgetreuen Börsenhandel ermöglichen, sondern ob tatsächlich ein solcher stattfindet.

Für die Beurteilung des Börsenkurses kommt es daher maßgeblich auf die Kenntnis darüber an, welche Faktoren überhaupt Transaktionen des Publikums und somit Kursänderungen auslösen und welche sonstigen Einflüsse bei der Kursbildung eine Rolle spielen. Ohne Anspruch auf Vollständigkeit sollen im folgenden daher der Einfluss der

- Unternehmensentwicklung,
- der am Aktienmarkt vorhandenen Liquidität,
- der Marktteilnehmerstrategien,
- der am Markt vorherrschenden Informationseffizienz und
- sowie Marktumfeld- und Markteinordnung

auf den Börsenkurs näher untersucht und Schlussfolgerungen zu seiner Aussagekraft und damit seiner Verwendbarkeit als Abfindungsgrundlage gezogen werden.

---

[345] Vgl. Nachweise in Fußn. 42 ff.

a. Unternehmensentwicklung

Eine entscheidende Motivation für Marktteilnehmer, Aktien eines bestimmten Unternehmens zu kaufen, zu halten oder zu verkaufen, ist das Unternehmen und seine wirtschaftliche Entwicklung. Darunter fallen u.a. die zu erwartenden zukünftigen Gewinne, die ausgeschüttete Dividende und das Vertrauen in die Fähigkeiten des Managements. Ähnlich der Ertragswertmethode wird von unternehmensorientierten Anlegern der derzeitige Börsenkurs durch die geschätzten zukünftigen jährlichen Unternehmenserträge dividiert, so dass für jedes Geschäftsjahr ein unternehmensspezifisches Kurs-Gewinn-Verhältnis (KGV) ermittelt werden kann.[346] Das Unternehmen ist dabei definitionsgemäß umso günstiger „bewertet", je niedriger das KGV ist. Das Kurs-Gewinn-Verhältnis ermöglicht einen Vergleich mit anderen in ähnlichen oder gleichen Bereichen tätigen Unternehmen und mit dem ermittelten Durchschnitts-KGV des Marktes insgesamt. Vor diesem Hintergrund kann trotz eines zahlenmäßig hohen KGV's ein Unternehmen vergleichsweise billig und damit unter unternehmensbezogenen Aspekten kaufenswert sein, wenn andere Unternehmen dieser Art ein höheres KGV aufweisen.

Alternativ zum Verhältnis von Kurs und Gewinn kann auch auf das Verhältnis vom Börsenkurs zum erwarteten Cash Flow (kurz: KCV) abgestellt werden. Auch hiernach sind die Unternehmen günstig bewertet, deren KCV möglichst niedrig ist. Insbesondere anglo-amerikanische unternehmensorientierte Anleger beziehen in Anlehnung an das DCF-Verfahren vorrangig das KCV in ihre Investitionsentscheidungen mit ein. Die Bedeutung dieser Kennzahlen für das Anlegerpublikum lässt sich allein daraus ablesen, dass in jeder Börsenzeitung das KGV, in besseren auch das KCV angegeben wird.

Jegliche Veränderung im erwarteten Unternehmensgewinn oder Cash Flow müsste, bei unterstellt durch die Anleger als unverändert angestrebtem KGV oder KCV, zu sich verändernden Börsenkursen führen. Damit entspräche der Börsenkurs proportional dem von den Marktteilnehmern geschätzten zukünftigen Unternehmensgewinn bzw. Cash Flow. Wegen der Vergleichbarkeit mit der Unternehmensbewertung nach Ertragswert- bzw. DCF-Verfahren, stellt sich die Frage, ob nicht durch einen auf unternehmensbezogene Erwartungen gestützten Börsenkurs ceteris paribus eine gleiche oder sogar höhere Genauigkeit wie bei der konventionellen Unternehmensbewertung erreicht wird. Sollte dies tatsächlich der Fall sein, erscheint es schlüssig, von einem derart gebildeten Börsenkurs auf den Unternehmenswert zu schließen und den abzufindenden Anteilswert der Minderheitsaktionäre mindestens mit dem Börsenkurs gleichzusetzen.

Ob diese Annahme zutrifft, richtet sich danach, wie hoch die Abweichung zwischen dem durch Wirtschaftsprüfer geschätzten Gewinn bzw. Cash-Flow und den

[346] Vgl. dazu und im folgenden Dette, S.38 ff.

Erwartungen des Marktes und seiner Teilnehmer ist. Der erste Blick scheint dabei für eine höhere Genauigkeit der Ergebnisse der Wirtschaftsprüfer zu sprechen. Diese haben im Rahmen des ihnen erteilten Bewertungsauftrages die Möglichkeit, auf unternehmensinterne Unterlagen, Berichte und Zahlen zurückzugreifen und diese als Grundlage ihrer Bewertungen zu verwerten. Der Zugriff auf Unternehmensinterna, die im Zuge notwendiger Informationspflichten nicht bereits veröffentlich wurden[347], scheint dem Markt verschlossen. Dabei bliebe aber unberücksichtigt, dass Marktteilnehmer sich nicht nur auf Informationen des Unternehmens stützen, sondern selbst mehr oder weniger aktive Informationsgewinnung betreiben.

aa. Einschätzungen professioneller Marktteilnehmer

Professionelle nationale und internationale Anleger wie Investmentfonds, Versicherungen aber auch (Investment-) Banken betreiben regelmäßig eigene Analysen von Unternehmen und deren zukünftigen Entwicklungen und verwenden darauf erhebliche Researchkapazitäten. Eigens zur Unternehmensanalyse beschäftigte Analysten betreuen und begutachten je nach Unternehmensgröße ein oder auch mehrere Unternehmen über Jahre weg. Dabei werden von ihnen im Regelfall nicht nur die bereits bekannten Unternehmenszahlen und Nachrichten sondern auch das Unternehmenskonzept und die avisierten Planungen durch regelmäßige Besuche beim Unternehmen und Gespräche mit dem Vorstand geprüft und eingeschätzt. An einer kooperativen Zusammenarbeit besteht dabei nicht von den Analysten sondern auch von Unternehmensseite ein erhebliches Interesse, da die möglichst genaue Unternehmenseinschätzung für die Wahrnehmung des Unternehmens durch den Kapitalmarkt und damit unmittelbar die Möglichkeiten weiterer Kapitalaufnahme durch Ausgabe neuer Aktien oder Anleihen bedeutsam ist.

Die Ergebnisse der Untersuchungen werden entweder nur zur internen Information und Ausrichtung der zukünftigen Handelsweise genutzt oder, insbesondere wenn es sich um Analysten von (Investment-)Banken handelt, deren Kunden und danach auch der übrigen Öffentlichkeit mitgeteilt. Welche Qualität die Analysen haben und ob sie nicht durch Einzelinteressen der Analysten oder Interessen der dahinter stehenden Unternehmen beeinflusst worden sind, bleibt allerdings unsicher. Am Ende einer aufgrund einer Analyse ausgesprochenen Handlungsempfehlung erfolgt daher regelmäßig der Hinweis, das für das Ergebnis der Prognose keine Garantie übernommen wird und die als Grundlage der Einschätzung verwendeten Daten aus lediglich für zuverlässig gehaltenen nicht immer tatsächlich zuverlässigen Quellen stammen. Teilweise findet sich der nicht minder bedeutsame Hinweis, dass es den Mitarbeitern des empfehlenden Hauses nicht untersagt ist, im emp-

[347] Zur Informationseffizienz gleich unter **dd**.

fohlenen Wert eigene Anlagegeschäfte zu tätigen. Das mögliche Konfliktpotential liegt auf der Hand und besteht ebenso wenn die empfehlende Gesellschaft selbst in erheblichem Maße an dem empfohlenen Unternehmen beteiligt oder mit Kundengeldern investiert ist.[348]

Unabhängig von möglichen Interessenkonflikten könnte ein Unterschied im Prognoseergebnis in einer unterschiedlichen Arbeits- und Denkweise von Analysten und Wirtschaftsprüfern begründet liegen. In Deutschland werden Wirtschaftsprüfer nach §§ 316 Abs. 1, 319 Abs. 1 HGB für die Bilanzierung zur Feststellung des Jahresabschlusses herangezogen und haben mithin die Zulässigkeit des vom Unternehmen vorgelegten Jahresabschlusses und des Lageberichtes zu prüfen. Wegen der engen, vom Vorsichtsprinzip geprägten handelrechtlichen Bilanzierungsvorschriften ist daher zu vermuten, dass die Wirtschaftsprüfer auch bei den notwendigen Einschätzungen im Rahmen der Prognose zukünftiger wirtschaftlicher Erfolge diese eher zu vorsichtig als zu positiv ansetzen, mithin insgesamt der durch sie ermittelte Unternehmenswert zu gering ist.[349] Analysten, die eher durch kapitalmarktrechtliche bzw. finanztheoretische Grundsätze geprägt sind, könnten stattdessen tendenziell eher dazu geneigt sein, unter Vernachlässigung des Vorsichtsprinzips Unternehmensentwicklungen zu positiv zu beurteilen. Auch diese These lässt sich allerdings nicht mit letzter Sicherheit belegen, obwohl bei genaueren Beobachtung auffällt, dass bei steigenden Börsenkursen erheblich mehr positive Analysen als in schlechten Börsenzeiten erscheinen.[350]

bb. Einschätzungen der übrigen Marktteilnehmer

Neben den eben erwähnten professionellen Anlegern mit eigenen Analysemöglichkeiten und/oder Analysten gibt es weitere Marktteilnehmer mit weit weniger

---

348 So wurden etwa gegen die bekannte US-Investmentbank Merill Lynch im Juli 2002 Klage wegen irreführenden Anlagetipps eingereicht. Nach Ansicht der Kläger habe das Unternehmen Anlegern Aktien empfohlen, die in internen Vermerken sehr schlecht beurteilt wurden. Nach Einführung von § 34b WpHG im Zuge des Vierten Finanzmarkförderungsgesetzes BGBL I, 2033 besteht ab 1. Juli 2002 unter bestimmten Umständen eine Offenlegungspflicht möglicher Interessenkonflikte.

349 Noch weiter Dörfler/Gahler/Unterstraßer/Wirichs, BB 1994, 156, 159, die eine mögliche wirtschaftliche Abhängigkeit und Beeinflussbarkeit der Wirtschaftsprüfer durch die Unternehmen andeuten.

350 Nach den langjährigen Börsenerfahrungen des Verfassers überschlagen sich gerade in Börsenspitzenzeiten Analysten mit positiven Unternehmens- und somit Kursschätzungen, nicht zuletzt um in euphorischen Zeiten wahrgenommen zu werden. Dies dürfte u.U. darauf zurückzuführen sein, dass sich Analysten von der allgemein positiven Stimmung anstecken lassen und zum Wohle ihrer Arbeitgeber Handelsaktivitäten und damit die Provisionseinnahmen steigern wollen. Die Aussage von Andre Kostolany, S. 273: „In der Hysterie denkt doch niemand mehr nach, denn keiner kann sich der Massenpsychose entziehen." dürfte derartige Situationen zutreffend beschreiben.

Know-how und Möglichkeiten der Informationsbeschaffung. Diese haben daher weit weniger Möglichkeiten einer verlässlichen Unternehmenseinschätzung, die sie entweder auf die öffentlich bekannten Informationen des Unternehmens und/oder ihr eigenes Anlagegefühl und/oder auf die Analysen der vermeintlich besseren „Profi´s" stützen können. Wenn sich Anleger den Einschätzungen professioneller Anleger ggf. sogar unreflektiert anschließen, können sich die durch die professionellen Marktteilnehmer und deren Kapital gesetzten Trends und daraus resultierende Kursentwicklungen verstärken. Anleger können allerdings auch genau entgegengesetzt zu Anlageempfehlungen handeln. Die Vielfalt des Marktes und seiner Meinungen, in dem Geschäfte letztlich nur dann zustande kommen, wenn sich zu jedem für die weitere Unternehmens- und/oder Kursentwicklung positiv gestimmten Käufer ein für die zukünftigen Erwartungen negativ oder neutral gestimmten Verkäufer findet, ist letztlich auch Ursache dafür, den Börsenkurs als Wertmesser für die Bewertung anzusehen.[351] Einige Thesen gehen dabei davon aus, dass die Börse den idealen Markt verkörpere[352] und kein Sachverständiger mehr als die Märkte wissen könne.[353]

cc. Genauigkeit der Markteinschätzungen

Die Erfahrungen der letzten Jahre haben indes gezeigt, dass zumindest zeitweise Marktmeinungen über Unternehmen und deren zukünftige Entwicklungen existieren können, die mit den tatsächlich erreichten oder bei gehöriger wirtschaftlicher Überlegung erreichbaren Unternehmensergebnissen nichts gemein haben, sondern lediglich auf hypothetischen, häufig sogar irrealen Gewinnerwartungen oder Phantasien aufbauen.

Beispielhaft für eine solche Kursentwicklung ohne Berücksichtigung der tatsächlich möglichen Unternehmensentwicklung ist die des Neuen Marktes. Der Kursindex, der sich aufgrund positiver Unternehmenserwartungen des Marktes in den Vorjahren vervielfacht hatte, fiel von seinem Höchststand im März 2000 bis Mitte 2002 um mehr als 90 %. Der Kurssturz ist dabei nur teilweise auf die allgemein schwache Börsentendenz dieser Zeit zurückzuführen, sondern resultierte größtenteils auf enttäuschenden Umsatz- und Gewinnentwicklungen der Unternehmen und deren negativen zukünftigen Aussichten. Vor diesem Hintergrund drängt sich erneut die Frage auf, ob der Börsenkurs von Aktien mit nachfolgenden Kursstürzen von 95 % und mehr als Wertmesser tauglich ist.[354] Konsequenterweise müsste man bei Vorliegen einer abfindungspflichtigen Unternehmensmaßnahme im März 2000 nämlich auf die im nachhinein illusorischen Gewinnerwartungen des Mark-

351 Luttermann, ZIP 1999, 45, 47; Steinhauer AG 1999, 299, 303; Piltz ZGR 2001, 185, 193 f.
352 Welf Müller, FS für Bezzenberger, 705, 716.
353 Emmerich/Sonnenschein/Habersack, § 22 III 2.
354 Vgl. oben S. 65 f.

tes in dieser Zeit abstellen und die Abfindung an den im nachhinein viel zu hohen Aktienkursen bemessen müssen.

Zwar kann nicht ausgeschlossen werden, dass auch die konventionellen Bewertungsmethoden bei einer Bewertung im Frühjahr 2000 aufgrund viel zu positiver Umsatz- und Gewinnerwartungen zu im nachhinein nicht gerechtfertigten Bewertungsergebnissen gekommen wären. Es sprechen allerdings gute Gründe dafür, dass die in einem konventionellen Bewertungsgutachten transparent niedergelegte Wertfindung, wenn ggf. im nachhinein auch nicht fehlerfrei, jedenfalls bei weitem nicht zu solchen Werten wie denen am Aktienmarkt damals üblichen gekommen wäre. Marktstimmungen und Markteinschätzungen sind wegen der hinter ihnen stehenden agierenden, vielschichtigen Akteuren dagegen viel weniger durchsichtig und nachvollziehbar. So ist anhand der heutigen Marktverhältnisse nicht mehr verständlich, auf welche Unternehmensdaten oder –meldungen die im März 2000 erreichten Aktienhöchstkurse vieler Unternehmen zurückzuführen waren. Unsicher ist sogar, ob diese Kurse überhaupt durch Unternehmensdaten indiziert waren oder nicht sogar nur auf anderen Markteinflüssen beruhten.[355]

Das soeben beschriebene Problem des Auseinanderfallen von realer wirtschaftlicher Unternehmensentwicklung und der am Aktienmarkt herrschenden Meinung über das Unternehmen ist im übrigen weder auf die Unternehmen des Neuen Marktes und/oder auf bestimmte Handelssegmente beschränkbar. Auch im amtlichen Handel notierte Unternehmen der sog. Old Economy, etwa Automobil- oder Maschinenbauunternehmen erlitten im genannten Zeitraum erhebliche Kursverluste von teilweise über 50 %, ohne dass sich die Verluste durch eine dem Neuen Markt vergleichbare negative Geschäftsentwicklung rechtfertigen lässt. Selbst wenn man unterstellt, dass die Beeinflussbarkeit der Marktteilnehmer durch Analysten und professionelle Anleger in Deutschland wegen der noch in der Entwicklung befindlichen Aktienkultur im Jahr 2000 besonders groß war und zu Fehlentwicklungen verstärkenden Tendenzen in der Kursentwicklung geführt hat, lässt sich weder der Kursanstieg vor noch der Kursverfall als eine untypische, einmalige Entwicklung beschreiben.[356] Eine bei der Abfindungsermittlung nicht zu berücksichtigende „Kursmanipulation" liegt ebenfalls nicht vor, da die Börsenkurse der Unternehmens nicht im Hinblick auf die zu zahlende Abfindung beeinflusst wurden, sondern auf Fehlvorstellungen über das Unternehmen und dessen zukünftige Entwicklungen beruhten.[357]

Ob und in welchem Umfang unternehmensbezogene Fehlvorstellungen in 2000 tatsächlich vorgelegen haben, ließe sich nur durch eine ex post–Betrachtung feststellen, die konsequenter Weise zu einer Korrektur der Kurse nach unten führen

---

355 Dazu gleich weiter unter **bb-ee**.

356 Ähnliche Entwicklungen gab es u.a. Ende der Zwanziger Jahre an den amerikanischen Aktien-märkten, die 1929 zu Kurstürzen und im folgenden zu einer weltweiten Rezession führten.

357 Vgl. Welf Müller, FS für Bezzenberger, 705, 716; Götz, DB 1996, 259, 264.

müsste. Ein solches Vorgehen ist, selbst wenn man es theoretisch auf die Wurzeltheorie[358] stützen könnte, mit der bisherigen gesetzlichen Konzeption der Abfindungsermittlung, die davon ausgeht, dass im Spruchstellenverfahren eine Verbesserung der zu gewährenden Abfindung erstrebt wird, nicht vereinbar.[359]

Im Ergebnis ist vorerst festzuhalten, dass soweit man offensichtliche Irrtümer der Marktteilnehmer über die zukünftige wirtschaftliche Entwicklung des beherrschte, einzugliedernden bzw. umzuwandelnden Unternehmens nicht generell als unerheblich ansehen will oder deren Abwälzung auf das abfindungsverpflichtete Unternehmen und somit mittelbar auf dessen Gesellschafter bzw. Aktionäre als gerechtfertigt ansieht, an der Brauchbarkeit des Börsenkurses zur Abfindungsermittlung weiter erhebliche Zweifel bestehen bleiben.

b. Liquidität

Unter Liquidität im börsentechnischen Sinne versteht man die Möglichkeit zum Kauf oder Verkauf von Aktien ohne nennenswerte Auf- oder Abschläge vom letzten Gleichgewichtskurs.[360] Liquidität sichert, dass Investoren ohne das Risiko, mit einem ausgelösten Auftrag selbst gravierende Kursveränderungen auszulösen, zu einem bestimmten Kurs kurzfristig kaufen oder verkaufen können. Liquidität ist Voraussetzung für die Attraktivität der Börse als Umschlagplatz für Unternehmenspapiere und hält die Börse am Leben.

Ausreichend Liquidität ist gerade für den Verkäufer von Aktien von erheblicher Bedeutung. Während für einen potentiellen Käufer bei fehlender Liquidität nur die Gefahr besteht, keine Aktien zum gewünschten Kurs erwerben zu können und damit ggf. auf andere Anlagealternativen ausweichen zu müssen, kann der Verkäufer seine bisher nur auf dem Papier stehenden Kursgewinne oder –verluste nur dann realisieren, wenn die bestehende Liquidität für einen Abkauf seiner Papiere sorgt. Was nützt einem Investor ein noch so hoher Börsenkurs, wenn das für einen Verkauf notwendige Interesse auf der Käuferseite zu diesem Preis nicht oder nicht in ausreichendem Umfang vorhanden ist, so dass sich der Kurs zukünftig gar nicht erzielen lässt ? Ein in der Vergangenheit festgestellter Börsenkurs ist für den Verkäufer in diesem Fall nur eine theoretische Größe ohne Wert, die keine Aussage darüber trifft, zu welchem Kurs der vorhandene Aktienbestand gegen Geldmittel tatsächlich getauscht werden kann. Das vorhandene Maß an Liquidität lässt folglich entscheidende Rückschlüsse auf die Aussagekraft des Börsenkurses zu.

Das Bundesverfassungsgericht hat in der DAT/Altana- Entscheidung die entscheidende Rolle der Liquidität erkannt und sieht den Börsenkurs jedenfalls dann nicht

---

[358] Vgl. oben S. 62.

[359] Emmerich/Sonnenschein/Habersack, § 22 III 4 m. w. Nachw.

[360] Oesterhelweg, S. 46; Bienert, S. 199.

als Abfindungsgrundlage an, wenn längere Zeit praktisch überhaupt kein Handel mit Aktien der Gesellschaft stattgefunden hat.[361] Hintergrund für diese Überlegungen ist die Tatsache, dass bei geringer Liquidität wegen der für das Zustandekommen eines Geschäftsabschlusses notwendigen Übereinstimmung von Käufer und Verkäufer Kursschwankungen zunehmen. Für Käufer wie auch Verkäufer wird es bei niedriger Liquidität nämlich schwieriger, geeignete Abschlußpartner zu einem möglichst nahe am zuletzt festgestellten Börsenkurs liegenden Preis zu finden. Die einzige Möglichkeit, um ein angestrebtes Geschäft noch zu tätigen, liegt dann in Kurszugeständnissen gegenüber der Gegenseite. Der Verkäufer, der verkaufen will oder muss, muss den von ihm erwarteten Mindestverkaufspreis reduzieren, um den Kaufanreiz für die Käuferseite zu erhöhen und dadurch Nachfrage nach seinen Papieren zu generieren. Diese Kurszugeständnisse schaffen dann erst die Voraussetzungen dafür, dass eine Transaktion überhaupt stattfinden kann. Der daraus resultierende Börsenkurs spiegelt dann allerdings nicht die subjektive Wertschätzung des Verkäufers wider, sondern ist Ergebnis seiner durch die fehlende Liquidität auf der Käuferseite geschaffenen Notsituation. Je kleiner die Anzahl transaktionsbereiter Marktteilnehmer ist, die durch ihre Anwesenheit einen Puffer für Transaktionswünsche der Aktieninhaber bzw. potentiellen Erwerber bilden, desto stärker sind zwangsläufig die zu verzeichnenden Kursausschläge.[362]

aa. Liquiditätssituation am deutschen Aktienmarkt

Wenn von der Rechtsprechung bis zur DAT/Altana- Entscheidung der Börsenkurs eher als Zufallsprodukt, denn als seriös ermittelte Größe bezeichnet wurde[363], beruhte dies im wesentlichen darauf, dass der deutsche Aktienmarkt lange Zeit wegen der spärlichen Verbreitung von Aktienanlagen in der deutschen Bevölkerung und hohen Kosten für ausländische Kapitalanleger nicht genügend liquide war. Im Zuge der Globalisierung der Börsenlandschaft und Kapitalströme sowie der sinkenden Transaktionskosten im internationalen und nationalen Kapitaltransfer hat der Umsatz an den deutschen Aktienbörsen in den letzten Jahren allerdings merklich zugenommen.[364] Diese Entwicklung wird dadurch begünstigt, dass Aktien für eine größer werdende Bevölkerungsschicht in Deutschland, ebenso wie in Ländern wie den USA, Bestandteil privater Altersvorsorge werden. Darüber hinaus versucht auch die Deutsche Börse AG durch flankierende Maßnahmen den Aktionä-

---

361 BVerfG ZIP 1999, 1436, 1442.

362 Hamann, S. 195.

363 So ganz deutlich BGH AG 1967, 264.

364 Der Umsatz an deutschen Börsen betrug 1999 5,1 Billionen Euro, 1998 waren es sogar 5,4 Billionen Euro (Quelle: dpa v. 3. Januar 2000). Die Investmentbranche hatte allein im Jahre 1999 Zuwächse des verwalteten Kapitals von 30 % auf 1,7 Billionen DM. Trotz des aufgrund der Kursverluste nach dem Jahr 2000 wieder gesunkenen Interesses an Aktien pendelten die Monatsumsätze im ersten Halbjahr 2002 zwischen 300-350 Millionen Euro.

ren die Möglichkeit eines jederzeitigen Ein- oder Ausstiegs zu sichern und dadurch die Anlage in Aktien noch attraktiver zu machen. Sog. „Designated Sponsors", die für Werte des Neuen Marktes und des SMAX sogar zwingend notwendig sind[365], sollen einen möglichst stetigen Handel ermöglichen. Designated Sponsors, die entweder Banken oder andere Finanzdienstleister sein können, verpflichten sich, zu Beginn der Handelszeit und dann während der gesamten Handelszeit mindestens einen Geld(=Kauf)- und einen Brief(=Verkaufs)kurs verbindlich in das Orderbuch einzustellen, zu denen sie bereit sind, Aktien zu kaufen oder zu verkaufen.[366]. Ein vorhandenes, bestimmtes Kursniveau wird durch diese Maßnahme allerdings nicht garantiert, da keine Verpflichtung der „Designated Sponsors" besteht, Kursstellungen möglichst nahe am letzten festgestellten Börsenkurs vorzunehmen.[367] Selbst beim Vorhandensein von „Designated Sponsors" können Verkäufer oder Käufer daher nicht zukünftig auf einen bestimmten in der Vergangenheit erzielbaren Börsenkurs vertrauen. Das Problem fehlender Liquidität wird demzufolge nur insoweit entschärft, als dass durch die „Designated Sponsors" ein Verkauf zu einem bestimmten Kurs überhaupt ermöglicht wird.

bb. Liquiditätssituation bei potentiellen Abfindungsfällen

In der Mehrzahl der Abfindungsfälle ist ein genügend liquider Handel schon deshalb problematisch, weil sich das zu bewertende Unternehmen wegen der für die Zustimmung zur abfindungspflichtige Maßnahme notwendigen Mehrheiten regelmäßig in Mehrheitsbesitz befinden wird. Die Anzahl der in Streubesitz gehaltenen und damit außerhalb der Mehrheitseigner handelbaren Aktien wird somit regelmäßig nur einen Bruchteil des vorhandenen Aktienkapitals umfassen. Realistischer Weise unterstellt, der Mehrheitseigner unterläßt im Hinblick auf die von ihm beabsichtigte zukünftige Unternehmensmaßnahme jeglichen Handel mit den in seinem Besitz befindlichen Stücken, ist eine niedrigere Liquidität mangels ausreichend freier und damit potentiell handelbarer Aktienanzahl des Unternehmen damit schon fast zwangsläufige Folge. Ob diese Vermutung tatsächlich zutrifft, lässt sich unter Zuhilfenahme statistischen Materials zur Umsatzentwicklung börsennotierter Unternehmen in Festbesitz empirisch untersuchen. In **Anhang 1** sind für eine Auswahl an Unternehmen, die sich zu 95 % oder mehr in Festbesitz befinden, die durchschnittlichen Tagesumsätze (in Tausend Euro) aus einem 20 Tages-Zeitraum und dem eines ganzen Jahres des Börsenplatzes, an dem der durch-

---

365 Beim Neuen Markt sogar als Zulassungsvoraussetzung für die Notierung gemäß 2.2. Abs. 1 Regelwerk Neuer Markt.

366 Näher dazu Schanz, § 11 Rn. 65 f.

367 Schanz, § 11 Rn. 67. Die Deutsche Börse AG stellt Qualitätskriterien für die Tätigkeit als „Designated Sponsor" auf, die z.B. vorschreiben wie hoch das Mindestvolumen der einzustellenden Angebote sein muss und wie groß die Spanne zwischen anzugebenden Geld- und Briefkursen maximal sein darf.

schnittlich größte Umsatz getätigt wurde, dargestellt. **Anhang 2** enthält die Umsatzzahlen für Unternehmen in 85 %-95 % Festbesitz, **Anhang 3** beinhaltet die Daten für Unternehmen in 75 %-85 % Festbesitz. Zu Vergleichszwecken zeigt **Anhang 4** die durchschnittlichen täglichen Umsatzangaben (in Millionen Euro) für die im DAX zusammengefassten wichtigsten deutschen Unternehmen, bei denen keine über 50 Prozent liegende unmittelbare Mehrheitsbeteiligung vorliegt.

Vergleicht man diese im Frühjahr 2000 und damit noch in Hochzeiten der Börseneuphorie erhobenen Daten ist festzustellen, dass zwischen dem Grade des Mehrheitsbesitzes und der durchschnittlichen Umsatztätigkeit ein umgekehrt proportionaler Zusammenhang dergestalt besteht, dass bei höherem Anteil des Festbesitzes die allgemeine Umsatztätigkeit zurückgeht. Ein markanter Umsatzrückgang ist insbesondere bei Mehrheitsbesitz von mehr als 85 % zu erkennen. Bei einer steigenden Anzahl von Werten findet in diesem Bereich so gut wie kein Handel mehr statt. Selbst bei den Umsatzspitzenreitern in diesen Klassen lässt sich bei durchschnittlichen Tagesumsätzen von um die 10 Tausend Euro nicht von einem regen Handel sprechen. Angesichts der teilweise doch gravierenden Unterschiede in den Umsätzen einzelner Unternehmen, reicht die Zuordnung zu einer bestimmten Gruppe von Festbesitzunternehmen zur Annahme geringer Liquidität allerdings nicht aus, sondern bedarf konkreter Feststellungen.

cc. Feststellung der vorhandenen Liquidität

Fraglich ist, ob und wie die am Markt vorherrschende Liquiditätslage abseits von generalisierenden Betrachtungen tatsächlich festgestellt werden kann. Als Hinweis zur Ermittlung der Umsatztätigkeit können neben der Zahl der umgesetzten Aktien die mit den Kursen veröffentlichten Kurszusätze herangezogen werden. Kurszusätze erläutern den zum angegebenen Wert getätigten Umsatz näher und vermitteln somit Informationen über das Zustandekommen des Kurswertes und somit dessen Aussagekraft. Die genaue Bedeutung der verwendeten Kurszusätze wird in den jeweiligen Börsenordnungen im einzelnen erläutert:[368]

1. <u>b (bezahlt) oder Kurs ohne Zusatz</u> = Alle unlimitierten und alle über dem Kurs liegenden limitierten Kaufaufträge, sowie alle unter dem Kurs limitierten Verkaufsaufträge sind ausgeführt.
2. <u>bG</u> = Die zum Kurs limitierten Kaufaufträge müssen nicht alle ausgeführt worden sein, es bestand weitere Nachfrage.
3. <u>bB</u> = Die zum Kurs limitierten Verkaufsaufträge müssen nicht alle ausgeführt

[368] Vgl. § 33 BörsO der Frankfurter Wertpapierbörse sowie die vergleichbaren Regelungen in den einzelnen Börsenordnungen.

worden sein, es bestand weiteres Angebot.

4. ebG oder ebB = Die zum Kurs vorliegenden Kauf- bzw. Verkaufsaufträge konnten nur zu einem geringen Teil ausgeführt werden.

5. ratG oder ratB = Die zum Kurs vorliegenden limitierten sowie die unlimitierten Kauf- bzw. Verkaufsaufträge konnten nur beschränkt ausgeführt werden.

6. G = Zu diesem Kurs fand kein Umsatz statt, es bestand nur Nachfrage.

7. B = Zu diesem Kurs fand kein Umsatz statt, es bestand nur Angebot.

8. -G = Ein Kurs konnte nicht festgestellt werden, es bestand unlimitierte Nachfrage.

9. -B = Ein Kurs konnte nicht festgestellt werden, es bestand unlimitiertes Angebot.

10. -T = Ein Kurs konnte nicht festgestellt werde, der Preis ist geschätzt.

Wenn ein angegebener Kurszusatz darauf hinweist, dass kein Umsatz zum angegebenen Kurs stattgefunden hat, kann regelmäßig nicht davon ausgegangen werden, dass ein derartiger Kurs die reale Bewertung der Aktie widerspiegelt. Es kann zwar nicht ausgeschlossen werden, dass in Zukunft Transaktionen auch zu diesem Kurs stattfinden, bereits jetzt greifbare Indizien für eine solche Entwicklung bestehen allerdings nicht. Es ist somit tatsächlich völlig ungewiss, ob Minderheitsaktionäre bei unterstelltem Verkauf ihrer Aktien diesen Kurs erzielen könnten. Die Brauchbarkeit des Börsenkurses als Wertmesser und damit als Abfindungsgrundlage ist für diesen Fall daher zu verneinen.

Selbst wenn Kurszusätze auf stattgefundene Umsatze hindeuten, geben sie allerdings keine Auskunft über die Anzahl der gehandelten Stücke, d.h. des getätigten Umsatzes zu diesem Kurs. Selbst einem b(bezahlt)-Kurszusatz kann mit 100 %-iger Sicherheit abseits der in der jeweiligen Börsenordnung stehenden Definition dieses Zusatzes nur entnommen werden, dass mindestens eine Aktie zu diesem Kurs gehandelt wurde. Wie viele Stücke im einzelnen umgesetzt wurden und wie stetig der Handel war, lässt sich nur in der Zusammenschau mit den Umsatzstatistiken für den jeweiligen Wert ablesen.[369] Dabei und das ist zu beachten, bezieht sich die Aussagekraft der angegebenen Umsatzzahlen nur auf den tatsächlich in der Vergangenheit stattgefundenen Umsatz zu einem bestimmten Kurs. Eine Aussage darüber, ob zukünftig nochmals ein derartiger oder ähnlicher Umsatz zustan-

---

369 Die im Zeitalter des Internets auch für den Privatanleger einsehbar sind, so etwa bei den Direktbanken z.B. www.consors.de; www.comdirect.de. Im Spruchstellenverfahren Schwaben-Zell AG/Hannover Papier AG (OLG Stuttgart DB 2000, 709, 710) wurden Daten aus der Blomberg-Datei verwendet.

de kommt, kann bei Kenntnis der Vergangenheitsdaten nicht getroffen werden, da die Börse einen Automatismus mit sich ständig auffüllenden Kaufaufträgen nach vorangegangener Ausführung nicht kennt. Nur die Einschätzung der Angebots- und Nachfragesituation im gewünschten Verkaufszeitpunkt ermöglicht daher die Aussage darüber, ob die Aktie zu einem bestimmten Kurs genügend liquide ist, mithin ein bestimmter Börsenkurs tatsächlich realisierbar ist. Es ist weder sicher noch angesichts der bisher beschriebenen und noch zu beschreibenden Kursbildungsmechanismen rational zu begründen, aus der Vergangenheit unmittelbar auf eine künftige Realisierbarkeit für die Minderheitsaktionäre zu schließen. Eine tatsächliche Realisierungsmöglichkeit besteht nur dann, wenn im Zeitpunkt des potentiellen Verkaufes bereits verbindliche im Ordersystem befindliche Kaufaufträge vorliegen. Diese Aufträge gibt es nur dann, wenn eine genügende Anzahl von Käufern aufgrund autonomer Investitionsentscheidungen zum Abkauf der Aktien zum von den Verkäufern gewünschten Kurs bereit sind. Ob die Käufer bereits jetzt im Markt sind oder im für die Bewertung maßgeblichen Zeitpunkt im Markt sein werden, bedarf nachvollziehbarer Feststellungen. Dabei ist fraglich und im folgenden noch zu klären, ob aus Vergangenheitsdaten zumindest ein Indiz oder eine Vermutung künftiger Entwicklungen hergeleitet werden kann, wie es das Bundesverfassungsgericht in der DAT/Altana-Entscheidung[370] unterstellt hat.

Als Zwischenergebnis ist vorab festzuhalten, dass die Liquidität ein entscheidender Faktor für die Aussagekraft von Börsenkursen und damit für die Verwendbarkeit des Börsenkurses zur Abfindungsberechnung ist. Durch die verwendeten Kurszusätze und die getätigten Umsatzzahlen lässt sich die Liquidität des Marktes zwar für die Vergangenheit bestimmen, direkte Schlüsse für die zukünftige Marktentwicklung lassen sich daraus bis auf die im Ordersystem vorhandenen noch nicht ausgeführten Aufträge allerdings nicht ziehen. Vor diesem Hintergrund kann dem Börsenkurs als Wertmesser nur dann Vertrauen entgegengebracht werden, wenn die Liquiditätsproblematik überzeugend gelöst werden kann.

c. Marktteilnehmerstrategien

Als Marktteilnehmerstrategien sollen alle psychologischen und sonstigen Effekte erfasst und betrachtet werden, die die vor der Vornahme von Börsetransaktionen liegende Entscheidungsfindung der Anleger beeinflussen können und somit unmittelbaren Einfluss auf die Kursbildung haben. Schon der Börsenaltmeister Andre´ Kostolany bezeichnete die Tendenz an der Börse als eine Summe von Geld, also der gerade behandelten Liquidität und Psychologie.[371] In der Geschichte der Börse, die mit der Tulpenzwiebelbörse in Amsterdam im 17. Jahrhundert schon weit länger reicht, als viele vermuten werden, spielte Psychologie für die stattge-

[370] BVerfG ZIP 1999, 1436, 1442.
[371] Kostolany, S. 42.

fundenen rasanten Kursanstiege, wie auch für jeden Börsencrash eine entscheidende Rolle.[372] Die Psychologie an der Börse ist trotz vielfältiger Ansätze, Darstellungen und Untersuchungen[373] bis heute eines der am meisten im Ungewissen liegenden Felder der Kursbildung.

aa. Psychologische Einflüsse auf Handlungsstrategien

Ausgangspunkt der Betrachtungen ist der Umstand, dass ein möglicher Antrieb für Börsengeschäfte nicht nur der Glaube und die Überzeugung an eine Unternehmensstory sein kann, sondern Transaktionen auch durch die menschliche Gier nach möglichst schnellem Geld bestimmt werden.[374] Wenn man fest davon überzeugt ist, dass es zukünftig andere Marktteilnehmer gibt oder geben wird, die für eine Aktie in naher oder ferner Zukunft mehr zahlen werden, als man als Erwerber jetzt zahlen müsste, ist es eine rationale, aber nur durch Psychologie zu erklärende Entscheidung, die Aktie nunmehr zu kaufen. Bei ausreichend großer Überzeugung von zukünftig steigenden Kursen kommt es auf das Unternehmen, dessen Geschäftsfelder, Unternehmenszahlen und wirtschaftliche Aussichten nur noch sekundär an.

Ein gutes Beispiel für die schnelle Gier nach dem Geld ist die ansatzweise bereits erörterte Entwicklung im Börsensegment Neuer Markt bis Mitte 2000, teilweise noch darüber hinaus. Angesichts der schier endlosen steigenden Kurse der am Neuen Markt notierten Unternehmen erfüllte sich die Hypothese scheinbar grenzenlosen Wachstums durch neue Technologien und somit von endlos steigenden Kursen als self full filling prophecy. Spürbaren Einfluss auf diese Entwicklung hatten, neben der Finanzpresse und darin veröffentlichter sogenannter „Musterdepots" mit einer Auswahl angeblich besonders chancenreicher Aktien, insbesondere selbsternannte „Börsengurus". Diese publizierten, teilweise nachdem sie sich selbst vorher mit den empfohlenen Werten eingedeckt hatten, über die Medien[375] Kaufempfehlungen und Kursziele für einzelne Unternehmen. Zielgruppe dieser Informationen waren insbesondere diejenigen Anleger, die bei ihren Anlageentscheidungen nicht auf eigene Recherchemöglichkeiten zurückgreifen konnten oder wollten und daher teilweise undifferenziert auf solche Analysen vertrauten. Viele der auf diese Art gewonnenen neuen Aktionäre waren und sind sich bis heute über

---

[372] So seit der Tulpenspekulation in Amsterdam 1634-1637, etwa bei der sog. Mississipi-Bubble in Frankreich 1716-1720, der South Sea - Bubble in England 1717-1720 (jeweils mit Überseeunternehmungen) bis hin zum Börsencrash 1929. Vgl. Aschinger, S.55 ff.; 61 ff.;72 ff.; 100 ff.

[373] So insbesondere Bienert, Der Marktprozeß an Aktienbörsen, 1996; Köddermann, Chartisten, Bubbles und Handelsvolumen, 1993; Dette, Kursbildung am deutschen Aktienmarkt, 1998.

[374] Erlenbach/Gotta, S.31 bringen das auf den Punkt: „Geld verdienen, möglichst schnell und möglichst viel.".

[375] Teilweise über 0190-Telefonnummern, sogenannte Hotline´s mit Gebühren bis zu 3,63 DM pro Minute.

die tatsächlichen Chancen und Risiken ihres Engagements nicht bewusst und erlitten, ebenso wie die professionellen Anleger, bei den meisten Werten katastrophale Verluste.[376] In der Börsenhysterie wurden Neuemissionen z. T. bedenkenlos ohne die notwendige tiefgehende Beschäftigung mit dem Unternehmen gezeichnet. Angesichts der sich in der Vergangenheit regelmäßig bestätigenden Erfahrungen, dass der Kurs von Unternehmen nach Handelsaufnahme steigt, war die Zeichnung, wenn nicht durch die Unternehmensentwicklung zumindest aus psychologischer Sicht nachvollziehbar. Zeitweise führte dies zu einem regelrechten „Run" auf solche Emissionen, was zu einer Vervielfachung des ersten festgestellten Börsenkurses im Vergleich zum Emissionskurs und damit zu einer erneuten Bestätigung der Erwartungen der Marktteilnehmer führte.

Als ebenfalls aus langjährigen Erfahrungen gesicherte Erkenntnis der Börsenpsychologie gilt im übrigen, dass schon gestiegene Aktien durch Anleger eher gekauft werden als gefallene, diese vielmehr tendenziell eher noch weiter verkauft werden.[377] Köddermann hat in einer Untersuchung nachgewiesen, dass das Handelsvolumen von Aktien bei kurzfristigen Kursveränderungen regelmäßig steigt und Kurssteigerungen von vergleichbar höhere Umsatzsteigerungen begleitet werden.[378] Unter psychologischen Gesichtspunkten werden von Anlegern unter den eigenen Einstandswert gesunkene Aktien eher weiter gehalten als verkauft. Aus psychologischer Sicht ist nachvollziehbar, wenn sich Anleger eher an eine noch so kleine Hoffnung auf steigende Kurse klammern, als sich mit einem vorzeitigen Verkauf unter dem eigenen Einstandskurs einen Irrtum zugestehen zu müssen, zumal sich die bisherigen Buchverluste dann tatsächlich spürbar realisieren. Börsenkurse sind im Lichte der Unternehmensentwicklungen vor diesem Hintergrund objektiv gesehen einmal zu hoch und einmal zu tief.[379] Wegen dieser Abhängigkeit der Börse von Stimmen und Stimmungen, die sich nicht ohne weiteres rational und objektiv erklären lässt, ist mehr als fraglich, ob die Börse als der ideale Markt und damit als Wertmesser des Unternehmenswertes Verwendung finden kann.

bb. Anlagehorizont und Bubble-Komponente

Einfluss auf die Aussagekraft des Börsenkurses kann auch die von den Marktteilnehmern mit ihren Anlagen verfolgte Strategie haben. Diese macht sich weniger in

[376] Nach einer am 28. September 2001 veröffentlichten Untersuchung des Neuen Marktes durch das Börsenmagazin GoingPublic notierten von 340 am Neuen Markt notierten Unternehmen mehr als 100 über 90 % unter dem ursprünglichen Ausgabepreis und nur noch 9 Unternehmen mehr als 100 % im Plus lagen, nachdem man sich teilweise über Kurssteigerungen über mehr als 1000 % bei Einzelwerten freuen konnte.

[377] Kostolany, S. 157; Köddermann, S. 193.

[378] Köddermann, S. 193.

[379] Kostolany, S. 225.

der Größe des Engagements, also der Unterscheidung in institutionelle Anleger, d.h. Versicherungen, Pensionsfonds versus Privatanleger sondern vielmehr an deren Anlagehorizont fest.[380] Dabei ist zwischen lang- und kurzfristigem Anlagehorizont zu unterscheiden. Der Begriff Anlagehorizont drückt die Bereitschaft der Anleger aus, in einer bestimmten Zeitspanne auf Barliquidität zu verzichten und erworbene Aktien zu halten.

Nachdem Köddermann in empirischen Untersuchungen einen Zusammenhang zwischen kurzfristiger Spekulation, Kursschwankungen und Handelsvolumen festgestellt hat, soll im folgenden näher darauf eingegangen werden.[381] Dabei soll insbesondere die kurzfristige Spekulation, die regelmäßig weniger auf langfristig unternehmensspezifische Gesichtspunkte als auf kurzzeitige Stimmungen abstellt, näher untersucht werden. Vorab ist hierzu festzustellen, welche Typen von Anlegern diese Art der Spekulation betreiben und ob sich der Einfluss kurzfristiger Spekulation auf die Börsenkursbildung überhaupt quantifizieren lässt.

(1) Kurzfristige Spekulation durch Privatanleger

Ein Teil kurzfristiger Spekulation dürfte auf mehr oder weniger professionell ausgerüstete Privatanleger zurückzuführen sein, die durch die allgemein günstige Kursentwicklung in den Neunziger Jahren, neue Medien zur Informationsbeschaffung und durch durch Online-Broker gesunkenen Transaktionskosten begünstigt werden. Auch mit geringerem Kapitaleinsatz besteht heute die Möglichkeit, in Sekundenbruchteilen Aktien relativ kostengünstig zu kaufen oder zu verkaufen und damit Kursschwankungen innerhalb eines Tages auszunutzen. Als Daytrader werden dabei die Privatanleger bezeichnet, die Aktien nicht über Nacht im Bestand halten und nach amerikanischem Vorbild z.T. vom diesen Aktienhandel zu leben versuchen. Für diese insbesondere für Online-Broker interessante Klientel gibt es neben speziellen Handelszentren und Handelsplattformen neuerdings auch maßgeschneiderte Computerprogramme oder Informationssysteme.[382] Wieviele solcher Daytrader es gibt oder welches Kapital ihnen für Transaktionen zur Verfügung steht, ist unbekannt. Durch die Börsenbaisse der letzten zwei Jahren dürfte ihre Anzahl allerdings merklich zurückgegangen sein.

---

380 Zur Unterscheidung und Klassifizierung von Anlegern: Bruns, S. 100 ff.; Dette, S. 67 ff.; Bienert, S. 61; Kostolany, S. 64.

381 Vgl. oben Fn. 378.

382 Eine optimale Betreuung dieser Anleger ist für Online-Broker der Garant für stetige Provisionseinnahmen.

(2) Kurzfristige Spekulation durch institutionelle Anleger

Der weitaus größere Umfang kurzfristiger Spekulation dürfte auf in– und ausländische institutionelle Anleger zurückzuführen sein. Neben dem sog. Eigenhandel verkaufen diese Anleger ihre Tätigkeiten in Form von Fondprodukten als sogenannte „Trading-“ oder „Hedge-Fonds“ auch an Privatanleger, die an kurzfristigen Kursschwankungen verdienen möchten, ohne selbst kurzfristig handeln zu können oder zu wollen. Die Chance auf schnelles Geld durch kurzfristige Spekulation kann, wenn man nicht über dem Markt bisher unbekannte Unternehmensinformationen verfügt, die eine grundlegende Neubewertung des Unternehmens rechtfertigen, letztlich nur aus der Erwartung resultieren, kurzfristig zu einem höheren Kurs an einen Dritten weiterverkaufen zu können. Kurzfristige Investoren versuchen daher kurzfristig auftretende Stimmungen oder aufgrund fehlender Liquidität eintretende Kursschwankungen für sich auszunutzen. Je länger der Anlagehorizont von Investoren wird, desto eher rücken dagegen langfristig unternehmenswirksame Gesichtspunkte etwa die ausgeschüttete Dividende oder die Produktpalette und die daraus zu erwartende wirtschaftliche Entwicklung in den Vordergrund.[383]

(3) Messbarkeit des Anlagehorizontes

Der Anlagehorizont und damit auch der Grad der Bereitschaft von Marktteilnehmern, kurzfristig durch Transaktionen auf eintretende Kursschwankungen zu reagieren, lässt sich ohne Kenntnis der von den Anlegern mit ihrer Anlage verbundenen Motiven nicht ohne weiteres messen. Je nach Kursentwicklung und dem aus einer möglichen Transaktion zu erzielenden Gewinn kann sich die Bereitschaft zu kurzfristigen Reaktionen ggf. auch verändern. So erscheint es nachvollziehbar, wenn ein langfristig orientierter Anleger kurzfristig eintretende, über seinen Erwartungen liegende Kursgewinne durch Verkauf realisiert und damit kurzfristig in das Lager der „Spekulanten“ wechselt. Aus den Umsatzzahlen und dem Handelsvolumens im Vergleich zur längerfristigen Kursentwicklung könnte sich in Kenntnis des Zusammenhangs zwischen Kurzfristspekulation und Umschlaghäufigkeit allerdings ablesen lassen, welchen Einfluss kurzfristige Spekulanten auf die Kursbildung haben. Im Umkehrschluss zu den Untersuchungen von Köddermann[384] ist dabei davon auszugehen, der Börsenkurs umso mehr durch kurzfristige Spekulation beeinflusst wird, umso mehr Kursschwankungen unter hohen Handelsvolumina auftreten. Je mehr kurzfristige Spekulation feststellbar ist, desto mehr entfernt sich wegen der regelmäßig nicht an der Unternehmensentwicklung orientierten Motivation von Spekulanten der Börsenkurs vom Unternehmen und damit vom zu ermittelnden tatsächlichen Wert der Beteiligung.

---

383 Vgl. die Untersuchungen von Bienert, S. 102 ff.

384 Köddermann, S. 193.

In der betriebwirtschaftlichen Theorie wird die durch Spekulation bedingte Abweichung des Aktienwertes von seinem Fundamentalwert als sog. Bubble bezeichnet[385], deren Existenz sich als plausible Methode zur Erklärung von Kursänderungen in Folge für das Unternehmen irrelevanter Nachrichten oder Ereignisse erwiesen hat.[386] So hat zum Beispiel Frantzmann[387] für den deutschen Aktienmarkt den zuvor schon am amerikanischen Kapitalmarkt beobachten sog. „Montagseffekt" und den „Januareffekt" empirisch nachgewiesen. Beim Montagseffekt sind die festgestellten mittleren Montagsrenditen des Aktienmarktes, d.h. dessen Kursentwicklung negativ, die mittleren Freitagsrenditen dagegen positiv. Der Januareffekt zeigt wiederum eine im Vergleich zu den restlichen Monaten des Jahres signifikant höhere Monatsrendite, d.h. eine bessere Kursentwicklung des Aktienmarktes.[388] Während man letzteres durch den Beginn des neuen Geschäftsjahres für professionelle Anleger und dadurch ausgelöste Neupositionierungen zumindest theoretisch ansatzweise erklären könnte, gibt es für den Montagseffekt bislang noch keine fundierte Erklärung.[389] Es lässt sich somit nur vermuten, dass es sich vor allem um psychologische Aspekte handelt, die Anleger dazu bewegt, vor dem Wochenende tendenziell eher zu kaufen und unmittelbar nach dem Wochenende eher zu verkaufen.

cc. Eliminierung der Bubble-Komponente

Fraglich ist, ob, wenn angesichts der Umsatz- und Kursentwicklung eine Bubble-Komponente zu vermuten, diese vor Zugrundelegung des Börsenkurses als Untergrenze der Abfindung zu eliminieren wäre.

Stellt man darauf ab, das der Markt, wenn zu den festgestellten Börsenkursen Umsätze zustande gekommen sind, diese Kurse als Wert der Unternehmensbeteiligung akzeptiert habe[390], ist eine Eliminierung der Bubble-Komponente unnötig. Bei dieser Sichtweise kommt es nicht darauf an, wie sich der Börsenkurs im einzelnen zusammensetzt. Erstrebt man dagegen einen vorrangig am Unternehmen orientierten Börsenkurs, ist die auf kurzfristiger Spekulation beruhende Bubble-Komponente zu eliminieren, da sie nicht unmittelbar auf dem Unternehmen und dessen Entwicklungen beruhen. Hierbei ist nochmals klarzustellen, dass unter Bubbles hier nur die durch kurzfristige Über-/Untertreibungen ausgelösten Kursverzerrungen verstanden werden sollen. Nicht erfasst sind auch langfristig mögliche Abweichungen des Börsenkurses vom rein durch die Unternehmensentwicklung bestimmten sogenannten „Aktienfundamentalwert", der dem Ertrags- bzw.

[385] Köddermann, S. 117, 119; Bienert, S. 158.
[386] Köddermann, S. 185.
[387] Frantzmann ZfB 1987, 611, 615, 621 f.
[388] Frantzmann ZfB 1987, 611, 615, 621 f.
[389] Frantzmann ZfB 1987, 611, 631.
[390] Welf Müller, FS für Bezzenberger, 705, 710; Luttermann, ZIP 1999, 45, 47, 51.

DCF-Wert entspricht. Der Versuch, generell alle Abweichungen von diesem Wert unter den Begriff der „Bubble“ zu erfassen und dann zu eliminieren, würde keinen Sinn machen, da sie zwangsläufig zu dem bereits ermittelten Ertrags- bzw. DCF-Wert führen würde. Im Einklang mit der DAT/Altana-Entscheidung des Bundesgerichtshofs könnte stattdessen innerhalb der Bubble- Komponente weiter zwischen außergewöhnlichen Tagesausschlägen und sich nicht verfestigende sprunghafte Entwicklungen differenziert werden[391], auch wenn im einzelnen völlig unklar ist, was darunter genau zu verstehen ist.

Als Handwerkzeug für eine mögliche Trennung der Bubble vom der Abfindungsermittlung ggf. zugrunde zulegenden Aktienkurs kommt entweder der wohl vom Bundesverfassungsgericht favorisierte Durchschnittskurs über einen bestimmten Kurszeitraum[392] oder wie der Bundesgerichtshof[393] ergänzend dazu vorschlägt, eine Eliminierung außergewöhnlicher Tagesauschläge und/oder erkennbarer sprunghafter Entwicklungen in Betracht. Bei einer reinen Durchschnittskursbetrachtung fließen alle im erfassten Zeitraum auftretenden, d.h. selbst hochgradig irrationale Kursauschläge in die Berechnung mit ein. Im Ergebnis werden diese Ausschläge zwar geglättet, fließen aber trotzdem in die Berechnung des Durchschnittskurses mit ein und können diesen daher beeinflussen. Bei der zusätzlich vorgeschlagenen Eliminierung besonderer Tagesausschläge und/oder sprunghafter Entwicklungen steht der so gebildete Durchschnittskurs zwar je nach Anzahl der auf diese Weise eliminierten Kurse auf einer schmaleren Berechnungsbasis, dürfte im übrigen aber optisch merklich näher an der Mehrzahl der in die Berechnung einbezogenen Kurse sein. Zur Bewertung der Überzeugungskraft der Vorgehensweisen stellt sich bei beiden die grundsätzliche Vorfrage, ob die Eliminierung kurzfristiger Spekulation im Rahmen einer Durchschnittskursbildung überhaupt gelingen kann. Grundsätzlich ist dabei davon auszugehen, dass je kürzer der für die Durchschnittsberechnung zugrundegelegte Zeitraum ist, desto eher können „Bubbles“ den gesamten Zeitraum durchziehen und desto eher ihre unmittelbare Fortsetzung im Durchschnittskurs finden. Zur Vermeidung eines solchen Szenarios bliebe letztlich nur der Vergleich der Einbeziehungszeitraum festgestellten Kursen mit längerfristigen Kursentwicklungen. Soweit sich feststellbare Änderungen des Kursniveaus nicht nachvollziehbar durch Unter-nehmensnachrichten begründen lassen, könnte von bubblefreien Börsenkursen daher nur dann gesprochen werden, wenn das nunmehr vorherrschende Kursniveau auch in der Vergangenheit bereits über einen gewissen Zeitraum bestanden hat. Damit eröffnet sich neben den von BVerfG und BGH diskutierten Ansätzen eine mögliche dritte Alternative für eine mögliche Vorgehensweise. Diese wurde bisher wohl schon deshalb nicht diskutiert, weil kaum jemand davon ausgeht, dass Börsenkurse in ganzen Zeiträumen durch rein spekulative Elemente „verfälscht“ sein können.

---

391 BGH DB 2001, 969, 972.

392 BVerfG ZIP 1999, 1436, 1442.

393 BGH DB 2001, 969, 972.

Die Eliminierung von Bubbles stellt sich im übrigen auch deshalb als nahezu aussichtslos dar, da unklar ist, welche Anlageziele und Anlagehorizonte die Handelsteilnehmer mit ihren Transaktionen verfolgen. Wenn eine Kursverschiebung von langfristig orientierten Anlegern ausgelöst wurde, besteht eine größere Vermutung der Dauerhaftigkeit, als wenn das Kursniveau von vorrangig kurzfristig orientierten Akteuren verschoben wurde, die nach einer schnellen Gewinnchance suchen. Die zugrundeliegenden Entscheidungsmuster agierender oder potentieller Marktteilnehmer beruhen dabei neben den bereits beschriebenen psychologischen Elementen als innere Entscheidungskriterien auch auf äußeren, kurzfristig nicht veränderbaren Determinaten der Entscheidungsfindung, die im folgenden kurz dargestellt werden sollen. Nur mit dem Verständnis der gesamten zugrundliegenden Entscheidungsabläufe der Marktteilnehmer kann eine sachgerechte Beurteilung des Aussagegehaltes des Börsenkurses erfolgen.

dd. Externe Einflüsse auf Handlungsstrategien

Anhand der in Details möglicherweise unscharfen Unterscheidung zwischen Privat- und institutionellen Anlegern, vor allem Banken, Versicherungen und Fondsgesellschaften, sollen die Entscheidungsabläufe und -kriterien dieser Marktteilnehmer untersucht werden, um weitere mögliche Kurseinflussfaktoren festzustellen. Per definitionem sollen beide Anlegergruppen allerdings nur insoweit Beachtung finden, wie es um die unmittelbare Anlage in Aktien geht. Mögliche Interdependenzen der Gruppen, die etwa dadurch auftreten, dass Privatanleger durch Investitionen in Fondsgesellschaften, durch regelmäßige Beiträge zur Alterssicherung in Aktienfonds, diese mit finanziellen Mitteln versorgen und damit mittelbar deren Anlageverhalten steuern, bleiben aus Vereinfachungsgründen außer Betracht. Unabhängig davon verdeutlicht bereits die Existenz solcher Interdependenzen die Komplexität der Börse und ihrer Einflüsse.

(1) Privatanleger

Privatanleger bestimmen individuell, in welche Aktien sie investieren. Bei ihren Anlageentscheidungen können sie sich dabei auf eigenen Researchaktivitäten stützen und/oder Empfehlungen von Banken, Investmenthäusern oder Dritten ggf. verbunden mit mehr oder weniger kritischen eigenen Bewertungen der Empfehlungen übernehmen. Die Höhe des bereits investierten und des zukünftig maximal noch zu investierenden Kapitals bestimmt sich dabei einerseits nach dem dafür vorhandenen Kapitalstock des Individuums andererseits nach dessen individueller Risikoneigung. So ist etwa der Anteil junger Aktienbesitzer trotz des im Regelfall niedrigeren Kapitalstockes wegen der im Durchschnitt niedrigeren Risikoaversion regelmäßig höher als der älterer Marktteilnehmer. Letztere haben durch die Notwendigkeit, bereits jetzt oder in naher Zukunft aus dem angesparten Vermögen Entnahmen zur Pensionsversorgung zu tätigen eine zwangsläufig höhere Risikoaversion. Kurzfristige Kursschwankungen und mögliche Kursstürze können bei der älteren Generation nicht mehr durch langen Zeitablauf ausgeglichen werden, sondern beeinflussen direkt die Gestaltung des Lebensabends.[394]

(2) Institutionelle Anleger

Die Aktienauswahl bei institutionellen Anlegern bestimmt sich durch den mit der Anlage verfolgten Zweck, der regelmäßig in der Gewinnmaximierung bestehen dürfte und den in diesem Zusammenhang bestehenden äußeren und internen Restriktionen des Anlageverhaltens.[395]

(a) Gesetzlicher Rahmen

Die Anlagetätigkeit von Versicherungsgesellschaften und Kapitalanlagegesellschaften im Sinne des § 1 KAGG, ist wegen des besonderen Schutzbedürfnisses für die einbezahlten und investierten Gelder nach den Vorschriften des VAG bzw. KAGG sowohl der Höhe als auch den möglichen Anlageformen gesetzlich beschränkt. Versicherungsunternehmen ist nach § 54a Abs. 2 Nr. 5 VAG der Erwerb von zum amtlichen Handel zugelassenen Aktien nur erlaubt, wenn der Erwerb dieser Unternehmenspapiere zu keiner höheren Beteiligung als 10 % des Nennbetrages der Gesellschaft führt. Nicht in amtlichen Handel notierte Aktien können nach § 54a Abs. 2 Nr. 5a VAG nur dann Kaufobjekte sein, wenn das Unternehmen seinen Sitz in der Europäischen Union hat, es dem Versicherungsunternehmen einen nach den Vorschriften für Kapitalgesellschaften aufgestellten und geprüften Jahresabschluss zur Verfügung stellt und sich auch zukünftig zu jedem Bilanzstichtag zur Vorlage eines derartigen Jahresabschlusses verpflichtet.

Kapitalanlagegesellschaften im Sinne des KAGG dürfen unter bestimmten Bedingungen neben Aktien aus dem amtlichen Handel oder aus einem in einem EU- oder EWR- Mitgliedsstaat organisierten Markt bis zu 10 % des von ihnen verwalteten Wertpapier-Sondervermögens gemäß § 8 Abs. 2 Nr. 1 KAGG auch in Aktien außerhalb des amtlichen Handels oder dem sog. organisierten Markt investieren.

---

[394] Deshalb auch der gutgemeinte Rat seriöser Finanzberater, sich zu Rentenbeginn durch Umschichtungen von Aktien in Renten oder Fonds von der Börsenentwicklung unabhängiger zu machen, um Planungsstabilität für zu tätigende Entnahmen zu gewinnen.

[395] So führt Westerfelhaus NZG 2001, 673, 676 aus: „Subjektiver Anlagezwang von Fonds treibt den Preis nach oben, subjektiver Verkaufszwang nach unten." Um die Preisbildung zu verstehen und einschätzen zu können, sind die Umstände, die zu solchen Zwängen führen können, näher aufzuklären.

Nach § 8a Abs.3 KAGG dürfen Kapitalanlagegesellschaften Anteile desselben Ausstellers nur erwerben bis ihnen auf maximal 10 % der gesamten Stimmrechte zustehen. Nach § 8c KAGG können diese Werte in Ausnahmefällen zwar überschritten werden, grundsätzlich sind diese Ausnahmetatbestände aber restriktiv auszulegen. Von gesetzlichen Beschränkungen weitgehend frei in ihren Anlageentscheidungen sind mithin nur solche institutionellen Anleger, die weder dem VAG noch dem KAGG unterliegen, wozu insbesondere die Banken mit ihrem sogenannten Eigenhandel gehören, solange die für das Fortbestehen als Bank erforderlichen Vorschriften des KWG erfüllt werden.

(b) Externe Einflußfaktoren

Neben den nur ausschnittsweise benannten gesetzlichen Beschränkungen treten weitere externe Einflüsse, die die Anlagepolitik der Gesellschaften beeinflussen. Hierbei ist insbesondere der Mittelzufluss zu zählen. Will ein institutioneller Anleger durch seine Anlageentscheidungen nicht nur das bereits von ihm verwaltete Kapital umschichten, sondern tatsächlich neu investieren, benötigt er neue finanzielle Mittel. Diese werden ihm durch den Verkauf von Fondanteilen an Privatanleger bzw. den Abschluss von Versicherungsverträgen zur Verfügung gestellt.

Bei Versicherungsunternehmen, bei denen der Versicherungsnehmer regelmäßig keinen Einfluss auf die konkrete Mittelverwendung hat, stärkt der Mittelzufluss die Anlagemöglichkeiten der die Versicherungsprämien vereinnahmenden Versicherungsspartenunternehmen.[396] Der Versicherungsnehmer hat keine Möglichkeit, mit seinen Prämien besondere Anlageziele z.B. eine Anlage in bestimmte Aktien zu verfolgen, sondern unterwirft sich der Auswahl der Versicherer.

Mittelzuflüsse bei Fondsgesellschaften kommen stets dem Fond zugute, dessen Anteile durch die Anleger erworben wurden. Anders als Versicherungen können Fonds im Rahmen der gesetzlichen Bestimmungen je nach Ausrichtung völlig unterschiedliche Anlageziele verfolgen, die den Anlegern auch bekannt gegeben werden können. So ist vorstellbar, dass sich Fonds ihre Investitionen auf bestimmte Länder, Branchen, Indizes oder auch Handelssegmente beschränken und dies bereits in der Fondbezeichnung deutlich machen. Der Anleger kann z. T. bereits aus dem Fondsnamen erkennen, in welche Länder, z.B. DWS-Deutschland, DekaLux-USA, DIT-Euroaktien, Branchen, z.B. DWS-Internet-Aktien, Invesco-Telecom A, DIT-Biotechnologie oder Indizes, z.B. DWS Neuer Markt Deutschland, investiert wird. Ggf. können die Namen auch mit weiteren Zusätzen wie „Blue Chips“ oder „Small Caps“ kombiniert werden und das Anlageziel weiter

---

[396] Angesichts der bei Versicherungen herrschenden Spartentrennung in unterschiedliche, von einander abgegrenzte Unternehmen ist eine Vermischung von Beiträgen z.B. der Kapitallebensversicherung mit denen anderer Sparten ausgeschlossen.

konkretisieren. Nicht in das vorgegebene Anlagekonzept passende Anlagemöglichkeiten werden, selbst wenn sie chancenreich sind, nicht wahrgenommen. Die Bezeichnung des Fonds dient den Anlegern daher als erste Informationsquelle über das zu erwerbende Produkt.

(c) Interne Einflussfaktoren

Institutionelle Anleger sind, ebenso wie Privatanleger, primär auf eine möglichst hohe Rendite des eingesetzten Kapitals fixiert. Eine hohe Rendite sichert bei Fondsgesellschaften ebenso wie bei Versicherungsunternehmen die Attraktivität des angebotenen Produktes und generiert weitere Mittelzuflüsse, die wiederum zu einer Steigerung der Einnahmen der Gesellschaften, etwa aus Verwaltungsgebühren, führen. Deren Höhe bemisst sich regelmäßig als Prozentsatz des verwalteten Vermögens und fällt unabhängig von der im Ergebnis tatsächlich erzielten Rendite an.

Um eine möglichst hohe Rendite auf das eingesetzte Kapital zu erreichen, müssen die internen Strukturen institutioneller Anleger derart ausgestaltet sein, dass den maßgeblichen Entscheidungsträgern alle erhältlichen und für die zu treffenden Anlageentscheidungen wesentlichen Informationen vorliegen, um diese möglichst risikolos zu treffen. Neben den bereits erwähnten Researchaktivitäten[397] lassen sich Sicherheits-, gekoppelt mit Renditeaspekten durch eine Delegierung von Entscheidungs- und Auswahlkompetenzen entweder auf einzelne Mitarbeiter auf Basis detaillierter Handlungsvorgaben oder auf Gremienentscheidungen optimieren. Eine größere Freiheit zur Auswahl von Anlageobjekten für einzelne Mitarbeiter der Gesellschaften korrespondiert dabei mit deutlich höheren Mißbrauchsrisiken.[398] Desto mehr Anlageentscheidungen auf Gremien übertragen werden, umso langsamer kann die Gesellschaft auf neuere Entwicklungen am Markt und im Unternehmen reagieren. Bei sogenannten Trading-Fonds, die durch kurzfristige Spekulation Rendite erzielen wollen, besteht daher zwangsläufig die Notwendigkeit, Entscheidungsabläufe auf einzelne Mitarbeiter oder bewegliche und damit zwangsläufig kleine Anlageteams zu übertragen.

(3) Vorhersehbarkeit von Anlageverhalten

Um zukünftiges Anlageverhalten von Privat- oder institutionellen Anlegern vorhersehen und abschätzen zu können, ist festzustellen, ob und unter welchen Be-

---

397 Vgl. oben unter **4 a aa**.

398 So schaffte es der Börsenmakler Nick Leason durch spekulative Geschäfte mit Optionsscheinen die traditionelle englische BARINGS-Bank mit dadurch entstandenen Milliardenverbindlichkeiten in den Ruin zu treiben.

dingungen diese Marktteilnehmer handeln und damit ggf. zukünftig für die Realisierbarkeit eines bestimmten Börsenkurses sorgen.

Die Entscheidungskriterien von Privatanlegern lassen sich dabei, ohne Kenntnis vom individuellen Erwartungswert dieser Anleger, deren Risikoneigung und/oder der Höhe des zur Verfügung stehenden Anlagekapitals nicht hinreichend sicher bestimmen. Wenn man Anlageverhalten von Privatanlegern vorhersehen will, müsste man nicht nur deren durchschnittliche individuelle Verhältnisse kennen, sondern wissen, unter welchen Bedingungen die Anleger Transaktionen durchführen. Unterstellt, man könnte diese Informationen durch empirische Untersuchungen und Demoskopie zusammentragen, bleibt die Frage, ob sich nicht damit nur rationales Verhalten vorhersehen lässt. Wegen der oftmals fehlenden Kenntnis von alternativen Anlageformen ist das Verhalten von Privataktionären tatsächlich allerdings nur begrenzt rational.[399] In der Beurteilung verbleiben daher schon wegen der mangelnden Vorhersehbarkeit irrationaler Verhaltensmuster erhebliche Unsicherheiten.

Der Einfluss institutioneller Anleger auf die Kursbildung könnte eher nachvollziehbar sein, wenn sich Mittelumfang und Mittelverwendung aus Geschäftsberichten und/oder den nach bekannten Anlagezielen dieser Anleger quantifizierbar machen ließen. In Geschäftsberichten von Fondgesellschaften werden die einzelnen Transaktionen der Öffentlichkeit allerdings erst nach Abschluss des Geschäftsjahres mitgeteilt. Konkrete Schlussfolgerungen auf das zukünftige Anlageverhalten des Fonds lassen sich daraus nicht ableiten. Die von Versicherungen verfolgten Anlagestrategien sind aus öffentlich zugänglichen Quellen ebenfalls nicht einzuschätzen, da regelmäßig nur die erwirtschaftete Rendite nicht aber deren Zustandekommen mitgeteilt wird. Selbst wenn man anhand der gemeldeten Mittelzuflüsse den möglichen Investitionsumfang institutioneller Anleger kennt, bleibt unklar, welcher Teil dieser Mittel überhaupt in Aktienanlagen fließt. Entscheidungen zu einzelnen Transaktionen sind ohne Kenntnis der internen Entscheidungsvorgänge auch bei institutionellen Anlegern nicht vorhersehbar. Es lässt sich im einzelnen daher nicht nachvollziehen, welche Ziele institutionelle Anleger mit ihren Anlagen verfolgen und ob diese Ziele der Aussagekraft des Börsenkurses und damit seiner Verwendbarkeitr zur Ermittlung der Abfindung im Einzelfall entgegenstehen. Die Unterscheidung zwischen Privat- und institutionellen Anlegern kann die Bewertung der Brauchbarkeit des Börsenkurses daher offensichtlich nicht merklich erleichtern.

ee. Fehlerquellen der Entscheidungsfindung

In den bisherigen Ausführungen nur am Rande berücksichtigt, ist im folgenden

[399] Vgl. dazu Dette, S. 157 und auch dessen umfangreiche Ausführungen ab S.96 ff.

näher zu untersuchen, ob Irrtümer der Marktteilnehmer und Unvollkommenheiten bei der Entscheidungsfindung Einfluss auf die Aussagekraft und damit die Verwendbarkeit des Börsenkurses als Abfindungsgrundlage haben.

Falsche oder fehlende Informationen über das Unternehmen bzw. über andere mittelbare oder unmittelbar kursrelevante Umstände können Auslöser für nicht durch die Unternehmensentwicklung gerechtfertigte Kursschwankungen sein. Auch objektiv richtige Informationen können durch die Marktteilnehmer entweder nicht wahrgenommen oder fehlinterpretiert werden. Ob Fehlleistungen bei der Informationsverarbeitung auftreten, hängt maßgeblich von der Informationsaufnahme- und -verarbeitungsfähigkeit des jeweiligen Individuums ab. Hierbei ist es notwendig, die unternehmensspezifischen Informationen aus der bestehenden Informationsflut herauszufiltern, diese richtig zuzuordnen und entsprechend ihrer Bedeutung zu gewichten. Ob und wie dieser Prozess der Informationsverarbeitung gelingt, hängt insbesondere vom bisherigen Wissenstand und den bereits gesammelten Erfahrungen bei der Informationsverarbeitung ab. Je weniger Erfahrungen Anleger über die Unternehmen, deren geschäftliche Entwicklung und Wahrnehmung an der Börse besitzen, desto eher können bei ihnen Fehlvorstellungen über den gerechtfertigten Börsenkurs „ihres Unternehmens" auftreten. So kann ein Börsenkurs trotz gerade veröffentlichter guter Unternehmensergebnisse und damit zu erwartenden steigenden Kursen sinken, wenn das Ergebnis, auf den ersten Blick für Laien nicht offensichtlich, durch Einmaleffekte oder „Bilanzkosmetik" erreicht wurde oder wegen schlechter Unternehmensaussichten zukünftig nicht mehr erreichbar erscheint.[400]

Für eine effektive Informationsverwertung sind Informationen nicht nur mit ihrer größtenteils vergangenheitsorientierten Aussagekraft zur Kenntnis zu nehmen, sondern gerade auf ihre möglichen Auswirkungen für die zukünftige Entwicklung des Unternehmens zu überprüfen. Bei der dabei vorzunehmenden Bewertung kann angesichts der Komplexität von Unternehmen und Unternehmensentwicklungen nicht sichergestellt werden, dass individuelle Einschätzungen von Anlegern zutreffen und/oder mit den Einschätzungen des übrigen Marktes und somit der weiteren Kursentwicklung übereinstimmen. So verfügen die meisten Privatanleger nicht über die Zeit und die Möglichkeiten für eine umfassende Informationserfassung und –verarbeitung. Neben den Kosten der Informationsbeschaffung sind Informationen wegen des dazu notwendigen Zeitaufwands im übrigen immer auch mit Opportunitätskosten verbunden. Gerade Privatanleger nehmen Unternehmensinformationen daher im Regelfall nur einzeln und somit bruchstückhaft wahr. Fehler bei der Bewertung der Informationen und den daraus rational zu ziehenden Schlussfolgerungen sind dann fast unvermeidlich.

400 Unabhängig davon stellt sich nach den in letzter Zeit aufgetretenen Bilanzskandalen bei Enron oder Worldcom stets die Frage, ob die veröffentlichten Unternehmensinformationen/Bilanzen überhaupt zutreffend sind.

Im übrigen haben auch „Börsenprofi's“ erhebliche Probleme, zukünftige Kursentwicklungen mit Hilfe verfügbarer Informationen einzuschätzen und vorherzusehen. Den meisten erfahrenen Börsenprofis gelingt es, empirisch belegt, nicht, mit einer eigenen Anlagestrategie vorhandene Marktindizes outzuperformen.[401] Ein bezeichnendes Bild auf die Vorhersehbarkeit von Börsenkursen wirft eine 2000 veröffentlichte Studie des Max Planck- Institutes für Bildungsforschung. Darin haben von ahnungslosen deutschen Passanten ausgewählte Aktien eine bessere Kursentwicklung als die von Börsenexperten empfohlenen Papiere gezeigt.[402] In den Vereinigten Staaten entwickeln sich erstaunlicher Weise die von einem Affen zufällig ausgewählten Unternehmenspapiere regelmäßig besser als ein von einem erfahrenen Anlageprofi eines Wertpapierhauses gemanagte Aktienportefeuille. Für Deutschland bestätigte der für die RTL- Fernsehsendung „Spiegel TV“ veranstaltete Wettbewerb zwischen dem Schimpansen „Johnny“ und dem Wertpapierexperten Ulrich Stockheim ebenfalls eine mit Abstand bessere Aktienperformance des Affen- Portfeuilles. Während der studierte Volkswirt und Geschäftsführer der Anlegerzeitschrift „Das Wertpapier“ mit seinem Depot mit den seiner Meinung nach besten Aktien der Welt von April bis Juli 2001 eine Wertentwicklung von -2,55 % erreichte, erzielte Affe Johnny mit seinen aus einer Lostrommel gezogenen Aktien eine Entwicklung von +22,31 %.[403]

Die in den letzten Jahren stattgefundenen Entwicklungen am deutschen Kapitalmarkt haben daher offensichtlich nicht dazu geführt, dass die Börsenkurse deutscher Aktien mit Hilfe der vorhandenen Informationen berechenbarer geworden sind. Sogar auf einem hoch entwickelten Kapitalmarkt wie dem amerikanischen sind zukünftige Kursentwicklungen nicht prognostizierbar. Börsenkurse sind und das macht das vorgenannte Phänomen bis zu einem gewissen Grade erklärlich, von weiteren u.a. psychologischen Einflüssen nicht zu trennen. Trotz des Erfolgess von Affe Johnny im „Spiegel-TV“- Börsenduell lässt sich anhand der verfügbaren Informationen über die Unternehmen nämlich nicht behaupten, dass der Affe tatsächlich die aus Unternehmenssicht besseren Aktien im Depot hatte.[404]

Zukünftige Kursentwicklungen lassen sich im übrigen auch nicht aus der Beobachtung vergangener Kursabläufe vorhersehen, wie es seit langen Jahren die sog. Technische Analyse versucht.[405] Diese Theorie unterstellt, dass Börsenkurse in regelmäßig wiederholenden Trends verlaufen, so dass die Beobachtung vergangener

---

401 So etwa Lorie/Dodd/Hamilton, S. 75 in einer Untersuchung für den amerikanischen Markt.

402 Studie veröffentlicht am 18. März 2000. Schlussfolgerung aus dieser Untersuchung: „Wer keine Ahnung von Aktien hat, kann damit mehr Geld verdienen als die Experten.“

403 Genaue Daten unter www.stern.de/sterntv/aktuell/2000/47/boersenduell.html.

404 So hatte etwa die Aktie Picturetel, die sich in dieser Zeit fast verdoppelt hat, ein KGV von weit über 100, was weit über dem der Aktien des Experten Stockheim lag. Bei einer nach KGV's orientierten Sichtweise hätten daher nach objektiven Gesichtspunkten entweder Picturetelaktien fallen oder die Aktien von Stockheim steigen müssen.

405 Vgl. Dette, S. 41 ff.; Bienert, S. 110; Perridon/Steiner, S. 209.

Kursabläufe auf zukünftige Ereignisse schließen lasse.[406] Zur Berechenbarkeit künftiger Kursentwicklungen würde es demnach ausreichen, bestehende Trends bzw. sich abzeichnende Trendwechsel frühzeitig zu erkennen und entsprechend danach zu handeln. Ob allerdings tatsächlich ein sich fortsetzender Kurstrend vorliegt oder die Stimmung demnächst wechselt, kann die Technische Analyse nicht vorhersagen. Wenn die aufgrund einer „Aufwärtstrendlinie" prognostizierte Kurssteigerung ausbleibt oder eine „Unterstützungslinie" gebrochen wird, wird vielmehr ein neues charttechnisches Zeichen generiert, dass die bisherigen Aussagen ggf. auf den Kopf stellt. Die Beschäftigung mit Trendlinien, Umkehrformationen und Widerstandslinien vermittelt daher zwar einen pseudowissenschaftlichen Eindruck, eine objektive mathematisch exakte Grundlage fehlt ihr allerdings. Für Anlageentscheidungen kann die Technische Analyse daher nur dann zu einem möglichen Entscheidungsfaktor werden, wenn sie infolge ihrer Verbreitung und Befolgung in Anlegerkreisen ihrerseits Kursbewegungen auslöst, auf die ggf. reagiert werden könnte.[407]

Als Zwischenergebnis ist daher festzustellen, dass derzeit mit der notwendigen Verlässlichkeit und Sicherheit nicht zu ermitteln ist, welchen Einfluss strategische bzw. nur durch Psychologie zu erklärende Überlegungen der Marktteilnehmer auf den Börsenkurs haben. Wegen der Möglichkeit wechselnder Marktstimmungen kann nicht ausgeschlossen werden, dass zukünftig ein völlig anderes Zusammenspiel psychologischer Elemente für das Zustandekommen des jeweiligen Börsenkurses verantwortlich ist. Rückt man die psychologischen Aspekte in den Vordergrund, erscheint der Börsenkurs noch immer als ein den teilweise rational nicht begründbaren Launen und Meinungen der Marktteilnehmer entspringendes, zeitpunktbezogenes, der Höhe nach eher zufälliges Produkt. Die bis zum DAT/Altana-Beschluss des Bundesverfassungsgerichtes geäußerten Bedenken[408] behalten daher auch weiterhin ihre Berechtigung.[409]

d. Informationseffizienz

Ein Markt ist informationseffizient, wenn die auf ihm erzielten Preise zu jedem Zeitpunkt alle verfügbaren Informationen richtig und vollständig widerspiegeln.[410] Auf einen informationseffizienten Aktienmarkt müssten die Börsenkurse folglich alle das Unternehmen betreffenden Nachrichten wiedergeben. Umso näher der Aktienmarkt dieser Vorstellung kommt, desto mehr spiegeln die Kurse die reale Unternehmenssituation wider und umso weniger kann der Kurs durch falsche Vor-

---

406 Dette, S. 41 ff.; Perridon/Steiner, S. 209.

407 Ausführlich dazu Dette, S. 53.

408 Vgl. oben Fußn. 3 dabei insbesondere BGH AG 1967, 217.

409 A.A. Steinhauer, AG 1999, 299, 305 f.; Luttermann, ZIP 1999, 45, 47.

410 Lorie/Dodd/Hamilton, S. 63; Süchting, S. 397 ff.; Bienert, S. 24.

stellungen von Marktteilnehmern beeinflusst werden.

In der betriebswirtschaftlichen Theorie werden 3 mögliche Zustände von Informations- bzw. Kapitalmarkteffizienz, unterteilt in schwach, mittel und stark, unterschieden.[411] Bei der strengen Form der Kapitalmarkteffizienz wird angenommen, dass unabhängig von einer Veröffentlichung alle vorliegenden unternehmensrelevanten Informationen bereits im Börsenkurs enthalten und eingepreist sind, mithin der Markt die gesamte objektiv vorhandene Informationslage zutreffend widerspiegelt.[412] Eine mittlere Effizienz soll vorliegen, wenn der Börsenkurs die veröffentlichten und damit am Markt allgemein verfügbaren Informationen enthält.[413] In einem nur schwach effizienten Markt soll sich der Börsenpreis allein aus der Verarbeitung aller bisherigen Informationen aus der Vergangenheit bilden. Schlüsse auf zukünftige Entwicklungen sollen hieraus nicht abgeleitet werden können.[414]

aa. Voraussetzungen für Informationseffizienz

Als Voraussetzungen für einen informationseffizienten Markt werden in der Literatur die kostenlose Bereitstellung von Informationen und eine rationale, d.h. zutreffende Informationsverarbeitung genannt.[415] Für die Informationsbeschaffung und –aufnahme fallen allerdings stets Kosten an, die zumindest in Opportunitätskosten bestehen. Auch die Beeinflussbarkeit menschlichen Denkens und der zur richtigen Informationsverwertung notwendige Erfahrungsschatz sprechen gegen das Vorliegen dieser Voraussetzungen. Durch die Vielzahl der Informationen, die, durch die modernen Medien blitzschnell verbreitet, tagtäglich von Unternehmen, Analysten und sonstigen Marktteilnehmern oder -beobachtern auf die Anleger einprasseln, ist eine Selektierung und rationale Verarbeitung der Informationsflut[416] für die meisten der Marktteilnehmer daher nicht oder nur begrenzt zu leisten. Das selbst hochprofessionell operierende Anleger regelmäßig keine höhere Rendite als die Marktindizes erzielen können[417] lässt, entgegen der Annahme

[411] Steinhauer, AG 1999, 299, 304 f.; Coenenberg in Busse von Colbe/ Coenenberg, S. 106 f.; Hamann, S. 21 ff.
[412] Steinhauer, AG 1999, 299, 304.
[413] Süchting, S. 397.
[414] Süchting, S. 397.
[415] Gerke/Bank, S. 72 f.; Steinhauer, AG 1999, 299, 305.
[416] Insbesondere bei Unternehmen vom Neuen Markt war es eine zeitlang üblich, jeden erhaltenen Auftrag und jede Kooperation durch eine Unternehmensmeldung zu veröffentlichen. Zwangsläufig mussten sich daher beim Anlegerpublikum gerade im Vergleich zu eher zurückhaltenden Unternehmen falsche Vorstellungen über die Unternehmensqualität und dessen Zukunftsaussichten entwickeln. Gleichzeitig wurde der Vorwurf laut, solche Meldungen gezielt zu benutzen, um den Aktienkurs in die gewünschte Richtung zu beeinflussen.
[417] Vgl. oben S. 103 und Fußn. 401 f.

Steinhauers[418], keinen zwingenden Schluss auf eine hohe Markteffizienz und damit einen hohen Aussagegehalt des Börsenkurses zu. Dass die Profi´s trotz ihres erheblichen Recherche-Know-Hows keine Überrenditen erzielen können, dürfte nämlich nicht daran liegen, dass der Markt bereits alle Unternehmensinformationen im Kurs verarbeitet hat, sondern daran, dass weitere auch für Profi´s nicht vorhersehbare, irrationale Einflüsse auf die Kurse bestehen und Fehler bei der Informationsgewinnung und –auswertung auftreten. Die Performancevergleiche von Schimpanse und Finanzmarktexperten haben eindrucksvoll gezeigt, dass sich mit auf Informationen basierenden unternehmensbezogenen Analysen allein keine bessere Performance als bei wahlloser Auswahl von Unternehmenspapieren erzielen lassen. Die am Aktienmarkt herrschende Informationseffizienz und der Einfluss von Psychologie stehen offensichtlich in einer engen Wechselwirkung. Umso informationseffizienter der Markt ist, umso weniger besteht für Anleger Anlass, aus rein psychologischen Gesichtspunkten etwa aufgrund von Vermutungen zu handeln. Umso weniger Informationen im Markt vorhanden sind, umso eher müssen sich Marktteilnehmer als Ersatz für eine sichere Entscheidungsbasis auf Spekulationen und ihren „Instinkt“ verlassen.

bb. Informationseffizienz am deutschen Aktienmarkt

Gegen eine starke Informationseffizienz des deutschen Aktienmarktes spricht der bereits erwähnte, nicht nur auf Deutschland zutreffende Umstand, das einem Teil von Marktteilnehmern eine umfangreiche Informationsrecherche entweder zu (zeit-)aufwendig und/oder zu kostspielig ist. Die Kosten der Informationsbeschaffung veranlassen zum Beispiel ausländische Investoren, nur in ausgewählte gut recherchierbare oder bereits anderweitig gut recherchierte deutsche Aktienwerte zu investieren. Wenn Anleger keine, unvollständige oder unzutreffende Informationen haben, sich auf fremde Informationsauswertungen verlassen bzw. verlassen müssen oder an sich zutreffende Informationen auf Grund eigener soziokultureller Prägung oder vermeintlichen Wissens oder Erfahrungen falsch interpretieren, entsprechen die auf dieser Basis getroffenen Anlageentscheidungen, objektiv gesehen, nicht der Informationslage. Dabei lässt sich weiter zwischen bewusster Inkaufnahme von Informationsnachteilen etwa aufgrund von geringer Risikoaversität oder starker psychologischer Beeinflussung und unbewussten Fehlentscheidungen durch Marktteilnehmer differenzieren. In welchem Verhältnis diese Gruppen dabei zueinander stehen, lässt sich mangels Daten allerdings nicht feststellen.

Für eine allenfalls mittlere bis schwache Informationseffizienz des deutschen Aktienmarktes sprechen die in Deutschland wie auch in anderen Ländern verschie-

---

418 So insbesondere Steinhauer, AG 1999, 299, 306, der zusätzlich eine hohe Liquidität als Grundvoraussetzung für eine hohe Markteffizienz ansieht.

dentlich aufgetretene, vom Markt oftmals recht spät wahrgenommenen Unternehmenskrisen und –skandale. So wurden beim traditionellen Maschinenbau- und Metallhandelsunternehmen Metallgesellschaft AG durch Fehlspekulationen bei Öltermingeschäften auftretende Risiken und Verbindlichkeiten den Anlegern erst bekannt, als das Unternehmen Anfang der Neunziger Jahre wegen der dadurch erlittenen Milliardenverluste fast vor dem Aus stand. Bei dem mittlerweise insolventen Bauunternehmen Philipp Holzmann AG wurden im November 1999 der Öffentlichkeit nach einem bereits überwunden geglaubten 3 Milliarden DM Wertberichtigungsbedarf aus dem Jahre 1997 und einer vom Vorstand noch im Sommer angekündigten schwarzen Null weitere 2,4 Milliarden DM Abschreibungsbedarf bekannt, was zur Überschuldung führte.[419] Die Aufzählung lässt sich erheblich erweitern, wenn man die in letzter Zeit vermehrt bekannt werdenden Geschehnisse um Unternehmen des Neuen Marktes einbezieht. In vielen dieser Fälle war es, z.T. verursacht durch kriminelle Energie der Beteiligten, symptomatisch, dass die den negativen Unternehmensnachrichten zugrundeliegenden Fakten für den Markt sehr spät bekannt wurden, für die Marktteilnehmer überraschend waren und sofort nach Mitteilung zu erheblichen Kursabschlägen führten.

So vermeldete etwa das am Neuen Markt notierte, mittlerweise ebenfalls insolvente Dokumenten-Management-Unternehmen Ceyonic am 11. März 2002 für das Jahr 2001 einen Umsatz von 100 bis 103 Millionen Euro und einen Verlust von 110 Millionen Euro. Noch in der vorangegangenen Mitteilung zum 3. Quartal 2001 hatte das Unternehmen die positiven Aussichten für das Gesamtjahr 2001 betont.

Der Kurs der Ceyonic-Aktie, der sich in den Monaten vor der Veröffentlichung bereits seitwärts/abwärts bewegt hatte, fiel daraufhin in den nächsten Tagen unter hohen Umsätzen um mehr als 66 %. Aus dem als **Abbildung 1** eingefügten Aktienchart lässt sich die Reaktion des Marktes auf diese unerwartete Nachricht ablesen, auch wenn bereits seit Anfang Februar 2002 eine deutliche Abwärtsbewegung erkennbar ist. Wäre der Markt tatsächlich hochgradig informationseffizient, hätte sich die Unternehmensentwicklung bereits im 4. Quartal 2001 allerdings spätestens Anfang 2002, als alle Zahlen für das Geschäftsjahr 2001 verfügbar waren, im Aktienkurs widerspiegeln müssen.

---

419 Vgl. dazu FAZ vom 20. November 1999, S. 17.

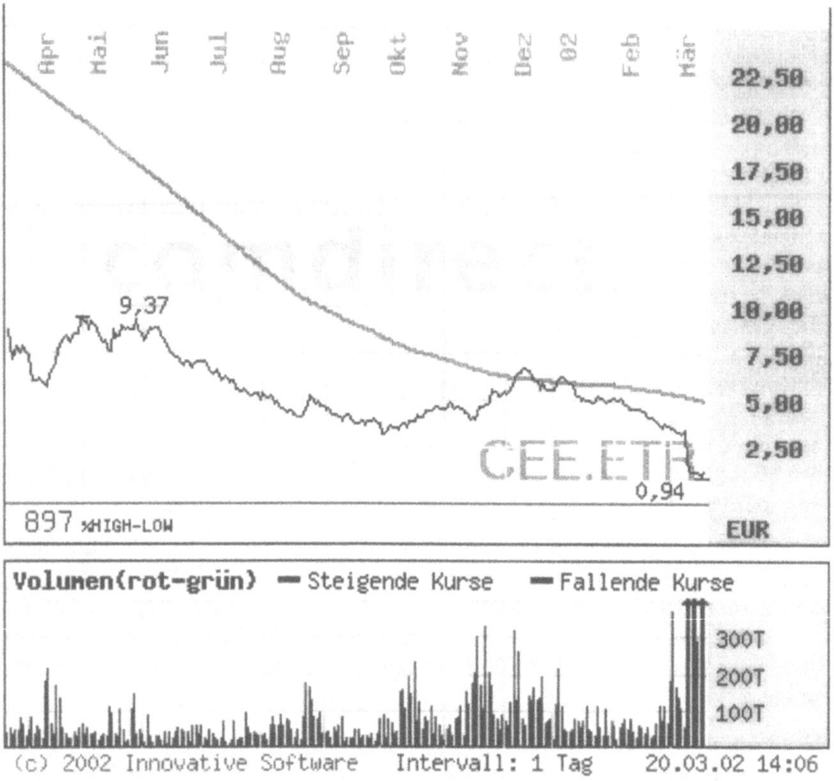

(Abbildung 1)

Das Beispiel zeigt deutlich, dass die Informationsverarbeitung am Aktienmarkt erst dann in konsequenter Weise stattfindet, wenn die unternehmensintern verfügbaren Informationen veröffentlicht werden. Die Vorstellung, der Aktienmarkt könne Entwicklungen, die durch Unternehmensvorstände teilweise bewusst verschwiegen oder durch Nachlässigkeit[420] nicht zur Kenntnis genommenen wurden, vorwegnehmen, erscheint vor diesem Hintergrund nicht nachvollziehbar.

Gegen eine starke Informationseffizienz am deutschen Aktienmarkt auch die in § 14 WpHG weiterhin als notwendig erachteten Insiderhandelsverbote. Insidern ist es danach verboten, unter Ausnutzung ihrer etwa als Mitarbeiter oder Partner des

---

[420] So mussten etliche Unternehmen des „Neuen Marktes“, teilweise mit Marktkapitalisierungen in ehemals mehrstelliger Millionenhöhe, wegen Fehlern im innerbetrieblichen Controlling Fehlbuchungen bzw. Bilanzierungsfehler eingestehen.

notierten Unternehmen erlangten Kenntnisse von kursbedeutsamen Unternehmensinterna Unternehmenspapiere zu erwerben, solche Tatsachen anderen mitzuteilen oder den Erwerb von Unternehmenspapieren anderen zu empfehlen. Die Notwendigkeit der nach § 38 WpHG mit Strafe bewehrten Regelung wird durch verschiedentlich durch die Presse gegangene Insider-Skandale mit Beteiligung von Vorständen, Aufsichtsratsmitgliedern oder deren Beratern immer wieder nachgewiesen.[421] Am mit Abstand spektakulärsten dürfte dabei der Fall eines Kölner Oberbürgermeisterkandidaten gewesen sein, der kraft seiner Kenntnisse als Aufsichtsratsmitglied eines Unternehmens mit kommunaler Beteiligung lukrative Insiderspekulation betrieb und daraufhin auf seine Kandidatur verzichten musste. Vor diesem Hintergrund können selbst die auf eine verbesserte Unternehmenspublizität abzielenden, z.T. als Umsetzungen von EG-Richtlinien ergangene gesetzlichen Vorschriften zur Verbesserung der Transparenz an den Kapitalmärkten[422] zu keiner wesentlichen Verbesserung des Informationsstandes der Anleger führen.

Letztlich verhindern auch die in ihrer Wechselwirkung mit der Informationseffizienz bereits dargestellten psychologischen Einflüsse auf den Börsenkurs eine unmittelbare Abbildung der verfügbaren Informationen in den Kursen. Der Börsenkurs kann den verfügbaren Informationsstand nicht abbilden, wenn sich die Marktteilnehmer aus psychologischen, ggf. sogar irrationalen Erwägungen nicht in der Lage sehen, den Kurs dem Informationsstand anzupassen. So treten Verzerrungen zwischen der Informationslage und der Kurshöhe etwa dadurch auf, dass Marktteilnehmer aus psychologischen Erwägungen Aktien nur ungern unter dem Einstandspreis, d.h. mit Verlust, verkaufen, um sich nicht das Scheitern ihrer Aktienstrategie einzugestehen und bisherige Buchverluste realisieren zu müssen.[423] Die daraus folgende Tendenz, vorhandenen Hoffnungen einen größeren Platz einzuräumen als realen Informationen führt bei negativen Informationen zu einer tendenziellen Kursüberhöhung. Bei für den Markt unerwartet schlechten Unternehmensnachrichten sind allerdings auch Szenarien zu beobachten, in denen kurzfristig erhebliche Kursabschläge erfolgen, die sich der Höhe nach durch die Nachricht nicht rechtfertigen lassen. Erst nach einer gewissen Zeit stabilisiert sich der Kurs ggf. auf einem der Nachricht angemessenen Niveau. Die Ursache für derartige „Übertreibungen" ist, dass enttäuschte Anleger, die sich zum Zeitpunkt des Bekanntwerdens der Nachricht von ihren Aktien trennen wollen, keine adäquaten

[421] Anhaltspunkte für Insiderhandel können sich bei auffälligen Kursbewegungen vor kursbewegenden Nachrichten ergeben. So stiegen die Aktien des Internet- Spiele-Anbieters E.Multi AG wenige Stunden vor Veröffentlichung von Übernahmeabsichten am Abend des 6. März 2002 um rund ein Drittel an. Das Bundesaufsichtsamt für Wertpapierhandel leitete daraufhin eine Voruntersuchung ein.

[422] Näher dazu Schwark, FS für Lutter, 1520, 1540 f.

[423] Derartige Verhaltensweisen sind gerade bei Privatanlegern feststellbar, die damit eigenes Geld verlieren und dies sich vor sich selbst, ggf. auch vor Familie oder Freunden verantworten müssen.

Käufer finden und daher weitergehende Kurszugeständnisse machen müssen. Die Investitionsneigung in Unternehmen mit gerade veröffentlichten schlechten Nachrichten ist verständlicher Weise nämlich gering.[424]

Das Argument der Befürworter des Börsenkurses, dass durch die Kapitalmarktentwicklung in Deutschland nunmehr eine zufriedenstellende Informationseffizienz des deutschen Aktienmarktes besteht[425], kann daher im Ergebnis nicht bestätigt werden. Die Bedenken gegen die Verwendbarkeit des Börsenkurses bleiben daher auch insoweit weiter bestehen.

e. Marktumfeld und Markteinordnung

Gegen die Verwendbarkeit des Börsenkurses könnten im übrigen auch die im Kurs möglicherweise berücksichtigte allgemeine Marktlage/Marktverfassung und die Markteinordnung sprechen. Die die Verwendbarkeit des Börsenkurses ablehnenden Urteilen stellten dabei darauf ab, dass der Börsenkurs zu sehr von nicht unternehmenswertbezogenen Einflüssen wie politischen Ereignissen, Gerüchten, allgemeiner Börsentendenz beeinflusst werde und deshalb für die Abfindungsermittlung nicht tauglich wäre.[426] Ob diese Bedenken tragen oder durch die Entwicklung des Aktienmarktes in Deutschland inzwischen ausgeräumt sind, ist im folgenden zu überprüfen.

aa. Allgemeine Marktlage

Bei Betrachtung langfristiger Kurscharts lässt sich nachvollziehen, dass politische Ereignisse die Börse beeinflussen. Merkliche Kursrückgänge waren zum Beispiel bei Beginn des Golfkrieges, der Entmachtung Gorbatschows zu Beginn der Neunziger Jahre sowie den Terroranschlägen auf das World Trade Center in New York am 11. September 2001 genauso festzustellen wie bei Bundestagswahlen oder Ankündigungen bestimmter Regierungsvorhaben.

Die Allianz AG als einer der größten Sachversicherer der Welt verlor etwa infolge der Ereignisse des 11. September 2001 kurzzeitig knapp 30 % ihres Aktienwertes, um dann im folgenden mit dem allgemeinen Markttrend wieder anzusteigen.

---

[424] In einer Börsenregel umschrieben als der Grundsatz: „Never catch in a falling knife."
[425] Steinhauer, AG 1999, 299, 306,
[426] BGH AG 1967, 264; OLG Düsseldorf AG 1995, 85, 86.

(Abbildung 2)

Die feststellbare Abhängigkeit der Börsenkurse von politischen Ereignissen spricht allerdings dann nicht gegen den Börsenkurs als Wertmesser, wenn die Ereignisse oder Vorhaben tatsächlich unmittelbare und mittelbare Auswirkungen auf das jeweilige Unternehmen und/oder die ganze Volkswirtschaft haben. So kann es im Zuge der Globalisierung und sich ausbauender internationaler Wirtschaftsbeziehungen wegen der globalen Wirkzusammenhänge und Abhängigkeiten nicht mehr egal sein, ob irgendwo auf der Welt Kriege geführt werden oder drohen, Regierungen stürzen oder wiedergewählt werden, Wirtschaften und Finanzsysteme zusammenbrechen oder prosperieren. Direkt oder indirekt würde eine Vielzahl von Unternehmen, sei es auf der Rohstoff- bzw. Zuliefererseite und/oder auf der Absatzseite von einer eventuellen Krise betroffen sein bzw. könnten an Erfolgen partizipieren. Weltwirtschaftliche Einflüsse machen sich im übrigen für jeden Unternehmer auf der Finanzierungsseite bemerkbar, wenn sich weltweit Kreditzinsen verändern oder Banken aufgrund bestimmter Vorkommnisse höhere Sicherheiten bei der Kreditvergabe fordern. Es ist daher nur konsequent und nachvollziehbar, wenn Börsenkurse als Reaktion auf politische Ereignisse steigen oder fallen. Wenn sich die tatsächlichen Auswirkungen auf Unternehmen zum Zeitpunkt des Ereignisses noch nicht absehen lassen und die bisherigen Erwartungen des Marktes daher unsicher werden, werden ceteris paribus Kursanpassungen erforderlich. So war bei der Allianz AG nach den Ereignissen am 11. September 2002 unklar, welche Schäden durch den Einsturz der Zwillingstürme in Manhattan aufgetreten sind, wie viele der Schäden ihrerseits rück- und damit anderweitig versichert waren, welche Auswirkungen der Einsturz auf andere Versicherungsbereiche haben würde und ob nicht noch weitere Anschläge mit weiteren, ggf. noch verheerenderen Schäden drohen würden.

Im Unterschied zu einer normalen (Ertragswert-) Bewertung in einem monatebzw. jahrelang angefertigten Bewertungsgutachten reagieren Börsenkurse damit, ohne dass eine rationell abgewogene Berücksichtigung langfristiger Entwicklungen und anderen Einflussgrößen der Unternehmensentwicklung im Lichte der kurzfristigen Nachrichten erfolgt, heftiger auf Nachrichten. Kurzfristige Schwankungen vor dem Hintergrund weltpolitischer Ereignissen werden dadurch erklärlich und verlieren ihre Unberechenbarkeit. Handelt es sich dagegen um längerfristig ergebniswirksame Ereignisse, muss ceteris paribus auch die durch das Ereignis ausgelöste Kursveränderung länger fortwirken. In diesem Fall müsste allerdings auch bei konventioneller Unternehmensbewertung eine Einbeziehung der Tatsache entweder bei der Ertragserwartung oder der Risikoeinschätzung erfolgen.

Der Einfluss politischer Ereignisses auf die Kursbildung spricht somit wegen der bei kurzfristiger Betrachtungsweise tatsächlich bestehenden Auswirkungen auf den Unternehmenswert nicht ohne weiteres die Heranziehung des Börsenkurses als Wertmesser. Ob kurzfristige Schwankungen die auf für das Unternehmen irrelevante Nachrichten erfolgen, zu eliminieren sind, bedarf allerdings noch näherer Betrachtungen.

bb. Markteinordnung

Unter Markteinordnung kann man einerseits die Zugehörigkeit zu bestimmten Marktsegmenten und andererseits zu innerhalb dieser Segmente gebildeten Indizes verstehen. Diese sollen im folgenden getrennt behandelt werden.

(1) Zugehörigkeit zu Handelssegmenten

Die Einordnung in die Marktsegmente amtlicher Handel, geregelter Markt oder Freiverkehr führt durch das unterschiedlich große Anlegerinteresse und die daraus folgende unterschiedliche Liquidität zu differierenden Kursentwicklungen und

Kursschwankungen. Gerade ausländische und große inländische Investoren bevorzugen, soweit sie dazu nicht ohnehin gesetzlich verpflichtet sind[427], den amtlichen Handel wegen seiner hohen Liquidität und Transparenz. Durch das damit einhergehende geringere Interesse großer Anleger und die daraus folgende geringere Liquidität am geregelten Markt oder dem Freiverkehr ist es dort regelmäßig viel schwieriger, Transaktionen zu einem gewünschten Börsenkurs zeitnah durchzuführen. Wenn Marktteilnehmer in diesen Segmenten auf Handel angewiesen sind, zum Beispiel dringender Liquiditätsbedarf besteht, kommt es wegen der dann notwendig werdenden Zugeständnisse gegenüber der Gegenseite zu größeren Kursschwankungen, als wenn viele transaktionsbereite Marktteilnehmer vorhanden wären.[428] Ein ggf. bestehender Unterschied zwischen einem solchen Börsenkurs und dem bei Anwendung des Ertragswertverfahren festgestellten Unternehmenswert ist trügerisch, da ersterer auf der Zwangssituation des Verkäufers beruht und nicht durch einen liquiden Handel gestützt wird.

Die unterschiedslose Assoziation des geregelten Marktes bzw. Freiverkehrs als im Vergleich zum amtlichen Handel umsatzschwächeres Handelssegment ist allerdings nicht angebracht. So weckte der Neue Markt als Teil des Freiverkehrs wegen seinem Anspruch als Börsensegment für wachstumsstarke, innovative Unternehmen bei den Anlegern bereits frühzeitig erhebliches Interesse. In Zeiten der Wachstumseuphorie der New Economy Ende der Neunziger Jahre konnte daher auch die Notierung am Neuen Markt wegen des dadurch entstehenden Anlegerinteresses kurs- und liquiditätsbestimmend wirken. Der Wechsel von Unternehmen in dieses Segment führte in den Jahren 1999/2000, ohne dass sich die zugrundeliegende Unternehmensstory oder die Unternehmenskennzahlen fundamental veränderten, zu zumindest kurzfristig steigenden Kursen.[429] Die Kurssteigerungen dürften dabei neben dem höheren Anlegerinteresse und der daraus folgenden steigenden Liquidität maßgeblich durch die schon wegen der Segmentszugehörigkeit und dem Segmentimage höheren Ertragserwartungen der Marktteilnehmer bedingt sein. Seit dem Kursverfall am Neuen Markt findet sich auch die gegenläufige Tendenz, bei der ein Segmentswechsel vom Neuen Markt in den Geregelten Markt oder Freiverkehr mit Kursaufschlägen „belohnt" wurde. Bei den meisten der Unternehmen, die insbesondere aus Kostengründen das Segment wechselten[430] oder als sog. Penny-Stocks durch die Deutsche Börse AG zwangsweise entfernt wurden, ließen sich solche Kursbewegungen allerdings nicht mehr feststellen.

---

427 Vgl. oben S. 98.

428 Vgl. oben S. 85 f.

429 So geschehen etwa beim Wechsel des Telefonherstellers Tiptel AG an den Neuen Markt. Der Kurs stieg bereits im Vorfeld der Aufnahme von etwa 10 auf 35 Euro je Aktie.

430 Durch die Beachtung der Vorschriften des Regelwerkes zum Neuen Markt, insbesondere die Einhaltung der damit verbundenen Publizitätspflichten sowie das Erfordernis zweier „Designated Sponsors" entstehen dem Unternehmen Kosten, die leicht bei 250.000 Euro pro Jahr liegen können.

(2) Indexzugehörigkeit

Festzustellen ist auch, ob die Einordnung von Unternehmen in durch die Deutsche Börse AG bereitgestellte Indizes, etwa den DAX, MDAX, SDAX oder NEMAX 50 zu tendenziell höheren Kursen führt, als wenn die Gesellschaft nicht darin notiert wäre. Eine empirische Untersuchung von Kurseffekten bei Indexauf- und Indexentnahmen im DAX 100 durch Gerke, Arneth und Fleischer stellte in Übereinstimmung mit bereits existierenden Untersuchungen des amerikanischen Kapitalmarktes bei einer Indexaufnahme Überrenditen von bis zu 9 % und negative Renditen etwa in gleicher Höhe bei einer Indexentnahme fest.[431] Der sogenannte Indexeffekt ist nach den Ergebnissen dabei nicht nur kurzfristig feststellbar, sondern war überwiegend während der Indexzugehörigkeit permanent vorhanden.[432] Der Börsenkurs eines in einem Index notierten Unternehmens enthält damit neben der Wertschätzung des Marktes, die dem Unternehmen als solchem entgegengebracht wird, eine an der Zugehörigkeit zu einem Aktienindex orientierte Komponente. Wegen der Vergleichbarkeit der Indizes lässt sich diese nicht nur für den DAX 100 sondern in unterschiedlicher Ausprägung auch für den DAX 30, M-DAX, NEMAX 50, SDAX oder SMAX feststellen.[433] Ein Grund dafür, dass es sich bei Indexeffekt um eine nur für den DAX 100 typische Erscheinung handeln könnte, ist nicht ersichtlich.

Ursache für das sich dauerhaft verändernde Kursniveau bei Auf- und Entnahmen dürften indexorientierte Anleger sein, die mit ihrem Portefeuille einen bestimmten Index mit dessen Gewichtung der zugehörigen Unternehmen nachbilden. Durch die im Vergleich zu sonstigen Anlagestrategien regelmäßig bessere Performance von Indizes[434], der daraus resultierenden vermeintlichen Sicherheit für Kapitalanleger sowie der Einfachheit und Nachvollziehbarkeit der Anlagestrategie vereinigen diese meist institutionelle Anleger erhebliche Kapitalsummen auf sich. Um ihre Strategie beizubehalten, müssen die Anleger bei Indexzugängen bzw. –abgängen, die betroffenen Aktien kaufen bzw. diese veräußern. Welchen Einfluss die Mitgliedschaft in einem Index auf die Kursbewertung eines Unternehmens haben kann, lässt sich durch einen Vergleich zwischen in einem Index notierten und nichtnotierten Aktien ein und desselben Unternehmens, etwa des Walldorfer Softwareunternehmens SAP, feststellen. Während Vorzugsaktien wegen des meist

---

[431] Gerke/Arneth/Fleischer, ZfB 2001, 45 ff.

[432] Gerke/Arneth/Fleischer, ZfB 2001, 45, 56. Dieser Fakt ist sogar gerichtsbekannt, vgl. etwa LG München I DB 1999, 2458, 2459.

[433] Nach den empirischen Feststellungen des Verfassers sind die Kursveränderungen bei Aufnahme in den DAX 30 am deutlichsten zu erkennen und verlieren bei den übrigen Indizes merklich an Bedeutung. Beim Aufnahme in den S-DAX bzw. den SMAX sind kaum noch der Indexmitgliedschaft zuzuordnende Kurseinflüsse festzustellbar.

[434] Vgl. oben S. 103 und Fußn. 401.

fehlenden Stimmrechtes auf der Hauptversammlung und der im Gegenzug dafür nur unerheblich höheren Dividende gegenüber den Stammaktien regelmäßig, teilweise sogar recht deutlich unter dem Kurs der Stammaktie notieren[435], notierten die dem DAX zugehörigen SAP- Vorzüge bis zu ihrer Umwandlung in Stammaktien im Jahre 2001 etwa 30 % über den Stammaktien, die keinem Index angehörten. Die ebenfalls bis zu ihrer Umwandlung in Stammaktien im DAX notierten MLP- Vorzugsaktien notierten zeitweise sogar 50 % höher als die Stammaktien.[436] Auch in anderen Indizes sind derartige Beispiele feststellbar. So hatte etwa die im M-DAX notierten Fresenius-Vorzüge zeitweise einen Kursaufschlag von über 30 % gegenüber den Stammaktien. Die bis zu ihrer Umwandlung in Stammaktien im M-DAX notierten Südzucker-Vorzüge notierten dagegen nur ca. 10 % höher als die Stammaktien.[437]

Ob die festgestellten Abweichungen in voller Höhe mit dem Indexeffekt gleichgesetzt werden können, erscheint wegen der zwischen den einzelnen Unternehmen bei gleicher Indexzugehörigkeit bestehenden Unterschiede zweifelhaft. Es ist daher zu vermuten, dass die Höhe des Indexeffektes index- und auch unternehmensabhängig ist. Gleichzeitig ist festzustellen, dass die Differenz durchaus auch täglichen Schwankungen unterworfen ist.[438]

cc. Markteinordnung als Rechtsposition

Nach den eben getroffenen Feststellungen berücksichtigt der Börsenkurs eines in einem Index vertretenen Unternehmens neben den unter a-d erläuterten indexunabhängigen Kurseinflussgrößen auch die Zugehörigkeit und die Gewichtung des Unternehmens im Index. Isoliert man den Indexeffekt als selbständige Komponente in einem derlei zusammengesetzten Börsenkurs, hat dieser Effekt noch weniger als etwa die psychologische Komponente einen unmittelbaren Bezug zum Unternehmen, sondern misst sich hauptsächlich am Index und dessen Bedeutung in der Anlegerschaft. Es stellt sich daher die bislang nicht erörterte Frage, ob bei der Bestimmung der Abfindungshöhe mittels des Börsenkurses auch der Indexeffekt mit zu erfassen oder als unternehmensfremd zu eliminieren ist. Sollte eine Eliminierung der Komponente erforderlich werden, ist die praktische Umsetzung zu klären.

---

[435] Als Beispiele dafür lassen sich etwa VW Vorzüge oder BMW Vorzugsaktien gegenüber den allerdings im DAX notierten Stammaktien benennen, wobei zum Stichtag 18. April 2002 die Stammaktien 51,5 % bzw. 49,5 % höher notierten.

[436] Daten vom 19. März 2000

[437] Daten vom 19. März 2000.

[438] So notierten die Fresenius Vorzüge am 18. April 2002 nur noch 12 % Prozent über den Stammaktien.

(1) Indexeffekt als Bestandteil der Abfindung

Gegen eine Mitberücksichtigung in der Abfindungsermittlung spricht, dass der Indexeffekt, unterstellt der Börsenkurs wäre nach Ansicht der Rechtsprechung Abfindungsgrundlage, ggf. zu einer unterschiedlichen Abfindung von Vorzugs- und Stammaktionären führt, je nachdem ob Stamm– oder Vorzugsaktien zum Index gehören. Wenn die Vorzugsaktien in einem Index notiert sind, wäre aufgrund des Indexeffektes für die Vorzüge eine im Vergleich zu den Stammaktien höhere Abfindung zu gewähren. Bei der Liquidation der Gesellschaft, bei der Gewinnverteilung oder den Bezugsrechten müssten beide Aktienarten dagegen gleich behandelt werden bzw. kann eine Ungleichbehandlung nur in dem durch die Satzung vorgegebenem Rahmen, zum Beispiel durch eine Vorzugsdividende bzw. fehlendem Stimmrecht erfolgen. Warum bei Zugrundelegung des Börsenkurses Stammaktien eines Unternehmens dessen Vorzüge im DAX oder M-DAX notiert sind, um bis zu 50 % geringer abzufinden wären, will nicht recht einleuchten und lässt sich anhand des bisherigen Verständnisses von Vorzugs- und Stammaktien nicht schlüssig erklären.

Die Zuordnung zu einem Index und damit letztlich der Bestand des Indexeffektes sind ohnehin Gegenstand vierteljährlicher Prüfungen der Deutschen Börse AG, die ein Interesse daran hat, ihre Indizes als Finanzprodukte den möglicherweise veränderten Marktverhältnissen anzupassen und attraktiv zu halten. Weder das einzelne, im Index bereits notierte, noch das um die Aufnahme in den Index werbende Unternehmen und somit noch weniger deren Anteilseigner können im Rahmen des Prüfverfahrens gegenüber der Deutschen Börse AG Ansprüche auf eine Indexzugehörigkeit und die damit ggf. verbundene Chance auf Kurssteigerungen geltend machen. Die Entscheidung der Deutschen Börse AG über Aufnahme, Nichtaufnahme oder Hinauswurf von Unternehmen wird allein durch deren dafür zuständige Gremien getroffen. Den Unternehmen wird dabei weder ein Anhörungs- noch Mitwirkungsrecht gewährt. Angesichts der Auswirkungen von Veränderungen der Indexzusammensetzung auf das zukünftige Kursniveau der betroffenen Unternehmen und den für die Aktionäre erzielbaren Renditen[439] stellt sich mithin die Frage, ob und warum der Indexeffekt im Rahmen der Ermittlung der Abfindung berücksichtigt werden soll, wenn im übrigen kein Schutz für seinen Fortbestand existiert.

Bisher wurde weder in der Rechtsprechung noch in der Literatur und noch nicht einmal durch die sonst so rührigen Aktionärsschützer und betroffene Aktionäre ernsthaft überlegt, ob Aktionären von Unternehmen, deren Indexzugehörigkeit durch Entnahme beendet wird, Entschädigungen für dadurch nachweislich entstandene Kurseinbußen zu gewähren sind.[440] Wie im DAT/Altana-Beschluss des

---

[439] Vgl. die Untersuchung von Gerke/Arneth/Fleischer, ZfB 2001, 45, 55,57.

[440] Vgl. Hellwig, ZGR 1999, 781, 798.

Bundesverfassungsgerichtes ließe sich nämlich argumentieren, dass durch eine Indexentnahme dem Aktionär die Möglichkeit des Verkaufes zu einem höheren Kurs genommen und ihm somit eine Vermögensposition entzogen wird, ohne dass der Deutschen Börse AG ein Recht zur Enteignung zusteht. Wenn durch ein Handeln der Deutschen Börse AG der Börsenwert und mithin unter Zugrundelegung der Ansicht der Verfassungsrichter der Verkehrswert gemindert wird, läge ein Eingriff in das Eigentum vor. Die von den Befürwortern des Börsenkurses propagierte Marktsicht führt somit, konsequent angewandt, zu einem Schutz bestehender Börsenkurse über gesetzlich geregelte Abfindungstatbestände hinaus, was de facto das Ende von DAX und Co. bedeuten würde.

Argumentiert man zugunsten der Deutschen Börse AG, ist bei der Beurteilung des Sachverhaltes darauf abzustellen, dass die Bereitstellung von Indizes gesetzlich nicht geregelt ist, sondern im alleinigen Verantwortungsbereich der Deutschen Börse AG erfolgt. Durch den fehlenden Anspruch der Aktionären auf Schaffung, Mitgliedschaft oder den Fortbestand von Indizes kann es sich bei Indizes und der Indexzugehörigkeit um keine zur Mitgliedschaft am Unternehmen gehörigen und damit mit abzufindenden Rechtsposition handeln. Tatsächlich ist nicht einzusehen, dass durch Investorenumschichtungen entstehenden Kurseinbußen von der Deutschen Börse AG abzufinden sind. Der Unterschied zu den Fällen echter gesellschaftsrechtlicher Abfindung besteht lediglich darin, dass bei den Unternehmensmaßnahmen die Initiative regelmäßig vom abfindungsverpflichteten Unternehmen ausgeht. Im übrigen bleibt es, außer in den Fällen der Eingliederung, den Minderheitsaktionären überlassen, die anzubietende Abfindung zu wählen oder weiterhin Gesellschafter des Unternehmens zu bleiben. Auch insoweit liegt die endgültige Entscheidung über das Ausscheiden als Gesellschafter daher beim Minderheitsaktionär.

Angesichts des durch die jederzeit bestehende Möglichkeit einer Indexentnahme fehlenden Bestandsschutzes des Indexeffektes, ist nicht einzusehen, warum der Indexeffekt bei aktien- bzw. umwandlungsrechtlichen Abfindungstatbeständen plötzlich dem Schutz des Art. 14 Abs.1 GG unterfallen und mit abzufinden sein soll. Um unlösbare Widersprüche bei der Behandlung des Indexeffektes zu vermeiden, kann er somit keine bei den hier behandelten Abfindungstatbeständen mit abzufindende Komponente sein und müsste zur Ermittlung der Abfindung konsequent vom „übrigen" Börsenkurs getrennt werden.

(2) Eliminierung des Indexeffektes

Die Bereinigung eines Börsenkurses um den Einfluss des Indexes dürfte sich trotz der empirischen Ergebnisse von Gerke, Arneth und Fleischer[441] für den DAX 100

441 Gerke/Arneth/Fleischer, ZfB 2001, 45 ff.

als praktisch äußerst kompliziert wenn nicht sogar völlig undurchführbar darstellen.

Solange zwei Aktiengattungen notiert sind, von denen nur eine in einem Index enthalten ist, ließe sich der Wert des Indexzugehörigkeit ggf. durch den Vergleich der Aktien ermitteln. Die direkte Gegenüberstellung kann allerdings nicht dazu führen, dass die Unterscheidung zwischen den unterschiedlichen Aktiengattungen völlig aufgehoben wird. Lediglich unter Vereinfachungsgesichtspunkten ließe sich der Indexeffekt auf mindestens die Differenz einer in einem Index notierten Vorzugsaktie und der nicht indexzugehörigen Stammaktie festmachen. Dem liegt die bereits erörterte Überlegung zugrunde, dass im Regelfall Vorzüge niedriger als Stammaktien notieren. Für das erwähnte SAP-Beispiel hätte das immerhin einen Kursabschlag für die Vorzüge von 1/3 des Kurswertes zur Folge.

Schwieriger wird die Lage, wenn die Stammaktie im Index und die Vorzugsaktie außerhalb notiert ist. In diesem Fall ist zu berücksichtigen, dass Stammaktien schon wegen des Stimmrechtes regelmäßig höher als Vorzugsaktien notieren. Ob feststellbare Kursunterschiede auf den unterschiedlich ausgeprägten Mitgliedschaftsrechten beruhen oder auf die Indexzugehörigkeit zurückzuführen sind, ließe sich, verbunden mit erheblichen Unsicherheiten nur im Vergleich mit ähnlichen Fällen feststellen, soweit es solche überhaupt gibt. Ebenso aussichtslos und unsicher dürfte die Situation sein, wenn von einer indexnotierten Aktie nicht zwei Gattungen existieren oder nur eine an der Börse notiert ist. Als Ausweg könnte hier letztlich nur eine Schätzung weiterhelfen. Dazu müssten wiederum geeignete Schätzgrundlagen vorhanden sein, an denen es wegen der generell zurückgehenden Bedeutung von Vorzugsaktien allerdings mangelt. So sind beispielsweise im NEMAX 50 nur Stammaktien enthalten, ohne dass absehbar ist, ob die zumeist recht jungen Unternehmen Vorzugsaktien einführen. Wollte man hier die Indexkomponente aus einem Vergleich mit anderen in ähnlichen Bereichen arbeitenden, aber nicht indexzugehörigen Unternehmen gewinnen, treten zwangsläufig Abweichungen vom tatsächlich bestehenden Indexeffekt auf. Eine überzeugende Heraustrennung des Indexeffektes aus dem Börsenkurs ist in den überwiegenden Fallgestaltungen praktisch nicht zu leisten.

Der nicht genau quantifizierbare Einfluss der Indexzugehörigkeit auf den Börsenkurs spricht, da sich die Höhe des Indexeffektes regelmäßig nicht ermitteln lassen wird, daher gegen eine Verwendung des Börsenkurses als Wertmesser.

5. Zusammenfassung

Bedingt durch Schätzirrtümer der Marktteilnehmer, Psychologie und die allein durch die Deutsche Börse AG als Anbieterin von Indizes beeinflussbare Indexzugehörigkeit fließen in den Börsenkurs unternehmensfremde Aspekte ein, die sich der Höhe nach nicht erkennen und isolieren lassen. Da es weder einen Anspruch des Unternehmens noch seiner Anteilseigner auf eine Abfindung für den Verlust der Indexzugehörigkeit, den Fortbestand von Marktirrtümern oder bestehenden psychologischen Einflüssen gibt, ist zweifelhaft, ob ein derart zusammengesetzter Börsenkurs nicht ohne Modifikation als Abfindungswert zugrunde gelegt werden kann. Unverständlich wäre insbesondere, warum einzeln nicht geschützte Bestandteile des Börsenkurses in der Abfindungsermittlung im Aktien- bzw. Umwandlungsrecht plötzlich für den Minderheitsaktionär eine abzufindende Rechtsposition darstellen. Wollte man aus dieser Erkenntnis heraus die nicht abfindungspflichtigen Bestandteile des Kurses isolieren, ginge das, wenn überhaupt, nur durch Schätzung. Die dazu erforderlichen Schätzgrundlagen wären vor allem bei der Marktpsychologie und dem Indexeffekt gänzlich unbekannt und/oder der Höhe nach vollkommen unsicher. Der Börsenkurs liefert vor diesem Hintergrund im Vergleich zu konventionellen Bewertungsgutachten keine genauere Wertbestimmung des Anteilswertes. Wegen der verschiedenartigen Einflussfaktoren, die das Zustandekommen von Börsenkursen beeinflussen, ist vielmehr unklar, welchen unternehmensbezogenen Aussagegehalt der Börsenkurs überhaupt hat.

II. Verfassungsrechtlicher Schutz des Börsenkurses ?

Aus den bisherigen Ausführungen ergibt sich, dass der Börsenkurs nur zum Teil durch das Unternehmen und seine wirtschaftliche Entwicklung bestimmt wird, im übrigen aber einem mehr oder weniger zufälligen Zusammenspiel von Liquidität, Psychologie, Markteinordnung und Informationseffizienz unterworfen ist. Betrachtet man einen zustande gekommenen Börsenkurs, stellt sich neben der bereits beantworteten Frage nach der Aussagekraft dieses Kurses die Frage nach seinem verfassungsrechtlichen Schutz, aus dem sich unabhängig von den bisherigen Betrachtungen ein verfassungsrechtliches Gebot zur Abfindung zu Börsenkursen ergeben könnte.

1. Schutz aus Art. 14 Abs. 1 GG

Als thematisch einschlägiges Grundrecht kommt wie beim Anteilseigentum[442] vorrangig die Eigentumsgarantie aus Art. 14 Abs. 1 S. 1 GG in Betracht. Der Börsenkurs ist, solange er noch nicht durch einen Verkauf realisiert wurde, allerdings noch keine erworbene Rechtsposition und könnte daher als bloße Erwerbschance nicht von Art. 14 Abs.1 GG erfasst werden.[443] Ein verfassungsrechtlicher Schutz von Erwerbschancen kommt in Ausnahmefällen allerdings auch dann in Betracht, wenn der Unternehmer auf den Fortbestand der günstigen Gegebenheiten auf Dau-

---

[442] Vgl. die Ausführungen zu **C II 1 a**.

[443] Vgl. Nachweise unter Fußn. 176.

er oder zumindest für einen Gewissen Zeitraum in schutzwürdiger Weise vertrauen durfte und in diesem Vertrauen Investitionen/Aufwendungen getätigt hat.[444]

Beim Kauf von Aktien erwirbt der Käufer die Mitgliedschaft am Unternehmen mit allen aus der Mitgliedschaft folgenden Rechten. Die Möglichkeit, Aktien über die Börse zu veräußern, ergibt sich dabei nicht unmittelbar aus den Vorschriften des Aktiengesetzes, sondern erfordert die Zulassung der Gesellschaft zum Handel an der Börse und setzt daher einen Antrag der Gesellschaft und die Erfüllung der für die Notierung erforderlichen gesetzlichen Vorgaben voraus.[445] Wegen der prinzipiell auch ohne Börse bestehenden Verkaufs- oder Kaufmöglichkeiten von Aktien stellt die Börsennotiz für den Veräußerer und den Erwerber lediglich eine Erleichterung dar, auf deren Beantragung und deren Fortbestand man nicht ohne weiteres vertrauen kann. Die Notierung des Unternehmens an der Börse gehört daher nicht zum Kern des verfassungsrechtlich geschützten Anteilseigentums.[446]

Der Inhaber von Aktien hat, soweit nicht ein Geschäft bereits zustande gekommen ist, unter Zugrundelegung der genannten Schutzbereichsdefinition im übrigen ohnehin keinen (verfassungsrechtlichen) Anspruch auf eine Abwicklung zu einem bestimmten Börsenkurs oder einem diesem möglichst nahenstehenden Kurs. Die Kursbildung insgesamt und somit die Veräußerungsmöglichkeit im einzelnen unterliegen den freien Marktgesetzen von Angebot und Nachfrage und sind nur in ihrem äußeren Geschehensablauf gesetzlich geregelt. Ob eine Veräußerung zu einem bestimmten Zeitpunkt möglich ist, hängt von der in diesem Moment bestehenden Nachfrage nach der Aktie ab, liegt also als in der Summe nicht vorhersehbarer autonomer Entscheidungen Dritter außerhalb des Einflussbereiches des Verkäufers. Wegen der börsentäglich festzustellenden Veränderungen von Kursen und der Flüchtigkeit der durch Kursveränderungen ausgelösten Wertschwankungen ist ein für den Aktionär günstiger Börsenkurs keine schützenswerte Rechtsposition. Auf den Fortbestand eines derartigen Kurses, der sich nur für die in diesem Moment verkaufenden Aktionäre tatsächlich realisiert hat, kann daher auch kein schutzwürdiges Vertrauen gebildet werden. Der Börsenkurs fällt daher nicht in den Schutzbereich von Art. 14 Abs. 1 S. 1 GG.

2. Schutz aus Art. 12 Abs. 1 GG

Der Börsenkurs als zukünftig ggf. zu realisierender Wert könnte in den Schutzbereich des Art. 12 Abs. 1 GG fallen. Art. 12 Abs.1 GG schützt die Möglichkeit des Erwerbs, unabhängig davon ob es sich um eine selbständig oder unselbständig ausgeübte Berufstätigkeit handelt, garantiert und sichert allerdings keine Erwerbs-

[444] Papier in Maunz- Dürig- Herzog, Art. 14 GG Rn.102; Badura, AöR 98 (1973), 153, 165.
[445] Vgl. dazu Ausführungen unter **I. 2 c aa-cc**.
[446] So zutreffend LG München DB 1999, 2458, 2462; Martinius/Schiffer, DB 1999, 2460, 2462.

höhe.[447] Die Möglichkeit, ein Geschäft zu einem bestimmten Preis bzw. die Möglichkeit überhaupt ein bestimmtes Geschäft abzuschließen, fällt dagegen nicht in den Schutzbereich des Art. 12 Abs. 1 GG[448], wobei diese dogmatische Einordnung aus der Rolle des Art. 12 Abs. 1 GG als liberales Freiheits- bzw. Abwehrrecht der Bürger gegen staatliche Eingriffe folgt[449]. Eine verfassungsrechtliche Gewährleistung des Erfolges der durch Art. 12 Abs. 1 GG geschützten Tätigkeiten wäre im übrigen durch die Legislative, Exekutive und Judikative als Adressaten der Grundrechtsgewährleistungen ohnehin nicht zu leisten. Der Börsenkurs und dessen zukünftige Realisierbarkeit für den Verkäufer wird daher durch Art. 12 Abs. 1 GG nicht geschützt.

3. Verfassungsrechtlicher Schutz des Börsenkurses bei Abfindungen ?

Zusammenfassend ist anhand der bisherigen Überlegungen feststellen, dass ein festgestellter Börsenkurs verfassungsrechtlich weder von Art. 14 Abs. 1 GG noch von Art. 12 Abs. 1 GG geschützt ist. Dieses Ergebnis überrascht, da das Bundesverfassungsgericht im DAT/Altana-Beschluss die Berücksichtigung des Börsenkurses bei der Abfindungsermittlung als durch Art. 14 Abs.1 GG geboten ansah, ohne sich vertieft mit dem Schutz des Börsenkurses im Lichte der bisher zu Art. 12 Abs. 1 GG und Art. 14 Art. 1 GG ergangenen Rechtsprechung zu beschäftigen. Es stellt sich daher die Frage, ob die DAT/Altana–Entscheidung auch hinsichtlich der verfassungsrechtlichen Bewertung des Börsenkurses ein Paradigmenwechsel darstellt und insoweit Neuland betritt. Hierzu sollen im folgenden die vom Bundesverfassungsgericht in der Entscheidung vertretenen Thesen näher untersuchen.

III. Thesen des Bundesverfassungsgerichts

Die bisherigen Ausführungen haben verdeutlicht, dass der Börsenkurs einen für die Abfindungsproblematik recht zweifelhaften Aussagegehalt aufweist, teilweise aus rechtlich völlig ungeschützten Komponenten besteht und die Realisierbarkeit eines in der Vergangenheit festgestellten Kurses nicht dem Schutzbereich des Grundgesetzes unterfällt. Anhand des Beschlusses des Bundesverfassungsgerichtes soll nunmehr untersucht werden, ob die dort vorgeschlagene, durch Oberlandesgerichte und BGH im folgenden konkretisierte Konzeption einer Mindestabfindung in Höhe des Börsenkurses gerechtfertigt ist oder bei ihrer Anwendung zu einer ungerechtfertigten Vermögensverschiebung zu Lasten der abfindungsver-

---

447 Scholz in Maunz-Dürig, Art.12 GG Rn. 38, 44 ff.; v.Münch/Kunig-Gubelt, Art. 12 GG Rn. 17.

448 Scholz in Maunz-Dürig, Art. 12 GG Rn. 38, 44 ff.

449 Scholz in Maunz- Dürig, Art. 12 GG Rn. 38.

pflichteten Gesellschaft bzw. deren Aktionäre/Gesellschafter führt. Letzteres wäre bedenklich, wenn dadurch das Eigentumsrecht der abfindungsverpflichteten Gesellschaften bzw. ihrer Aktionäre/Gesellschafter ohne verfassungsrechtliche Rechtfertigung ohne Rechtfertigung unangemessen beschnitten werden würde.

Die unter **A II 3** bereits erwähnten Aussagen des Bundesverfassungsgerichtes:

1. Der Verkehrswert ist Untergrenze der vollen (angemessenen) Abfindung.
2. Der eintretende Vermögensverlust für den Minderheitsaktionär beläuft sich auf den Verkehrswert.
3. Der Verkehrswert ist regelmäßig mit dem Börsenkurs identisch.
4. Der Börsenkurs der abfindungsverpflichteten Gesellschaft ist bei der Abfindungsermittlung nicht als Obergrenze anzusetzen.

sollen vor dem Hintergrund der bisherigen Ausführungen nunmehr genauer auf ihre Überzeugungskraft untersucht werden.

1. Verkehrswert als Untergrenze der Abfindung ?

Eine allgemeingültige Definition des Verkehrswertes ergibt sich aus § 194 BauGB. Der Verkehrswert bestimmt sich demnach durch den Preis, der sich im gewöhnlichen Geschäftsverkehr nach den rechtlichen Gegebenheiten und tatsächlichen Eigenschaften des zu bewertenden Gutes ohne Rücksicht auf in diesem Zeitpunkt bestehende ungewöhnliche oder persönliche Verhältnisse ergibt.

Was unter ungewöhnlichen oder persönlichen Verhältnissen zu verstehen ist, ist der auf Grundlage von § 199 BauGB erlassenen WertV 88[450] entnehmen. § 6 Abs. 2 WertV 88 benennt hierzu beispielhaft erhebliche Abweichungen von Kaufpreisen in vergleichbaren Fällen, besondere Interessen und/oder besondere Bindungen der Beteiligten.

Ungewöhnliche und damit bei der Verkehrswertbestimmung nicht zu berücksichtigende Verhältnisse liegen vor, wenn die Preisbildung nicht unter den üblichen Umständen erfolgte, sondern z.B. auf Zwang, Not oder besonderer Rücksichtnahme und damit nicht auf einer in Wahrung der eigenen wirtschaftlichen Interessen der Parteien getroffenen freiwilligen Entscheidung beruht.[451] (Verkehrs-)Wert im

[450] BGBl. I 1988, S. 2209 ff, zuletzt geändert durch Art. 3 Bau- und Raumordnungsgesetz 1998 v. 18. August 1997 (BGBl. I 1997, S. 2081).
[451] Kleiber/Simon, § 6 WertV Rn. 2.

rechtlichen Sinne bedeutet daher nicht den für jedes Individuum individuell zu bestimmenden Nutzen des Gutes, sondern ist als Eigenschaft der zu bewertenden Sache und damit objektiv zu verstehen.[452]

Bei der nach Art. 14 Abs. 3 S. 3 GG erforderlichen Enteignungsentschädigung wird in Rechtsprechung und Literatur diskutiert, ob bei einer hoheitlichen Enteignung von Verfassung wegen der Verkehrswert als Entschädigung vorgegeben[453] ist oder ob in einer Abwägung mit Allgemeinwohlinteressen[454] davon abgewichen werden kann. Anders als bei hoheitlichen Enteignungen geht die Initiative für die abfindungspflichtige Maßnahme regelmäßig vom Mehrheitsaktionär aus, dem der Gesetzgeber zu einer unmittelbar in das Eigentumsrecht der Minderheitsaktionäre eingreifenden Enteignung nach Art. 14 Abs. 3 S. 1 GG keine Kompetenzen verliehen hat.[455] Eine Übertragung der genannten Diskussion auf die Abfindungsproblematik bei Unternehmensverträgen und Eingliederungen erscheint daher nicht angebracht. Zu berücksichtigen ist auch, dass der Vollzug der betreffenden Unternehmensmaßnahme regelmäßig im Interesse des Abfindungsverpflichteten liegt und die Interessen des Staates und somit der Allgemeinheit nicht unmittelbar berührt. Ein reflexartiges Interesse der Allgemeinheit an der Durchführung dieser Maßnahmen besteht nur vor dem Hintergrund staatlichen Strebens nach einer möglichst positiven wirtschaftlichen Gesamtentwicklung. Eine vom Verkehrswert abweichende Bemessung der Abfindung lässt sich daraus wegen der im Einzelfall geringen und zudem in der Wirkung unsicheren Folgen auf die Volkswirtschaft selbst bei großzügiger Betrachtungsweise nicht herleiten. Der Verkehrswert muss daher im Ergebnis Untergrenze der vollen Abfindung sein. Der Minderheitsaktionär ist durch die zu zahlende Abfindung zumindest so stellen, wie sich entsprechend der Verkehrswertdefinition aus § 194 BauGB ein nicht auf außergewöhnlichen Umständen beruhender Preis beim Verkauf der Aktien erzielen ließe. Der Aussage des Bundesverfassungsgerichtes ist daher prinzipiell zuzustimmen.

2. Verkehrswert als eingetretener Vermögensverlust ?

Bei der Eingliederung verliert der Minderheitsaktionär seine Stellung als Aktionär des eingegliederten Unternehmens gegen einen Abfindungsanspruch nach § 320b AktG automatisch durch Eintragung der Eingliederung ins Handelsregister.[456] In den übrigen Abfindungsfällen steht dem Aktionär als echte Alternative entweder die Annahme der angebotenen Abfindung oder ein Verbleib im Unternehmen of-

---

452 Freudling DÖV 1970, 308, 309.

453 BGHZ 119, 62, 68; BGH WM 1989, 1154, 1155.

454 Papier in Maunz/Dürig, Art. 14 GG Rn.607 ff., der hinsichtlich der Entschädigungshöhe einen gesetzgeberischen Gestaltungsspielraum annimmt.

455 BVerfGE 14, 263, 277.

456 Vgl. dazu Timm/Schick, WM 1984, 185, 186.

fen. Der Übergang des Mitgliedschaftsrechts wird in diesen Fällen somit nur mittelbar veranlasst.

Durch den Verlust seiner bisherigen Stellung als Aktionär der Gesellschaft wird dem Minderheitsaktionär die Möglichkeit genommen, seine Aktien am Markt zu verkaufen und daraus einen Verkaufserlös zu realisieren. Der für die Aktien zu erzielende Preis für den/die Verkaufenden bemißt sich dabei danach, was kaufbereite Marktteilnehmer im Verkaufszeitpunkt tatsächlich zu zahlen bereit sind. Unter Berücksichtigung der erörterten Verkehrswertdefinition nach § 194 BauGB könnte der Verkaufspreis somit der zu diesem Zeitpunkt festzustellende Verkehrswert der Aktien sein. Anders als bei der primär auf Grundstücke und andere vergleichsweise dauerhaft wertbeständige Gegenstände fixierten Definition des § 194 BauGB ist allerdings zu beachten, dass der bei einem Verkauf an der Börse realisierbare Kurswert täglich, wöchentlich, monatlich und jährlich der Höhe nach nicht vorhersehbaren Schwankungen unterworfen ist. Wegen der ggf. bestehenden erheblichen Kursunterschiede zu unterschiedlichen Verkaufszeitpunkten, ist der maßgebliche Verkaufszeitpunkt daher möglichst genau zu bestimmen. Als tatsächlich eingetretener Vermögensverlust kann nur derjenige Börsenpreis bezeichnet werden, zu dem nachweisbar ein Verkauf der Aktien möglich gewesen wäre. Verkehrswert und Verkaufserlös stimmen in diesem Falle überein. Auch diese Aussage des Bundesverfassungsgerichtes ist daher grundsätzlich zutreffend.

3. Börsenkurs als Verkehrswert ?

Wenn der Minderheitsaktionär das Anrecht auf den erzielbaren Verkaufserlös durch die abfindungspflichtige Maßnahme verliert, liegt es, zugegeben, auf den ersten Blick nicht fern, zur Bestimmung der Abfindungshöhe einen bereits festgestellten Börsenkurs heranzuziehen. Ein den Anforderungen des BörsG entsprechender Börsenkurs stellt nach § 24 Abs. 2 BörsG nämlich den zu diesem Zeitpunkt größtmöglichen Ausgleich[457] zwischen Angebot und Nachfrage dar.

a. Zeitpunktbezogenheit des ermittelten Börsenkurses

Die aus einem bereits festgestellten Börsenkurs abzuleitende größtmögliche Übereinstimmung von Angebot und Nachfrage bezieht sich grundsätzlich auf den Zeitpunkt der Kursfeststellung. Eine Aussage über die Möglichkeit eines zukünftigen Geschäftes zu genau diesem Preis kann, trotz des engen zeitlichen Zusammenhanges aufeinanderfolgender Kursfeststellungen, wegen der ggf. wechselnden Marktlage und den verschiedenen Einflussfaktoren der Kursbildung nicht ohne weiteres getroffen werden. Nach der in der betriebswirtschaftlichen Literatur vertretenen

[457] Vgl. oben S. 74.

sog. Random-Walk Theorie schwankt jeder zukünftige Kurs der Höhe nach zufällig um den inneren Wert des Unternehmens. Dabei sind die Schwankungen unabhängig von der vergangenen Aktienkursentwicklung und lassen daher sowohl maßlose Über- wie auch Untertreibungen zu.[458] Beispielhaft soll hierzu die Kursentwicklung der Daimler-Chrysler AG betrachtet werden, die verdeutlicht, welchen Kursverwerfungen ein vom Hauptgeschäftsfeld Automobilbau grundkonservatives Unternehmen im Laufe von einem **(Abbildung 3)** bzw. zehn Jahren **(Abbildung 4)** ausgesetzt sein kann.

(Abbildung 3)

Durch die ständigen Veränderungen, denen ein Aktienkurs im Vergleich zu regu-

[458] Vgl. Fama, JoB Vol.38 (1965), 34 ff.; Perridon/Steiner, S. 210; ablehnend jedoch ohne überzeugendes eigenes Konzept Dette, S. 62.

lären Wirtschaftsgüter, etwa von Grundstücken, unterworfen ist, erscheint es unmöglich, den zukünftig möglichen Verkaufswert einer Aktie allein aus Vergangenheitsdaten festzulegen. So lässt sich angesichts der dargestellten Kursbewegungen nicht einschätzen, ob aus bisher nicht bekannten Gründen ein kurz- bzw. langfristiger Kurseinbruch oder –aufschwung bevorsteht. Mit der Kenntnis des zuletzt festgestellten Kurses kann daher, selbst wenn die dazugehörigen Umsätze bekannt sind, nicht ohne weiteres festgestellt werden, wie hoch der für den Minderheitsaktionär realisierbare Verkaufserlös und damit der Verkehrswert der Aktien ist.

(Abbildung 4)

Ein als sicher zu erzielender Verkaufspreis ergibt sich nur dann, wenn sich im Ordersystem bereits derart viele, noch nicht ausgeführte Transaktionsaufträge befinden, dass eingehende Aufträge auch ohne Kurszugeständnisse der Verkäuferseite unmittelbar realisiert werden können. Es kommt daher entscheidend darauf an, auf welchen Zeitpunkt abzustellen ist und wie zu diesem Zeitpunkt die Marktlage ist.

b. Zukunftsbezogenheit des Börsenkurses

Das Bundesverfassungsgericht ist in seinem DAT/Altana-Beschluss von der Realisierbarkeit in der Vergangenheit festgestellter Börsenkurse auch für die Zukunft ausgegangen. Die Ausführungen des Gerichtes beschränken sich dabei auf die Verhinderung offensichtlicher Kursmanipulationen, ohne auf die hier mehrfach erörterte und beispielhaft nachgewiesene generelle Flüchtigkeit von Börsenkursen einzugehen.[459] Die Richter orientierten sich offensichtlich vor allem an den von ihnen in der Entscheidung angeführten Beispielen der Verwendung des Börsenkurses im Steuerrecht gemäß § 11 Abs. 1 BewG, bei Pflichtteils- und Zugewinnansprüchen[460], bei freihändigem Pfandverkauf nach §§ 1221, 1235 BGB oder beim Fixhandelskauf § 376 HGB. Dabei ist allerdings fraglich, ob die Motive des Gesetzgebers bzw. der Gerichte in diesen Bereichen auf den Börsenkurs zurückzugreifen, mit der Abfindungsermittlung im Aktienrecht vergleichbar sind.

aa. Börsenkurs im Steuerrecht

Im Steuerecht soll durch die in § 11 Abs. 1 BewG vorgesehene Verwendung eines stichtagsbezogenen Börsenkurses eine zur Steuerfestsetzung gültige Wertbasis gefunden werden. Eine umfängliche und monatelang andauernde Unternehmensbewertung mit dem Ziel der Ermittlung des richtigen Unternehmens- bzw. Anteilswertes zur Steuerfestsetzung wäre aus Kostengesichtspunkten praktisch nicht durchführbar, zumal bei jeder Steuererhebung laufend neue Bewertungen notwendig wären. Börsenkurse machen für die Finanzverwaltung als Hilfsmittel insbesondere deshalb Sinn, weil sich der Börsenkurs bei der regelmäßig nach dem maßgeblichen Stichtag erfolgenden Festsetzung unmittelbar aus der Kursliste entnehmen lässt. Der Bundesfinanzhof billigt den Vereinfachungseffekt ausdrücklich, indem er es als für die Finanzverwaltung unzumutbar ansieht, zu überprüfen, ob Kurswert und innerer Wert der Aktien übereinstimmen.[461] Aus praktischer Sicht wird damit in Kauf genommen, dass durch Verkauf nicht erzielbare Werte in die Steuerberechnung einfließen,[462] dies sogar selbst dann, wenn es nach dem Stichtag

---

459 Offenbar maßgeblich beeinflusst vom Votum des Vorsitzenden des II. Zivilsenates des BGH Dr. Röhricht, der den in der Vergangenheit festgestellten Börsenkurs ebenfalls als *aktuellen* Verkehrswert der Gesellschaftsbeteiligung einschätzt.

460 Vgl. für Pflichtteilsansprüche Palandt-Edenhofer, § 2311 BGB Rn. 11; MünchKomm-Frank, § 2311 BGB Rn. 19; Staudinger-Haas § 2311 BGB Rn. 111; für den Zugewinnausgleich: Palandt- Diederichsen, § 1376 BGB Rn. 5; Staudinger-Thiele, § 1376 BGB Rn. 32 jeweils mit Verweis auf einen mittleren Tageskurs, a.A. LG Berlin FamRZ 1965, 438, 439, das wegen der Manipulierbarkeit von Börsenkurses auf den inneren Wert abstellt.

461 BFH BStBl. III, S.732.

462 Vgl. Gürsching/Stenger, § 11 BewG, Anm. 70.

zu erheblichen Kurswertverschiebungen kommt.

Die möglichen Auswirkungen der Berücksichtigung des Börsenkurses bei der Besteuerung lässt sich in besonders anschaulicher Weise an der am Neuen Markt notierten Helkon AG aufzeigen, deren Gründer und Mehrheitsaktionär Werner König am 12. November 2000 bei einem Skiunfall ums Leben kam und seinen Aktienanteil seiner Mutter hinterließ. Der Aktienkurs des Filmdistributors sank im folgenden wegen der unsicheren zukünftigen Geschäftsentwicklung des Unternehmens ohne den Gründer als auch durch die Spekulationen auf einen Verkauf des vererbten Aktienpaketes im Zuge der allgemein negativen Börsenentwicklung um teilweise mehr als 95 %. Auffällig ist dabei insbesondere der aus dem Chart (**Abbildung 5**) erkennbare 30 %-ige Kurssturz unmittelbar nach dem Tod von Herrn König.[463]

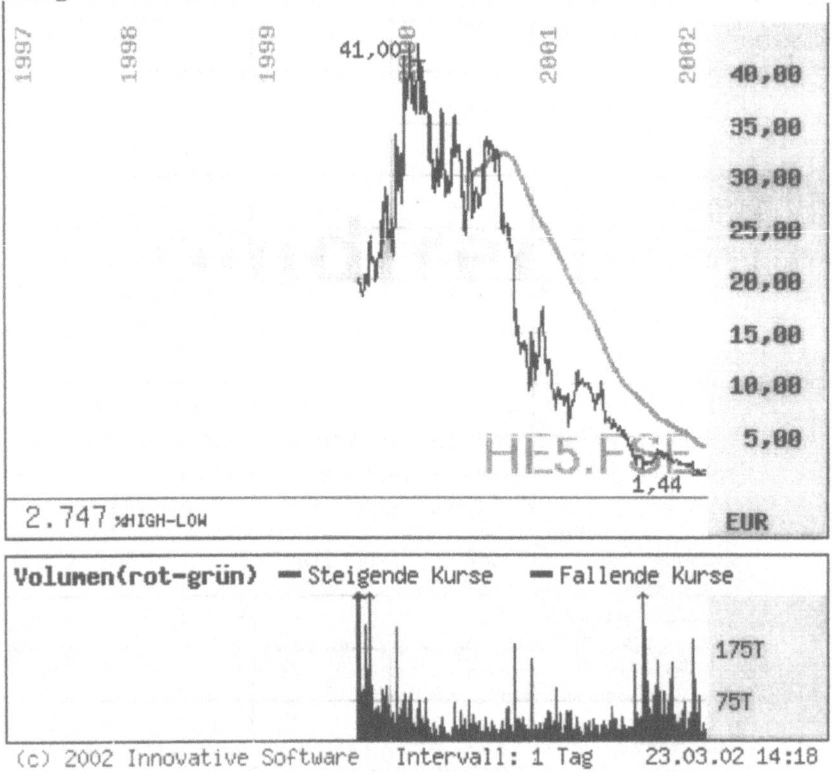

(Abbildung 5)

[463] Eine Mitteilung von dpa am 14. November 2000 trug u.a. auch im Hinblick auf den Tod des Helkon- Gründers den zutreffenden Titel: „Meldungen über Personen können Kurse beeinflussen."

Die Besteuerung zum Kurswert zu dem nach § 9 ErbStG für die Steuerfestsetzung maßgeblichen Todeszeitpunkt führt bei der aufgezeigten Kursentwicklung der Helkon-Aktie zur Einbeziehung fiktiver Werte in die Steuerermittlung. Der Mutter von Herrn König als Erbin war es wegen des unmittelbar nach dem Tode ihres Sohnes einsetzenden Kurssturzes nämlich nicht möglich, die geerbten Aktien über die Börse zum Kurs des Todestages zu verkaufen. Hätte die Mutter die Aktien bis in das Jahr 2002 gehalten[464], würde der Verkauf des gesamten Aktienbestandes zu Börsenkursen nicht einmal ausreichen, um die fälligen Erbschaftssteuern zu begleichen. Ob sich angesichts dieses zugegeben extremen Beispiel die in § 11 Abs. 1 BewG getroffene Wertnormierung mit Hilfe des Börsenkurses aus Praktikabilitätsgesichtspunkten und Kostengründen noch rechtfertigen lässt, ist mehr als zweifelhaft, auch wenn daran uneingeschränkt festgehalten wird.[465]

bb. Börsenkurs im Familien- und Erbrecht

Vereinfachungserwägungen wie im Steuerrecht spielen auch im Familien- und Erbrecht bei der Verwendung des Börsenkurses eine entscheidende Rolle. Bei einer Scheidung oder Erbschaft, in denen Anteilsbesitz an börsennotierten Unternehmen bei der Berechnung des Zugewinnausgleiches oder Pflichtteilsanspruches eine Rolle spielt, ist eine Bewertung des Unternehmens als ganzes weder gesetzlich vorgesehen noch praktisch durchführbar. Das Mitgliedschaftsrecht am Unternehmen wird bei einer Scheidung oder Erbschaft ohnehin nicht unmittelbar berührt, weil es dem Anteilsinhaber unbenommen bleibt, für den ggf. notwendigen vermögensrechtlichen Ausgleich andere finanzielle Mittel einzusetzen und an seinem Anteilsbesitz im übrigen festzuhalten. Vor diesem Hintergrund ist es nicht zwingend notwendig, den wahren, vollen Wert des Unternehmens und damit seiner Anteile zu ermitteln. Durch die Verwendung des Börsenkurses auftretende Abweichungen zum vollen Wert der Unternehmensanteile können daher akzeptiert werden. Für die Parteien eines Scheidungs- bzw. Erbschaftsstreitsverfahrens ist die Vereinfachung der Wertbestimmung mit Hilfe des Börsenkurses im übrigen sogar vorteilhaft, da dadurch keine nach Siegen und Unterliegen zu verteilende Kosten eines Bewertungsgutachtens entstehen, dessen Erstellungskosten das Begehren regelmäßig übersteigen würden. Im übrigen ist ohnehin kaum vorstellbar, dass die zu betreffende Gesellschaft die für eine Bewertung notwendigen Informationen zur Verfügung stellen würde. Das Familiengerichte Unternehmensbewertungsgutachten auf Richtigkeit kritisch überprüfen, erscheint im übrigen

---

464 Das Schicksal der betreffenden Aktien ist dem Verfasser nicht bekannt.

465 Zu Überlegungen einer Reduzierung der Erbschaftssteuer vgl. Kemmerling/Delp BB 2002, 655, 657 f.

ebenfalls lebensfremd. Ein stichtagsbezogener Börsenkurs kann daher in diesem Bereich ohne Gerechtigkeitsverlust als Indiz für den Wert der Aktien aufgefaßt werden. Auch auf den konkreten Nachweis der Realisierbarkeit des Börsenkurses kommt es nicht entscheidend an, da es nur um die Realisierbarkeit für einen einzelnen Aktionär geht und die Rechtsposition der übrigen Aktionäre ohnehin nicht berührt wird. Der Verwendung des Börsenkurses im Familien- und Erbrecht lässt sich daher kein überzeugendes Argument für die generelle Verwendbarkeit des Börsenkurses als Abfindungsgrundlage entnehmen.

cc. Börsenkurs im Wertpapiererwerbs- und Übernahmegesetz

Fraglich könnte auch sein, ob die durch den Gesetzgeber forcierte Aufwertung des Börsenkurses bei Unternehmensübernahmen im Wertpapiererwerbs- und Übernahmegesetz (WpÜG)[466] Anlass für eine Gleichsetzung von Börsenkurs und Verkehrswert gibt.

§ 31 Abs. 1 S. 1 WpÜG regelt die Pflicht des sog. Bieters, bei einer Unternehmensübernahme den durchschnittlichen Börsenkurses der Zielgesellschaft bei der Festlegung der anzubietenden Gegenleistung zu berücksichtigen. Die Verpflichtung wird in einer aufgrund der Ermächtigung in § 31 Abs. 7 WpÜG ergangene Rechtsverordnung (RechtsVO) näher konkretisiert. Nach § 5 Abs. 1 RechtsVO muss die Gegenleistung mindestens dem gewichteten durchschnittlichen Börsenkurs der letzten drei Monate vor der Veröffentlichung des Angebotes entsprechen. Der gewichtete durchschnittliche Börsenkurs ist nach § 5 Abs. 3 RechtsVO der nach Umsätzen gewichtete Durchschnittskurs der nach § 9 WpHG als börslich gemeldeten Geschäfte. Eine konventionelle Unternehmensbewertung hat nach § 5 Abs. 4 RechtsVO nur dann zu erfolgen, wenn an weniger als einem Drittel der Börsentage Börsenkurse festgestellt wurden und mehrere nacheinander festgestellte Kurse um mehr als 5 % voneinander abweichen.[467]

Das maßgeblich durch den feindlichen Übernahmekampf zwischen der britischen Vodafone Airtouch plc. und der deutschen Mannesmann AG Ende 1999/ Anfang 2000 geprägte und beeinflusste WpÜG[468] enthält neben der begrüßenswerten Tat-

---

466 BGBl. I 2001, S. 3822 ff.

467 Der von der europäischen Kommission geänderte und im Sommer 2001 nur knapp gescheiterte Vorschlag für eine Richtlinie über Übernahmeangebote (ABl. C 378/10) legt sich dagegen auf keinen Preis fest, sondern wollte in Artikel 10 der Richtlinie nur die Gleichbehandlung der Aktionäre sicherstellen.

468 So wird etwa in § 33 Abs. 3 WpÜG durch das Verbot, den Vorstands- oder Aufsichtsratsmitgliedern der Zielgesellschaft ungerechtfertigte geldwerte Vorteile zukommen zu lassen auf die Abfindungszahlung an den Vorstandsvorsitzenden der Mannesmann AG Herrn Esser bezug genommen. Teilweise wird sogar von einer „lex Esser“ gesprochen – vgl. Schüppen, WpG 2001, 958, 971.

sache, dass Unternehmensübernahmen in Deutschland erstmals überhaupt gesetzlich geregelt wurden, die bereits in der Gesetzesbegründung spürbar sozialpolitische Motivation, Übernahmen für den Bieter so teuer und damit so unattraktiv wie möglich zu machen. Ziel des Gesetzes ist es nach der Gesetzesbegründung nämlich neben dem Bestreben, Leitlinien für ein faires und geordnetes Angebotsverfahren zu schaffen, die Informationen und die Transparenz für die betroffenen Wertpapierinhaber und Arbeitnehmer zu verbessern und die rechtliche Stellung von Minderheitsaktionären bei Unternehmensübernahmen zu stärken.[469] Zwar hat der Gesetzgeber auf die ursprünglich im Gesetzentwurf der SPD-Fraktion[470] vorgesehene und de facto im Regelfall wohl nicht zu finanzierende Barzahlung als Gegenleistung verzichtet. Nach § 31 Abs. 3 WpÜG ist eine Gegenleistung in Geld allerdings immer dann erforderlich, wenn der Bieter, gemeinsam mit ihm handelnde Personen oder deren Tochterunternehmen 3 Monate vor Veröffentlichung des Übernahmeangebotes mindestens 5 % oder nach Veröffentlichung des Übernahmeangebotes mindestens 1 % der Aktien oder der Stimmrechte Zielgesellschaft gegen Zahlung einer Geldleistung übernommen haben. Da Aktionäre grundsätzlich keinen Anspruch darauf haben, dass ihnen ihre Aktien zu einem bestimmten Preis abgekauft werden, stellt diese Regelung eine erhebliche Begünstigung der Minderheitsaktionäre der Zielgesellschaft dar, die mit einem erheblichen Eingriff in die Vertragsautonomie des Bieters einhergeht.[471] Wie sich dieser Eingriff rechtfertigen läßt, ist nicht ohne weiteres ersichtlich, da es die oft beschworenen „feindliche Übernahmen" im wesentlichen nur für den um seine Macht fürchtenden Vorstand gibt.[472] Aktionäre können ihre Zustimmung zur Übernahme verweigern und sind daher per se nicht schutzwürdig. Ob es dem Gesetzgeber angesichts der von ihm erstrebten Begünstigung der Minderheitsaktionäre auf die Ermittlung des wahren Unternehmenswertes überhaupt ankommt, kann vor diesem Hintergrund ebenso bezweifelt werden wie der Sinn des Angebotspflicht überhaupt. Die Übernahme eines Unternehmens wird für die Minderheitsaktionäre nämlich erst dann problematisch, wenn eine unmittelbare oder mittelbare Möglichkeit der Einflussnahme des neuen Mehrheitsaktionär auf die Gesellschaft droht. Solange dies nicht der Fall ist, besteht keine nicht mit den Mitteln des Aktiengesetzes zu bewältigende Gefährdungslage für die Minderheitsaktionäre, zumal dem Vorstand auch bei einem Wechsel im Gesellschafterkreis weiterhin nach § 76 Abs. 1 AktG die eigenverantwortliche Leitung der Gesellschaft obliegt. Die vom Gesetzgeber befürchtete Betroffenheit von Minderheitsaktionären bei Übernahmen dürfte in der Form, bei Lichte betrachtet, daher überhaupt nicht vorliegen. Die Regelungen des WpÜG und die hinter ihnen stehenden Motive des Gesetzgebers sind daher

---

469 BT-Drucks. 14/ 7034, S. 28.

470 Vgl. Gesetzentwurf der SPD zu einem Übernahmegesetz in BT-Drucksache 13/8164, S. 1,3 als § 32 Abs. 4 WpÜG vorgesehen.

471 Steinmeyer/Häger, § 31 WpÜG Rn. 4.

472 Binz BB 2002, Heft 3, I.

mit der Abfindung bei Konzernierungsmaßnahmen nach §§ 291 ff. AktG nicht ohne weiteres vergleichbar. Der Gesetzgeber hat es daher zutreffend unterlassen, den Verweis auf die Verschmelzungswertrelation in § 305 Abs. 3 S. 1 AktG zugunsten einer Bezugnahme auf die Regelungen im WpÜG/der RechtsVO abzuändern. Auswirkungen durch die Einführung des WpÜG auf die Abfindungsbestimmung bei Maßnahmen nach dem AktG bestehen daher nicht.

dd. Börsenkurs bei Delisting

Durch das Dritte Finanzmarktförderungsgesetz[473] wurde 1998 das sog. „Delisting" eingeführt, das Unternehmen etwa aus Kostengründen[474] den Rückzug von der Börsennotierung ermöglichen soll. Nach § 38 Abs. 4 BörsG besteht daher nunmehr die Möglichkeit, die Zulassung zur amtlichen Notierung auf Antrag des Unternehmens zu widerrufen. Nach § 38 Abs. 4 S. 2 BörsG darf der Widerruf dabei nicht dem Schutz der Anleger widersprechen. Genauere Regelungen wann dies der Fall ist, insbesondere ob bei einem Widerruf eine Abfindung anzubieten ist und dabei der Börsenkurs zu berücksichtigen ist, enthält das Gesetz nicht. Der Schutz der Anleger, soweit man diese überhaupt als schützenswürdig ansieht, überließ der Gesetzgeber den einzelnen Börsen, die in ihren Börsenordnungen nähere Regelungen treffen sollten.

§ 54a BörsO FWB in seiner Fassung bis März 2002 regelt etwa, dass der Anlegerschutz einem Delisting dann nicht entgegensteht, wenn den Aktionären ein Kaufangebot gemacht wird, das in einem angemessenen Verhältnis zum höchsten Börsenkurs der letzten sechs Monate steht.[475] Dabei war allerdings unklar und daher unsicher, wie weit sich der Angebotspreis von dem im 6-Monatszeitraum festgestellten Höchstkurs hätte entfernen können, um das angesprochene angemessene Verhältnis noch zu wahren. Bereits nach ihrem Wortlaut war die Regelung in § 54a BörsO FWB a. F. nicht zwingend, sondern erlaubte Alternativen, um dem Anlegerschutz zu genügen. Fraglich war deshalb, ob auch ein Kaufangebot auf Basis des Ertragswertes in Betracht kommen wäre. Ein Ansatz des nach konventionellen Methoden ermittelten Unternehmenswertes dürfte insbesondere bei mangelnder Liquidität geboten gewesen sein, wenn der Börsenkurs selbst bei aktienrechtlicher Abfindungen nicht zugrunde zu legen wäre. Zu vermuten war aller-

---

473 BGBl. I 1998, S.529 ff.

474 So wurden in einem der ersten Delisting-Fälle (Delisting Macrotron) die Mehrkosten für die Börsennotierung durch den Vorstand mit 340.000 DM pro Jahr angegeben. Vgl. OLG München ZIP 2001, 700, 704. Bei einem Rückzug von der Börse können neben den unmittelbaren Kosten des Listings ggf. Kosten der Rechnungslegung, Pflege von Investor Relations und Ausgestaltung der Hauptversammlung gespart werden. Vgl. Streit ZIP 2002, 1279, 1280.

475 Auch die übrigen Börsenordnungen sahen bis auf § 53a BörsO Bremen mit einer recht ähnlichen Wortwahl die Berücksichtigung des Börsenkurses vor. vgl. Streit ZIP 2002, 1279, 1282.

dings auch damals schon, dass sich die Unternehmen, um eine reibungslose Durchführung des Delistings zu gewährleisten, auf den genannten Höchstkurs fixieren, um ggf. Streit mit der Zulassungsstelle und im folgenden mit den Aktionären zu vermeiden. Erste Delistings hatten bereits gezeigt, dass selbst ein Kaufangebot unter Berücksichtigung des Börsenkurses von einzelnen Minderheitsaktionären nicht streitfrei hingenommen wird.[476]

In einer im März 2002 mit Zustimmung der hessischen Börsenaufsicht erfolgten Änderung von § 54a BörsO FWB wurde nunmehr das bis dahin in aller Regel zur Durchführung des Delistings erforderliche Abfindungsangebot zugunsten einer Fristenlösung ersetzt. Danach soll es zum Schutz der Anleger zukünftig ausreichen, wenn den Anlegern nach Bekanntgabe der Widerrufsentscheidung ausreichend Zeit verbleibt, die Aktien über die Börse zu veräußern. § 54a Abs. 2 S. 3 BörsO FWB n. F. hält eine Übergangszeit von 6 Monaten für ausreichend, weitere Verpflichtungen des Unternehmens gegenüber seinen Aktionären sollen nicht entstehen. Den Minderheitsaktionären soll durch die Übergangszeit die Möglichkeit eingeräumt werden, ihre Papiere auf dem Aktienmarkt zu verkaufen, wenn sie sie nicht nach dem Delisting noch behalten wollen. Aktionärsschützer laufen gegen diese Neuregelung Sturm und verweisen darauf, dass bei absehbarem Delisting Verkäufe nur noch an den „gierigen Großaktionär" oder „hartgesottene Private-Equity-Fans" möglich sind, die für die Aktien allerdings nicht mehr aufwenden würden, als nötig.[477]

Ob die Neufassung der Delistingregeln die Minderheitsaktionäre tatsächlich ausreichend schützt oder ob entsprechend den in § 305 bzw. § 320b AktG vorgesehenen Abfindungsregelungen auch beim Delisting eine angemessene, d.h. volle Abfindung für die Unternehmensbeteiligung zu zahlen ist, ergibt sich aus einem Vergleich der Folgen des Delistings mit den durch Abschluss von Unternehmensverträgen nach §§ 291 ff. AktG bzw. einer Eingliederung nach § 319 AktG entstandenen Veränderungen.

Ein Delisting führt, abseits der nach erfolgreicher Durchführung zukünftig verschlossenen Kapitalaufnahmemöglichkeit durch Ausgabe von zum Börsenhandel zugelassener Aktien, nicht zu Veränderungen im Unternehmen oder seiner Geschäftspolitik und beschneidet die Organe der Gesellschaft nicht in ihren im AktG geregelten Kompetenzen und Handlungsmöglichkeiten. Den Aktionären wird durch das Delisting lediglich eine besonders günstige, verfassungsrechtlich allerdings nicht geschützte Form der Veräußerungsmöglichkeit ihrer Anteile genommen.[478] Da der die Mitgliedschaft ausfüllende durch das Aktiengesetz geregelte gesellschaftsrechtliche Rahmen weiterhin bestehen bleibt, ist ein Delisting damit

[476] LG München DB 1999, 2458 ff.
[477] GoingPublic-Kolume vom 20. März 2002; Streit ZIP 2002, 1279, 1284.
[478] Vgl. die Ausführungen unter **II**.

weder ein Struktureingriff noch ein Strukturwechsel.[479] Es ist daher, anders als bei Abfindungen nach §§ 305, 320b AktG nicht notwendig, den Aktionären ein Ankaufangebot zum vollen Wert der Mitgliedschaft zu unterbreiten.[480] Die Neufassung von § 54a BörsO FWB setzt diese Sichtweise konsequent um und spricht daher eher gegen die Berücksichtigung des Börsenkurses.

ee. Börsenkurs beim Squezze-out

Zeitgleich mit dem Wertpapiererwerbs- und Übernahmegesetz wurde durch den Gesetzgeber mit den §§ 327a bis 327f AktG ein neues Rechtsinstitut eingeführt, durch das ein mindestens zu 95 % an der Gesellschaft beteiligter sog. Hauptaktionär gegen eine angemessene Barabfindung die verbliebenen Minderheitsaktionäre aus der Gesellschaft ausschließen kann.[481] Anders als bei der Eingliederung haben die Minderheitsaktionäre beim sog. Squezze-out keinen Anspruch auf eine Beteiligung am Mehrheitsaktionär.[482]

Nach § 327b AktG legt der Hauptaktionär die Höhe der Barabfindung fest. Die Abfindung hat dabei die Verhältnisse der Gesellschaft im Zeitpunkt der Beschlussfassung ihrer Hauptversammlung zu berücksichtigen. Obwohl im Gesetzgebungsverfahren die DAT/Altana- Entscheidung des Bundesverfassungsgerichts bereits bekannt war, hat der Gesetzgeber die Art und Weise der Ermittlung der Abfindung und die ggf. bedeutsame Rolle des Börsenkurses weder durch einen Verweis auf das WpÜG noch durch einen Hinweis auf die in § 305 Abs.3 S. 1 AktG näher bestimmt. Wegen des durch den Squezze-out eintretenden Verlust des Mitgliedschaftsrechtes, der identisch mit dem der Eingliederung ist, muss die Barabfindung dem vollen Wert der Beteiligung entsprechen.[483] Beim Squezze-out stellen sich somit prinzipiell dieselben Probleme und Fragen wie bei Abfindungen nach den §§ 305, 320b AktG.[484]

Eine argumentative Stütze für oder gegen die Verwendbarkeit des Börsenkurses lässt sich auch aus den Squezze-out- Regelungen daher nicht gewinnen.

---

479 LG München DB 1999, 2458, 2459; im Ergebnis bestätigt in der Berufungsinstanz durch OLG München ZIP 2001, 700 ff.; zustimmend auch Mülbert ZHR 165 (2001) 104, 114 f.

480 A.A. Streit ZIP 2002, 1279, 1285.

481 BGBl. I 2001, S.3420 ff.

482 Ein Vergleich der benachbarten Rechtsinstitut bei Geibel/Süßmann-Grzimek, § 327a AktG Rn. 7 ff.

483 Geibel/Süßmann-Grzimek, § 327a AktG Rn.30; § 327b AktG Rn.12; Vetter ZIP 2000, 1817, 1821 f.

484 Geibel/Süßmann-Grzimek, § 327b AktG Rn. 13 ff.

ff. Vergleichbarkeit mit der aktienrechtlichen Abfindung

Soweit in einem Teil der vorgenannten Fällen zur Verfahrensvereinfachung auf den leicht ablesbaren in der Vergangenheit ermittelten Börsenkurses zurückgegriffen wird, verbietet sich ein Rückgriff auf diese Argumentation bei der aktienrechtlichen Abfindung. Anders als im Steuerrecht, dem Scheidungs- oder Erbrecht sind durch die abfindungspflichtige Unternehmensmaßnahme alle und nicht nur einzelne Minderheitsaktionäre der Gesellschaft betroffen. Die Hoffnungen, dass sich durch die Verwendung von Börsenkurse zur Ermittlung der Abfindung die überlangen Spruchstellenverfahren und die komplizierten Prüfungen der erstellten Ertragswertgutachten auf ihre Richtigkeit reduzieren oder sogar entbehrlich werden[485], werden sich, solange Spruchstellenverfahren nach § 306 Abs. 7 S. 7, 8 AktG[486] fast ohne Kostenrisiko sind und sogar im Unterliegensfall zur Erstattung von Rechtsanwaltskosten und Kosten des Antragstellers für eingeholte Privatgutachten führen[487], nicht erfüllen. Unterstellt, man sieht den Börsenkurs zukünftig als Untergrenze der Abfindung an, erscheint es gerade in börsenschwachen Zeiten naheliegend, dass sich streitlustige Antragsteller in Spruchstellenverfahren stärker dem Ertragswertgutachten zuwenden. Wenn der darin ermittelte Unternehmenswert über dem maßgeblichen Börsenkurs liegt, ist nach der Prämisse des vollen Wertes eine Abfindung nach dem höheren Ertrags- bzw. DCF-Wert erforderlich.[488] Das der Ertragswert eines Unternehmens auch in guten Börsenzeiten über dem Börsenkurs liegt, lässt sich im übrigen wegen der Unberechenbarkeit der Börsenkursentwicklung und deren Einflussfaktoren nicht mit Sicherheit ausschließen. Antragsteller müssten mithin zukünftig nur behaupten, dass der Ertragswert des Unternehmens den zugrundezulegenden Börsenkurs übersteigt und somit für die Abfindung maßgeblich sein muss.

Eine Glaubhaftmachung oder der Beweis der vom Antragsteller behaupteten Unangemessenheit der angebotenen Abfindung wurde bislang, anders als in zivilprozessualen Streitverfahren üblich, im Spruchstellenverfahren nicht gefordert.[489] Das unsubstantiierte Behaupten der Unangemessenheit der angebotenen Abfindung reicht voraussichtlich auch nach der geplanten Neuregelung des Spruchstellenverfahrens zur Einleitung des Verfahrens aus, zumal die Informationsverteilung trotz der nach § 293e Abs. 1 S. 2 AktG vorgesehenen Prüfberichte zur Angemessenheit der Abfindung noch immer zu Lasten der Minderheitsaktionäre geht.[490]

[485] Neye, EWiR 1999, 751; Ammon, FGPrax 1998, 121, 122 mit Verweis auf die in einem Spruchstellenverfahren anfallenden (Gutachter-)Kosten.

[486] An dieser Regelung soll auch zukünftig festgehalten werden vgl. § 16 Abs. 2,3 RefE SpruchG vom 10. Dezember 2001.

[487] OLG Zweibrücken AG 1997, 182, 183.

[488] BVerfG ZIP 1999, 1436, 1441.

[489] KG OLGZ 1971, 260, 265. Zwangsläufig entstehen dadurch auch Anreize für Aktionäre unlautere Vorteile zu erzielen. Vgl. Dörfler/Gahler/Unterstraßer/Wirichs, BB 1994, 156, 159.

[490] Vgl. Referentenentwurf zur Neuordnung des gesellschaftsrechtlichen Spruchverfahrens vom

Dem Minderheitsaktionär dürfte es trotz seines in § 131 AktG vorgesehenen Auskunftsrechtes auf der Hauptversammlung ohne Einsichtsichtnahme in interne Unternehmensunterlagen und -planungen[491] vor der Einleitung eines Spruchstellenverfahrens regelmäßig unmöglich sein, die Richtigkeit der in den Prüfberichten enthaltenen Informationen und Schlussfolgerungen zur Abfindungshöhe zu prüfen und substantiiert zur Höhe des tatsächlichen Ertragswertes vorzutragen. Letztlich bliebe dem Minderheitsaktionär nur die Alternative, kurzfristig selbst ein Bewertungsgutachten in Auftrag zu geben.

Ob zumutbar ist, derartige Kosten zu tragen bzw. ob das Gutachten der Sachaufklärung in gleichem Maße wie ein gerichtlich in Auftrag gegebenes Gutachten förderlich wäre, erscheint dabei mit Recht zweifelhaft. Ein beauftragter Gutachter hätte, ebenso wie der Minderheitsaktionär, keinen notfalls gerichtlich erzwingbaren Zugang zu internen Unterlagen und könnte sich im Streitfalle damit nur auf eine bloße Schlüssigkeitsprüfung des vom Unternehmen vorgelegten Gutachtens beschränken. Wegen des Informationsgefälles kann somit selbst eine im Ergebnis unberechtigte Einleitung eines Spruchstellenverfahrens unter Hinweis auf einen möglichen höheren Ertragswert im Regelfall nicht zur Auferlegung der Kosten des Verfahrens aus Billigkeitsgründen führen. Der Börsenkurs als Abfindungsgrundlage wird vor diesem Hintergrund folglich keinerlei Erleichterungen für die Spruchstellenpraxis bringen und kann deshalb seine Begründung nicht aus reinen Praktikabilitäts- und Vereinfachungserwägungen finden.

Die Unterstellung der Realisierbarkeit des Börsenkurses als echte Wertposition des Minderheitsaktionärs widerspricht, auch wenn diese Vorgehensweise im Familien-, Erb- bzw. Steuerrecht akzeptiert wird, ohnehin den sich ständig ändernden Gegebenheiten am Aktienmarkt. Diese gewährleisten nicht, dass der vergangene bzw. der jetzige Kurswert auch der zukünftig für die Minderheitsaktionäre tatsächlich zu realisierende Verkaufswert ist. Eine solche Sicht ist auch im Hinblick auf die abfindungsverpflichtete Gesellschaft und deren ebenso zu schützendes Eigentumsrecht nicht unproblematisch. Die abfindungsverpflichtete Gesellschaft und ihre Aktionäre/Gesellschafter haben nämlich das schützenwerte Interesse, den Minderheitsaktionären nicht mehr als den notwendigerweise abzugeltenden vollen Wert der Aktien zu vergüten. Eine Verpflichtung zur Abfindung anhand nicht realisierbarer Börsenkurse wäre ein unmittelbarer Eingriff in die Unternehmenssubstanz und gleichzeitig ein mittelbarer Eingriff in das aus dem Mitgliedschaftsrecht folgende Recht auf den Liquidationserlös jedes Aktionärs. Bei

10. Dezember 2001. Unabhängig davon stellt sich die Frage, welche Anforderungen man an die Substantiierungslast für ein erfolgreiches Spruchstellenverfahren stellt. Dazu gleich unter **V 3 b.**

[491] Nach herrschender Meinung besteht nach kein Recht auf Einsicht in die Bücher oder Geschäfts- unterlagen oder die Vorlage von Belegen oder Beweismitteln. BGHZ 122, 211, 236 f.; Semler in MünchHdbAG, § 37 Rn. 27.

einer Abfindung zu „Mondpreisen“ geht letztlich unwiederbringlich Unternehmenssubstanz verloren.

Eine solche Art und Weise der Abfindungsberechnung lässt sich auch nicht damit rechtfertigen, dass das abfindungsverpflichtete Unternehmen im Regelfall größer und zahlungskräftiger und gleichzeitig Initiator der abfindungspflichtigen Maßnahme sein wird. Gerade großen Aktiengesellschaften haben wegen der allein schon durch die Unternehmensgröße suggerierten Sicherheit des eingesetzten Kapitals viele Klein- und Kleinstaktionäre.[492] Der Ansatz, dass große Gesellschaften und ihre Gesellschafter über höhere Finanzkraft verfügen und daher ggf. auch über das tatsächlich notwendige Maß hinaus verpflichtet werden können, ist vor diesem Hintergrund nicht mehr zeitgemäß. Diese Denkweise widerspricht auch der propagierten Öffnung der Aktienkultur für breite Bevölkerungsschichten im Rahmen der Altersversorgung, die zukünftig zu noch mehr unmittelbarem oder mittelbarem[493] Aktienbesitz von Privatanlegern führen wird.

Eine Überbezahlung der Minderheitsaktionäre ist unnötig, da ihnen auch nach dem Beschluss des Bundesverfassungsgerichtes durch die Abfindung kein über den wahren Wert hinausgehender Bonus zuteil werden soll. Ein Minderheitsbonus durch die Verwendung des Börsenkurses ließe sich ggf. nur rechtfertigen, wenn dem abfindungspflichtigen Unternehmen dadurch Vorteile entstehen oder sonst anfallende Kosten erspart werden würden. Solche „Ersparnisse“ sind allerdings nicht ersichtlich. Wegen der weiterhin bestehenden realistischen Möglichkeit, dass auch zukünftig Spruchstellenverfahren eingeleitet werden, kann auch nicht mit der möglichen Ersparnis der in diesem Zusammenhang entstehenden Kosten argumentiert werden.[494]

Ob sich ein bestimmter Börsenkurs realisieren lässt und damit den erzielbaren und somit abzufindenden Verkehrswert darstellt, bedarf damit der konkreten Feststellung. Dabei kommt es darauf an, welcher Kurs zugrunde zulegen ist und ob man auf die Realisationsmöglichkeiten für einen oder einzelne Minderheitsaktionäre oder für alle Minderheitsaktionäre abstellt. Die folgenden Überlegungen sollen diese Frage näher erhellen.

IV. Zugrundezulegender Börsenkurs

Das Bundesverfassungsgericht legte sich im DAT/Altana-Beschluss, was das genaue Zustandekommen des nach seiner Ansicht bei der Abfindungsermittlung zu berücksichtigenden Börsenkurses betrifft, nicht eindeutig fest. Der Senat sah es,

---

492 Dass diese scheinbare Sicherheit trügerisch sein kann, beweisen spektakuläre Firmenzusammen-brüche großer Mrd.-Konzerne wie etwa Enron oder Worldcom.

493 Über die Beteiligungen an Investmentfonds, die ihrerseits in Aktien investieren.

494 Vgl. oben S. 135.

offenbar um möglichen Missverständnissen vorzubeugen, als nicht von Art. 14 Abs. 1 GG geboten an, den am Tage der Zustimmung der Hauptversammlung ermittelten Börsenkurs als Untergrenze der Abfindung festzulegen. Vielmehr überließ er es den Zivilgerichten, einen Referenzkurs zu wählen, der keinem Missbrauch durch eine der Parteien unterliegt.[495] Die Verfassungsrichter schlugen hierzu einen aus den vor Bekanntgabe der abfindungspflichtigen Maßnahme festgestellten Börsenkurse ermittelten Durchschnittskurs vor.[496] Der Bundesgerichtshof hat daraufhin in seiner Entscheidung vom 12. März 2001[497] den zugrundezulegenden Kurs als Durchschnitt der 3 Monate vor dem Zustimmungszeitpunkt der Hauptversammlung festgestellten Börsenkurse konkretisiert.

Im folgenden soll untersucht werden, welche Börsenkurse zur Ermittlung der Abfindung prinzipiell in Frage kommen und ob die vom Bundesgerichtshof verfolgte Konzeption tatsächlich die überzeugendste Lösung darstellt. Als Ausgangspunkt der Überlegungen ist entweder die Zugrundelegung eines Tages- oder eines Durchschnittskurses vorstellbar und deshalb zu unterscheiden. In einem zweiten Schritt ist dann zu untersuchen, welcher mögliche Stichtag einem Tageskurs bzw. welcher Zeitraum einem Durchschnittskurs zugrunde zulegen ist.

1. Tageskurs

Da an einem normalen Börsenhandelstag mehr als ein Börsenkurs festgestellt wird und es daher einen eindeutigen Tageskurs im engeren Sinne nicht gibt, stellt sich neben der bereits aufgeworfenen und im folgenden näher zu erörternden Frage nach dem anzusetzenden Stichtag für den Tageskurs vorab die Frage nach dessen Zustandekommen.

Als Tageskurs lässt sich entweder der auf dem Einheitsmarkt festgestellte Kassa-Kurs oder ein von allen im variablen Handel festgestellten Kursen des Tages gebildeter Durchschnittswert verstehen. Bei letzterem könnten die in die Berechnung einbezogenen variablen Einzelkurse zusätzlich anhand der Handelsumsätze gewichtet werden. Die Einbeziehung aller im variablen Handel festgestellten Kurse hat den Vorteil, dass damit ein weitaus größeres Handelsvolumen als beim Kassa-Kurs abgedeckt wird. Der Kassa-Kurs stellt nämlich, genauso wie Eröffnungs- oder Schlusskurse im variablen Handel, nur einen kleinen Ausschnitt der Tageskursentwicklung dar, die, wie **Abbildung 6** beispielhaft zeigt, erheblichen Schwankungen unterliegen kann. Vor diesem Hintergrund spricht viel dafür, als Tageskurs den nach Umsätzen gewichteten Durchschnittskurs der im variablen Handel festgestellten Einzelkurse festzulegen.

[495] BVerfG ZIP 1999, 1436, 1442.
[496] BVerfG ZIP 1999, 1436, 1442.
[497] BGH DB 2001, 969, 971.

(Abbildung 6)

Als Stichtag für einen Tageskurs kommen entweder der in § 305 Abs. 3 S. 2 AktG, § 320b Abs. 1 S. 5 AktG genannte Zustimmungszeitpunkt der Hauptversammlung der zu beherrschenden bzw. einzugliedernden Gesellschaft oder der Kurs bei Bekanntgabe der geplanten Durchführung der Maßnahme in Betracht. Bei letzterem lässt sich spitzfindig nochmals zwischen dem tatsächlichen Tag der Bekanntgabe und dem nach § 15 WpHG gesetzlich vorgesehenen Bekanntgabetag unterschieden.

a. Tageskurs im Zustimmungszeitpunkt

Verwendet man den Tageskurs zum Zeitpunkt der Zustimmung der Hauptversammlung der zu beherrschenden bzw. einzugliedernden Gesellschaft, besteht u. U. die Möglichkeit, dass Spekulanten den Börsenkurs bis zu diesem Tag in die

Höhe treiben. Die beabsichtigte Maßnahme könnte dann aus Finanzierungsgründen scheitern oder für das abfindungspflichtige Unternehmen derart teuer werden, dass fraglich wird, ob die Unternehmensmaßnahme wirtschaftlich überhaupt noch sinnvoll ist.

Wüßte die Allgemeinheit, dass sich die nach § 305 bzw. § 320b AktG zu gewährende Abfindung anhand des Börsenkurses zum Zeitpunkt der Zustimmung bemisst, hätte es nicht der abfindungsverpflichtete Mehrheitsaktionär sondern die Marktteilnehmer in der Hand, die Abfindungshöhe festzulegen. Neben die Aktionäre, die bereits vor Bekanntgabe der geplanten Maßnahme im Besitz von Aktien sind, treten dann weitere, insbesondere kurzfristig orientierte Marktteilnehmer, die Aktien der Gesellschaft erwerben würden, um aus einem späteren Verkauf möglichst sichere Gewinne zu erzielen. Unter der Prämisse der Abfindung zum Zustimmungszeitpunkt ist ein Erwerb von Aktien des Unternehmens für Marktteilnehmer rationell, wenn der Kurs zum Zustimmungszeitpunkt und damit die zu zahlende Abfindung höher als der vorherige Erwerbspreis ist. Für das Erreichen eines relativen Höchstkurses der Unternehmenspapiere zum Zustimmungszeitpunkt spricht dabei die Vermutung, dass die Marktteilnehmer, die sich bereits im Besitz dieser Aktien befinden, diese nicht ohne erhebliche Aufschläge verkaufen werden. Für diese Aktionäre besteht nämlich die Gefahr, dass ihnen bei einem vorzeitigen Verkauf eine ggf. noch höhere Abfindung entgeht.

Auf der anderen Seite besteht für neue Käufer die Chance, in der Erwartung, dass der Stichtagskurs höher als der Kaufkurs ist, durch die Abfindung kurzfristig Rendite zu erzielen. Dazu müsste nur sichergestellt werden, dass der Börsenkurs am Stichtag nicht unter den Kaufkurs fällt. Ein derartiger Kurssturz ließe sich durch genügend limitierte Kaufaufträge im Ordersystem verhindern, die ggf. eintreffendes Angebot aufnehmen könnten. Für eine solche Strategie dürfte regelmäßig kein hoher Kapitaleinsatz erforderlich sein, da nur ein kleiner Teil der Minderheitsaktionäre bereit sein dürfte, gerade am Stichtag zu verkaufen. Aktionäre, die an de Hauptversammlung teilnehmen, können an diesem Tag ohnehin nicht verkaufen, da ihre Aktien notwendigerweise bis zur Beendigung der Hauptversammlung hinterlegt bleiben müssen. Auch dem Mehrheitsaktionär dürfte es, um Missbräuche zu verhindern, nicht möglich sein, mit Verkäufen seinerseits bewusst den Kurs zu drücken. Die abfindungsberechtigten Minderheitsaktionären könnten daher in einer vergleichbar sicheren Art und Weise auf Kosten des abfindungsverpflichteten Unternehmens ohne die Unternehmensmaßnahme nicht entstandene Kursvorteile realisieren.

Die Annahme des OLG Düsseldorf, dass der Börsenkurses am Tag der Zustimmung der Hauptversammlung maßgeblich ist,[498] ist vor diesem Hintergrund nur dann nachvollziehbar, wenn man die Wahrscheinlichkeit der hier beschriebenen

498 OLG Düsseldorf ZIP 2000, 1525, 1527 zum Urteil vgl. oben unter **A III 1 b**.

Entwicklung zukünftig als äußerst gering und somit vernachlässigbar ansieht. Ausführungen dazu finden sich in der Entscheidung nicht, vielmehr orientiert sich das Gericht, ebenso wie das Bundesverfassungsgericht an der Zugewinn- bzw. Pflichtteilsberechnung sowie dem Erbschaftssteuerrecht, bei denen es auf den Kurswert an bestimmten Stichtagen ankommt.[499] Wie bereits unter **III. 3 b. aa. und bb.** dargelegt, sind diese Beispiele allerdings bereits aus strukturellen Gründen mit der Abfindung im hier behandelten Sinne nicht vergleichbar. Der für die Pflichteilsberechnung bzw. für die Erbschaftssteuer maßgebliche Zeitpunkt des Erbanfalls ist zudem regelmäßig nicht vorhersehbar, so dass vorherige kursbeeinflussende Aktivitäten von Marktteilnehmern unwahrscheinlich sind. Der Tag der Hauptversammlung zur Zustimmung zum Unternehmensvertrag bzw. der Eingliederung ist im Gegensatz dazu durch die in § 123 Abs.1 AktG vorgesehene Einladungsfrist von einem Monat vorab bekannt. Wegen der zusammen mit der Einladung zur Hauptversammlung mitzuteilenden Tagesordnung kennen die Aktionäre und damit auch die übrigen Marktteilnehmer auch den Inhalt des Abfindungsangebotes.[500] Ob und in welchem Umfang Marktteilnehmer versuchen, durch Käufe eine höhere als die bis dahin geplante Abfindung zu erzwingen und ob derartige Kurssteigerungen als „Missbrauch" eliminierbar sind, ist mangels praktischer Beispiele offen. Die Ausführungen zur Kursbildung lassen eine Aufteilung von Börsenkursen nach bestimmten Einflussfaktoren als schwierig wenn nicht gar unmöglich erscheinen. Objektive und damit verlässliche Schemata sind hierzu, wie bereits mehrfach ausgeführt, jedenfalls nicht ersichtlich.

Die durch das OLG Düsseldorf vorgeschlagene Verwendung eines Tageskurses ist allerdings nachvollziehbar, wenn man sich die Fälle vergegenwärtigt, die dem OLG Düsseldorf und anderen Gerichten derzeit zur Entscheidung vorliegen. Fast ausnahmslos handelt es sich um Altfälle, deren Entstehungstatbestände weit vor der Entscheidung des Bundesverfassungsgerichtes von 1999 liegen und die somit in keiner Weise die heute möglichen Auswirkungen des Beschlusses wiedergeben können. Sowohl in den Achtziger als auch in den Neunziger Jahren war den Unternehmen, den Minderheitsaktionären und auch den anderen Marktteilnehmern wegen der bis dahin klaren Rechtsprechung des BGH und überwiegenden Schrifttums bewußt, dass der Börsenkurs bei der Abfindungsermittlung keine Rolle spielt. Versuche, Kurse zur Erlangung einer höheren Abfindung auf den Zustimmungszeitpunkt hin zu manipulieren, können für diese Zeiträume daher faktisch ausgeschlossen werden. Die Beteiligten konnten nämlich nicht erwarten, dass sich die Abfindungshöhe am Börsenkurs orientiert, so daß Entscheidungen von Marktteilnehmern, Aktien aufgrund der Unternehmensmaßnahme zu erwerben, nicht rational erklärbar gewesen wären. Der Tageskurs zum Zeitpunkt der Hauptversammlung dürfte daher für die Altfälle, abgesehen von den generellen

[499] OLG Düsseldorf ZIP 2000, 1525, 1527.
[500] Vgl. Hüffer, § 320 AktG Rn. 7.

Schwächen in der Aussagekraft des Börsenkurses, den von der Unternehmensmaßnahme unbeeinflussten Marktwert der Aktien abbilden.

Nach der Veröffentlichung der DAT/Altana-Entscheidung im August 1999 war den Marktteilnehmer die mögliche Bedeutung des Börsenkurses bei der Abfindungsermittlung und die sich daraus ggf. ergebenden Renditechancen bekannt. Versuche einer Einflussnahme auf Börsenkurse durch Marktteilnehmer lassen sich seit dieser Zeit nicht mehr ausschließen. Wegen der auch ohne derartige Sonderentwicklungen regelmäßig stattfindenden Kursschwankungen (Volatilität) kann allerdings nicht ohne weiteres davon ausgegangen werden, dass jeder Kursanstieg bis zum Zustimmungszeitpunkt auf solche Marktteilnehmer oder anderen Marktmissbrauch zurückzuführen ist. Klarheit über die Ursache von Kursveränderungen könnte hier nur der Vergleich mit der Kursentwicklung ohne die Unternehmensmaßnahme bringen. Dieser Vergleich lässt sich wegen der fehlenden Berechenbarkeit von Kursentwicklungen sowie der fehlenden Nachweismöglichkeiten der hinter den Transaktionen stehenden Intentionen der Handelnden allerdings nicht führen. Es bleibt daher unklar, ob und in welchem Umfang der Stichtagskurses durch auf die Abfindung fixierte Transaktionen bestimmt wurde.

Im übrigen kann auch das Argument des OLG Düsseldorf, dass konventionelle Bewertungsgutachten und Börsenkurs zeitlich vergleichbar sein müssen[501], nicht zugunsten der Verwendung des Tageskurses überzeugen. Gerade Bewertungsgutachten nach dem Ertragswert- bzw. des DCF-Verfahrens bilden nämlich gerade keine bestimmten Tagesstimmungen der an der Bewertung beteiligten Wirtschaftsprüfer ab, sondern enthalten zukunfts- und damit zeitraumbezogene Prognosen. Die Verwendung eines Tageskurses zum Zeitpunkt der Zustimmung der Hauptversammlung ist daher abzulehnen.

b. Tageskurs bei Bekanntgabe der Maßnahme

Als mögliche Alternative zum Kurs im Zustimmungszeitpunkt könnte man auf den Tageskurs vor Bekanntgabe der Maßnahme durch das Unternehmen abstellen.[502] Dabei besteht die Möglichkeit, entweder den nach § 15 WpHG gesetzlich vorgeschriebenen oder den tatsächlichen Veröffentlichungszeitpunkt zugrunde zulegen. Dabei ist auch zu klären, ob dieser Tageskurs mögliche Kursbeeinflussungen eher verhindern kann als ein Kurs im Zustimmungszeitpunkt.

---

501 OLG Düsseldorf ZIP 2000, 1525, 1527.

502 Ähnlich Wilken, ZIP 1999, 1443, 1444, der jedoch zur Eliminierung von Kursschwankungen auf einen Durchschnittskurs vor der Ad-hoc- Mitteilung zurückgreifen will.

aa. Ad hoc- Publizität nach § 15 WpHG

Nach § 15 WpHG sind zum amtlichen Handel oder geregelten Markt zugelassene Unternehmen verpflichtet, neue, bisher nicht öffentlich bekannte Tatsachen unverzüglich zu veröffentlichen, wenn diese Auswirkungen auf die Vermögens- oder Finanzlage des Unternehmens haben oder die zukünftige Geschäftstätigkeit des Unternehmens betreffen. Die Tatsachen müssen dabei geeignet sein, den Börsenkurs erheblich zu beeinflussen.

Diese sog. Ad hoc– Publizität ist von der sog. Regelpublizität zu unterscheiden, die Jahresabschlüsse, Lageberichte oder Zwischenberichte nach § 40 BörsG bzw. nach den Regelwerken der Deutschen Börse AG[503] regelmäßig bekannt zu machende Tatsachen betrifft. Überschneidungen der Publizitätsarten können sich ergeben, wenn unter die Regelpublizität fallende Tatsachen wegen ihrer kursbeeinflussenden Wirkung auch der Ad hoc-Publizität nach § 15 WpHG unterliegen. Die Ad hoc-Publizität ist insoweit ein ergänzendes Instrumentarium zur möglichst zeitnahen Informationsversorgung des Marktes[504], was die Attraktivität von Geldanlagen in Aktien der Gesellschaft steigern kann[505].

Eine neue und damit ggf. veröffentlichungspflichtige Tatsache im Sinne des § 15 WpHG liegt vor, wenn die internen Planungs- und Entscheidungsprozesse abgeschlossen und die Auswirkungen auf das Unternehmen abschätzbar sind.[506] Unter den Begriff der Tatsache nach § 15 WpHG können dabei in Anlehnung an den allgemeinen Tatsachenbegriff auch Absichten und Motive fallen, wozu auch auf konkrete Umstände gestützte Einschätzungen und Erwartungen des Vorstandes, etwa zur weiteren Geschäftsentwicklung seines Unternehmens, gehören.[507] Im Vergleich zu Insidertatsachen nach § 13 WpHG, die wegen dem Sinn und Zweck des Insiderrechts als Schutzrecht weit gefasst werden müssen, ist nach § 15 WpHG ein höherer Konkretisierungsgrad der Informationen und ihrer möglichen Auswirkungen erforderlich.[508]

Der Abschluss eines Beherrschungs- oder Gewinnabführungsvertrages bzw. die Eingliederung haben durch die damit verbundenen Rechtsfolgen Auswirkungen auf die Vermögens- oder Finanzlage beider daran beteiligter Unternehmen und

---

503 So erfordert etwa 7.1. des Regelwerkes Neuer Markt als Folgepflicht der Notierung am Neuen Markt eine quartalsweise Berichterstattung des Unternehmens über die Geschäftstätigkeit sowie bestimmte Unternehmenskennzahlen.

504 Vgl. die Ausführungen in der „Bekanntmachung zum Verhältnis von Regelpublizität und Ad hoc- Publizität vom 09. Juli 1996“ (Bundesanzeiger Nr.133/8167), abgedruckt in BAWe, S. 111.

505 Siebel/Gebauer WM 2001, 118, 124.

506 BAWe, S. 36. Es ist nicht erforderlich, dass sich die Tatsachen bereits tatsächlich ausgewirkt haben.

507 Kümpel in Assmann/Schneider § 15 WpHG Rn. 44.

508 Zur Abgrenzung: BAWe, S.30 f.; Kümpel in Assmann/Schneider, § 15 WpHG Rn. 45.

sind daher, soweit auch das abfindungspflichtige Unternehmen im amtlichen Handel oder geregelten Markt gelistet sind, für beide Gesellschaften nach § 15 WpHG publizitätspflichtig.[509] Die Vorstände der publizitätspflichtigen Unternehmens sind daher, auch im Hinblick des bei einem Verstoß gegen die Publizitätspflichten nach § 39 WpHG möglichen Bußgeldes, gehalten, bei ausreichender Konkretisierung die Pläne zu den beabsichtigten Maßnahmen zu veröffentlichen.

Eine frühere Bekanntmachung der Maßnahme, etwa in einer Absichtserklärung der Beteiligten, bleibt möglich, wäre bei Zugrundelegung des Veröffentlichungszeitpunktes nach § 15 WpHG als maßgeblichen Zeitpunkt nicht sinnvoll. Die Marktteilnehmer könnten in diesem Fall bis zum förmlichen Veröffentlichungszeitpunkt einen Kursanstieg initiieren, um die Abfindung zu erhöhen. Anders als bei dem durch die zu wahrenden Einladungsfristen bekannten Zustimmungstermin wäre den Marktteilnehmern hier allerdings nicht bekannt, wann die Ad-hoc-Mitteilung erfolgt. Es ist daher zu erwarten, dass sich mögliche Kursanpassungsprozesse schneller und damit ggf. sprunghafter vollziehen. Dadurch könnte es u.U. leichter werden, auf die Abfindung fixierte Transaktionen und Kursänderungen zu erkennen und zu eliminieren. Da sich im Hinblick auf die ohnehin bestehenden Kursvolatiliäten das Ausmaß möglicher Manipulationen selbst dann nicht mit Sicherheit einschätzen lässt, könnte den Unternehmen, unterstellt der Veröffentlichungszeitpunkt der Ad-hoc-Mitteilung wäre maßgeblich, nur dazu geraten werden, Vorabinformationen tunlichst zu unterlassen.

Selbst bei einer Ad-hoc-Mitteilung zum gesetzlich vorgeschriebenen Zeitpunkt lässt sich im übrigen nicht ausschließen, dass Unternehmensinterna bereits vor dem Veröffentlichungszeitpunkt nach außen dringen. Das Problem der Ad hoc-Nachricht vorgreifenden Spekulation aufgrund überlegenen Tatsachenwissens lässt sich regelmäßig selbst dann nicht mit 100 %-iger Sicherheit ausschließen, wenn der Kreis der beteiligten Entscheidungsträger im Unternehmen gering ist. Das trotz der Schärfe der Insidervorschriften derartige Problematiken im Zusammenhang mit Ad-hoc-Mitteilungen bestehen können, beweisen Beobachtungen von Aktienkursen unmittelbar im Zusammenhang mit den Meldungen. So ist zu beobachten, dass der Markt, ohne dass eine Nachricht vorliegt, z.T. einen erheblichen Teil der durch die noch zu publizierende Meldung indizierten Kursveränderung nach oben oder unten bereits vorwegnehmen.

So stiegen Aktien der Beteiligungsgsgesellschaft Sparta AG ab Mitte Oktober 2001 bis einschließlich 27. November 2001 um knapp 300 % bis das Unternehmen am 28. November 2001 in einer Ad hoc- Mitteilung den Verkauf eine ihrer wichtigsten Beteiligungen verkündete (vgl. Abbildung 7).

[509] BAWe, S. 50.

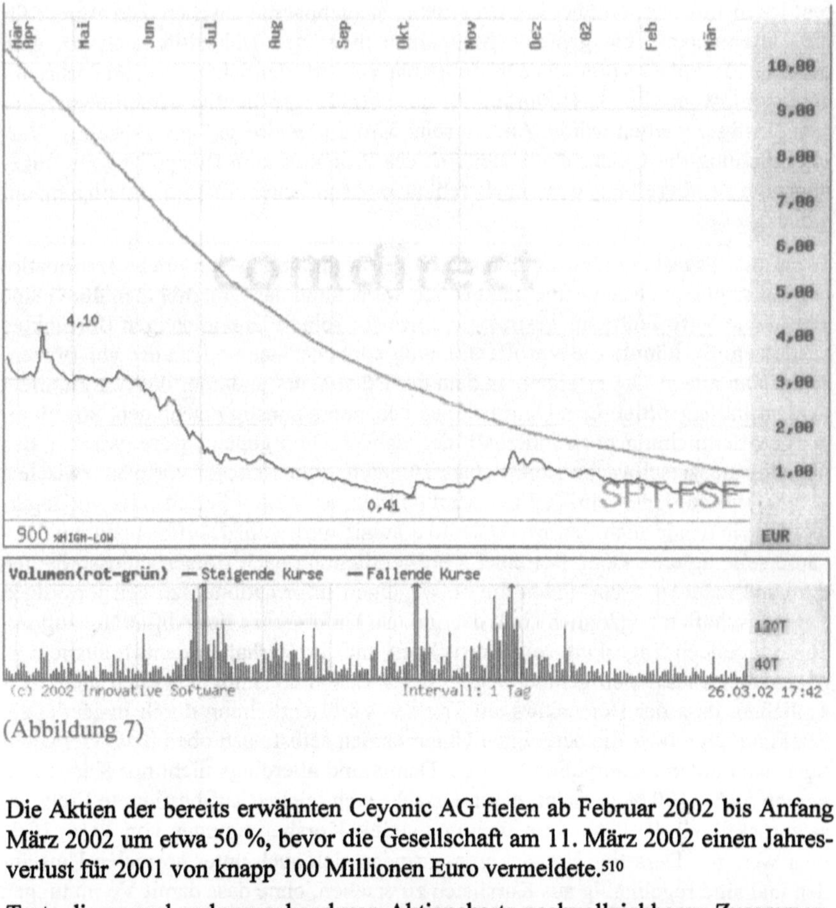

(Abbildung 7)

Die Aktien der bereits erwähnten Ceyonic AG fielen ab Februar 2002 bis Anfang März 2002 um etwa 50 %, bevor die Gesellschaft am 11. März 2002 einen Jahresverlust für 2001 von knapp 100 Millionen Euro vermeldete.[510]

Trotz dieser und anderer anhand von Aktiencharts nachvollziehbaren Zusammenhänge zwischen Kursentwicklung und nachfolgender Unternehmensnachricht lassen sich nur in den wenigsten Fällen klare Verstöße gegen das WpHG beweisen und somit aufklären. Die Zugrundelegung des Zeitpunktes, an dem die Veröffentlichung nach § 15 WpHG erfolgt, ist daher im Ergebnis ebenso mit Unsicherheiten behaftet, wie der Kurs im Zustimmungszeitpunkt selbst.

bb. Tatsächlicher Veröffentlichungszeitpunkt

Als für einen Tageskurs geeignet könnte man auch den Zeitpunkt der ersten öf-

[510] Vgl. oben S. 107 f.

fentlichen Information über die Unternehmensmaßnahme ansehen. Ein Anreiz für die Unternehmen, die geplante Maßnahme möglichst frühzeitig noch vor dem durch § 15 WpHG vorgesehenen Zeitpunkt zu veröffentlichen, besteht insbesondere dann, wenn die Durchführung für das abfindungspflichtige Unternehmen kostengünstiger werden würde. Andererseits wird durch eine ggf. zu frühzeitige Veröffentlichung die Gefahr des Scheiterns des Projektes zum Beispiel wegen ungenügender Vorbereitung oder noch fehlender Mehrheiten für die Beteiligten ungleich größer.

Wenn der Tageskurs zum Zeitpunkt der Veröffentlichung von ersten Informationen zur geplanten Maßnahme maßgeblich wäre, kann das Unternehmen durch eine geschickte Veröffentlichungsstrategie einen für seine Pläne günstigen Börsenkurs ausnutzen. So könnte die Veröffentlichung entweder nach oder kurz vor Börsenschluss an einem Tag erfolgen, an dem der Börsenkurs und/oder das Marktumfeld dem abfindungspflichtigen Unternehmen besonders günstig erscheinen. Soweit eine Veröffentlichung noch innerhalb der Handelzeiten geplant wäre, würden sich ohnehin umsatzschwache Handelstage anbieten, zum Beispiel vor oder zwischen Feiertagen, an denen ein Teil der Marktteilnehmer wegen Ferien oder verlängertem Wochenende nicht am Markt ist und somit weder auf Käufer- noch auf Verkäuferseite agieren kann. Bei einer Veröffentlichung nach Börsenschluss könnten die Unternehmen, wenn ihnen die notwendigen Informationen zu den jeweiligen Tagesgeschäften zugänglich sind, den ggf. als Untergrenze der Abfindung zugrunde zu legenden Tageskurs selbst errechnen und ihr Verhalten danach ausrichten. Andererseits lässt sich gerade wegen dieser Gestaltungsmöglichkeiten nicht ausschließen, dass der Börsenkurs am Tag der Veröffentlichung durch Insiderkäufe, Marktgerüchte oder die beteiligten Unternehmen selbst nach oben bzw. viel wichtiger nach unten „manipuliert“ wurde. Damit sind allerdings nicht nur Kurssprünge von 50 %, 100 % gemeint, deren Ursache sich leichter auf bestimmte Ereignisse zurückführen lässt, sondern auch und gerade Kursbewegungen von 20 %, 10 % oder weniger. Derartige Entwicklungen finden sich auch unter normalen Umständen und sind regelmäßig aus Kurslisten zu ersehen, ohne dass damit Vermutungen für Manipulationen verbunden werden können oder nachweisbar wären. Der von den beteiligten Unternehmen gewählte Veröffentlichungszeitpunkt ist angesichts dieser Zufälligkeiten zur Bestimmung des Tageskurses daher ungeeignet. Das Bundesverfassungsgericht, der Bundesgerichtshof und die bisherigen weiteren obergerichtlichen Entscheidungen haben diesen Fall zutreffend nicht näher behandelt.

cc. Vereinbarkeit mit der Stichtagsregelung

In den bisherigen Ausführungen ist bislang unberücksichtigt geblieben, ob ein Tageskurs überhaupt mit der gesetzlichen Regelung in §§ 305 Abs. 3 S. 1,2; 320b Abs. 1 S. 4,5 AktG, § 30 UmwG in Einklang zu bringen ist, wonach die Abfindung die Verhältnisse der Gesellschaft zum Zeitpunkt der Beschlussfassung der Hauptversammlung berücksichtigen muss.

Der Tageskurs zum Zustimmungszeitpunkt macht bereits wegen dem Gesetzeswortlaut keine Schwierigkeiten, da dieser Kurs an die Marktverhältnisse zum Zustimmungszeitpunkt anknüpft. Fraglich ist allerdings, ob auch ein vor der Zustimmung liegender Zeitpunkt den gesetzlichen Anforderungen genügen kann. Dagegen spricht insbesondere das zeitliche Moment zwischen der Veröffentlichung und der wegen der zu beachtenden Einladungsfrist nach § 123 AktG frühestens 1 Monat nach der Veröffentlichung stattfindenden Hauptversammlung. Problematisch ist auch, dass sich ein Tageskurs lediglich und ausschließlich auf die zu diesem Zeitpunkt bestehende Orderlage und die daraus zustande gekommenen Transaktionen bezieht. Aussagen über die zukünftigen Marktverhältnisse, insbesondere über die zukünftige Realisierbarkeit des Börsenkurses, etwa zum vom Gesetz genannten Zeitpunkt, lassen sich daraus allerdings nicht entnehmen. Der Börsenkurs von einem vor der Zustimmung liegenden Tag weist daher zum Tag der Hauptversammlung keinerlei Bezüge auf und lässt sich somit mit dem Wortlaut der §§ 305 Abs. 3 S. 2, 320b Abs. 1 S. 5 AktG, nicht in Einklang bringen. Ein auf einen Stichtag vor der Hauptversammlung bezogener Börsenkurs lässt sich demnach mit den bisherigen gesetzlichen Vorschriften nicht in Einklang bringen.

2. Bereinigter Durchschnittskurs

Das Bundesverfassungsgericht hat in seiner Entscheidung vom 27. April 1999 mit Hinweis auf eventuelle Missbrauchsgefahren einen Durchschnittskurs aus dem Vorfeld der Bekanntgabe der Unternehmensmaßnahme als mögliche Lösung vorgeschlagen. Auf Vorgaben, wie ein solcher Durchschnittskurs zu errechnen ist und wann eine Verwendung des Börsenkurses ausscheidet, haben die Verfassungsrichter allerdings verzichtet.[511]

Für die Höhe und damit die Aussagekraft des zu errechnenden Durchschnittskurses kommt es maßgeblich auf die bei der Berechnung zu berücksichtigende Zeitspanne und dabei insbesondere deren Dauer und Beginn an. Die Feststellungen zu den Einflussfaktoren der Kursbildung legen dabei einen direkten Zusammenhang zwischen der Zeitdauer und der zu ermittelnden Kurshöhe nahe. Je länger die in die Berechnungen einzubeziehende Zeitspanne ist, d.h. desto mehr Tageskurse berücksichtigt werden, desto eher dürfte der Durchschnittskurs frei von kurzfristiger, ggf. rein psychologisch bedingter Spekulation und somit möglichen Übertreibungen des Marktes sein. Eine zu lange Zeitspanne kann verfälschend wirken, wenn durch einen ggf. zu ausgeprägten Blick in die vergangene Kursentwicklung börsenwertbestimmende Neuausrichtungen, neue Produkte oder Entwicklungen nur

[511] BVerfG ZIP 1999, 1436, 1441 f.; vgl. die Ausführungen unter **A II 3**.

unzureichend erfasst und reflektiert werden. Auch kurzfristig eintretende, aber erst langfristig wirksam werdende Unternehmensnachrichten können bei einem zu langen Zeitraum keine ihrem tatsächlichen Gewicht entsprechende Abbildung im Durchschnittskurs finden. Ob die angesichts dieses Zwiespaltes in Rechtsprechung und Literatur vorgeschlagenen Zeiträume als Abfindungsgrundlage und somit als zugrundezulegende Mindestabfindung Verwendung finden können und ob die Verwendung von Durchschnittskursen überhaupt mit der Stichtagsreglung nach §§ 305 Abs. 3 S.2, 320b Abs. 1 S. 5 AktG in Einklang zu bringen ist, ist nachfolgend zu untersuchen.

a. Länge des maßgeblichen Zeitraumes

aa. Zeiträume über einem Jahr

Ein auf Grundlage von Börsenkursen von mehr als einem Jahr, etwa der letzten 3-5 Jahre, errechneter Durchschnittskurs hat den Vorteil, dass eine breite Kursbasis vorhanden ist, bei der kurzfristige Kursschwankungen ggf. ausgeglichen werden können. Gleichzeitig wäre eines gewisse Parallelität mit der Ertragswertberechnung festzustellen, die zumindest zu Vergleichszwecken auf die erreichten Unternehmensergebnisse aus diesem Zeitraum zurückgreift.[512] Nicht nur in volatilen Börsenzeiten und/ oder bei Unternehmen der sog. New Economy stellt sich allerdings die Frage, ob Börsenkurse von vor 3 oder mehr Jahren noch irgendwelche Aussagekraft über das Unternehmen in seinem jetzigen Zustand haben können. Davon ließe sich nur dann ausgehen, wenn man im Anschluss an einen gleichmäßigen Geschäftsverlauf des Unternehmens von einer, von Kursspitzen abgesehen, vergleichbar homogenen Börsenkursentwicklung ausgehen könnte.

Eine solche Stetigkeit der Kursentwicklung lässt sich allerdings bei den meisten der Unternehmen vor allem denen der sog. New Economy nicht feststellen. Verursacht durch die Börsen-Hausse Ende der Neunziger Jahre bis Anfang 2000 stiegen Börsenkurse vergleichbar dem schon erwähnten Beispiel der VA Linux Inc. teilweise ohne Rücksicht auf Umsatz- und Gewinnentwicklungen in schwindelerregende Höhen. Im folgenden fielen die Kurse allerdings in derselben Geschwindigkeit um bis zu 99 %. So hatten von den 340 im September 2001 am Neuen Markt notierten Unternehmen, 100 mehr als 90 % von ihrem Ausgabepreis beim Börsengang verloren.[513] Die Verluste der Anleger, die zu merklich höheren Kursen als den Ausgabepreisen gekauft hatten, sind dabei noch nicht einmal erfasst. Lediglich 12 der Unternehmen des Neuen Marktes hatten bis September 2001 weniger als 50 % von ihrem Höchstkurs verloren.[514] Eine gleichberechtigte Berücksichti-

---

[512] Vgl. oben unter **D I 1 a**.
[513] Statistik von goingpublic.de, veröffentlicht am 28. September 2001.
[514] Statistik von goingpublic.de, veröffentlicht am 28. September2001.

gung von Kursen um 100 Euro von vor 2 Jahren erscheint vor diesem Hintergrund problematisch, wenn sich die jetzigen Kurse bei lediglich 1 Euro und niederiger bewegen.[515] Ein aus diesen beiden Werten gebildeter Durchschnittskurs von 50,50 Euro kann in diesem Fall schwerlich als Untergrenze der Abfindung angesehen werden, da dadurch das Unternehmen im Rahmen der abfindungspflichtigen Unternehmensmaßnahme mehr als 25 mal höher bewertet wird, als es der Aktienmarkt ohne die Maßnahme tut.

Die Unterschiede zwischen Höchst- und Tiefstkursen der letzten Jahre von 100 % oder mehr beschränken sich allerdings nicht nur auf New Economy- Unternehmen, sondern lassen sich auch bei eher traditionellen Unternehmen aus der Automobilindustrie, dem Maschinenbau, der Bau- oder Immobilienbranche oder bei Banken finden. So fiel etwa der Kurs der Commerzbank AG vom Frühjahr 2000 bis zum Sommer 2002 von etwa 45 auf knapp 10 Euro. Ein Durchschnittskurs von 27,50 Euro würde die gegenwärtigen Verhältnisse nicht ausreichend wiederspiegeln und könnte daher nur schwerlich als Untergrenze der Abfindung verstanden werden.

Die Einbeziehung längerfristiger Kursentwicklungen ist irreführend, da längst vergangene den damaligen Börsenkursen zugrundeliegende Markteinschätzungen für den derzeitigen und zukünftigen Börsenwert der Unternehmen nicht von Interesse sind. Eine Börsenregel, dass in der Vergangenheit erreichte Höchst- bzw. Tiefstkurse, vergleichbar einem Zyklus, regelmäßig wiedererreicht werden, gibt es ebenfalls nicht. Die Vorstellung, das die Kursentwicklung in gleichmäßigen Wellenbewegungen verläuft, widerspricht auch der der wirtschaftlichen Entwicklung innewohnenden Dynamik. Diese kann dazu führen, dass ein Unternehmen durch Insolvenz vom (Aktien-)Markt verschwindet als auch dass es neue, vorher nie da gewesene Kurshöhen erreicht. Warum ein abfindungspflichtiges Unternehmen, begründet durch das Konstrukt eines Durchschnittskurses als Untergrenze der Abfindung zu höheren Börsenkursen als den letzten am Markt festgestellten abfinden soll, lässt sich nicht nachvollziehbar erklären, geschweige denn rechtfertigen.

Die Berücksichtigung von Börsenkursen aus Zeiträumen über einem Jahr, insbesondere von 3-5 Jahren ist daher abzulehnen.

bb. 1-Jahres-Zeitraum

Die Verwendung eines 1-Jahres-Zeitraumes ist prinzipiell denselben Bedenken ausgesetzt wie die bereits erörterte Zugrundelegung eines darüber hinausgehenden Zeitraumes. Die Schwankungsbreite von Aktien innerhalb eines Jahres kann erheblich sein und damit zu vergleichbaren Problemen und Widersprüchlichkeiten

[515] So etwa bei der EM.TV. AG einem der ehemaligen Shooting- Stars des Neuen Marktes.

bei der Berechnung führen. Beispielhaft für die Schwankungsanfälligkeit von Aktien innerhalb eines Jahres sind im folgenden die Höchst- und Tiefstkurse von Werten des NEMAX 50 des Jahres 2001 aufgelistet.

Unternehmen	Kurs 16.11.2001	52 Wochen- Hoch	52 Wochen - Tiefst
ACG	7,08	53,00	3,22
Adva	5,04	69,80	2,06
Aixtron	29,10	66,00	15,12
AT & S Austria	16,49	36,00	9,50
Balda	9,03	34,00	5,60
BB Biotech	78,00	126,00	54,70
Biodata	0,67	70,33	0,46
Broadvision	3,99	39,40	0,75
Carrier 1	1,13	32,20	0,68
CE Consumer	8,80	20,97	4,05
Comdirekt Bank	11,17	26,00	3,84
ComROAD	11,00	52,00	4,63
ConSors	12,57	70,00	6,41
Constantin Film	7,98	31,21	6,20
D.Logistics	7,99	66,00	4,52
DAB Bank	16,30	47,69	6,25
EM.TV.	1,97	25,51	1,30
Evotec	11,00	33,30	5,45
Fantastic Corp.	0,52	3,90	0,27
GPC Biotech	14,76	40,50	7,50
Heyde	1,59	13,49	1,02
Highlight Comm.	3,40	14,08	2,05
IDS Scheer	7,70	19,10	6,03
IM Int. Media	25,39	48,43	15,50

Intershop	2,07	47,25	1,26
Ixos Software	4,25	15,47	3,33
Kontron	15,50	59,10	10,31
Lambda Physik	20,00	84,50	14,00
LION Bioscience	18,20	95,00	7,60
MediGene	21,50	97,20	9,01
Medion	45,90	59,25	29,20
Mobilcom	23,34	57,58	11,32
Morphosys	58,30	178,00	15,81
Pandatel	10,40	73,00	6,33
Pfeiffer Vacuum	38,45	51,75	24,10
Pixelpark	8,80	44,85	3,20
Primacom	4,41	17,89	2,60
Qiagen	22,08	44,90	13,45
SAP-SI	22,20	30,40	13,30
SCM Micro.	9,35	46,00	5,28
Senator	4,55	13,11	2,03
Singulus	27,42	47,50	15,80
STEAG	8,58	20,59	4,07
Süss Microtech	27,70	41,20	17,11
T-Online	12,70	19,00	4,85
Teleplan	19,05	38,10	13,81
Thiel	23,80	41,88	13,70
Trintech	2,06	13,75	1,30
Umweltkontor	13,05	35,50	6,99
United Internet	4,32	6,90	2,05

Quelle : Euro am Sonntag vom 18. November 2001, S.45.

Die Schwankungsbreite zwischen Höchst- und Tiefstkursen einerseits sowie der Vergleich zum Tageskurs vom 16. November 2001 zeigt, dass selbst eine Beschränkung der Betrachtungen auf ein Jahr nicht geeignet ist, eine kontinuierliche Entwicklung des Börsenkurses nachzuzeichnen. Die Differenzen zwischen Höchst- und Tiefstkursen, auch im Vergleich zum Tageskurs vom 16. November 2001, sind derart gravierend, dass in einem Durchschnittskurs die Kursentwicklung der letzten Zeit nur unzureichend abgebildet wird.

Verstärkt wird diese Ungleichgewichtung dadurch, dass bei der Berücksichtigung von nach Umsatz gewichteten Tageskursen in der Gesamtrechnung diejenigen Kurse stärkere Berücksichtigung finden würden, die unter höheren Umsätzen zustande gekommen sind. Unter Zugrundelegung der unter **E 4 b, c** getroffenen Feststellungen, dass bei steigenden Kursen regelmäßig ein nominal höherer Umsatz als bei fallenden Kursen stattfindet, liegt daher die Vermutung nahe, dass in den Berechnungen die höheren Kurse stärkere Berücksichtigung als die niedrigeren finden. Dies erscheint insbesondere dann problematisch, wenn die niedrigeren Kurse die Unternehmensentwicklung weit besser widerspiegeln als die auf Überbewertungen und Marktirrtümern beruhenden Kurshöhen. Diese sind für die zukünftige Kursentwicklung ohnehin nicht relevant. Die Unternehmen Biodata, Carrier 1 und ComROAD meldeten in der Folgezeit sogar Insolvenz an, was die Aktien unabhängig von der Kursentwicklung der Vergangenheit wertlos werden ließ. Die Berücksichtigung von Kursen aus einem 1-Jahres–Zeitraum ist daher ebenfalls abzulehnen.

cc. 6–Monats-Zeitraum

Für die Verwendung von Kursen aus einem 6-Monats-Zeitraum könnte der im Vergleich zum Jahres-Zeitraum kleiner werdende Umfang der einzubeziehenden Kurse und damit deren ggf. größere Homogenität sprechen. Ein 6-Monats-Zeitraum wurde durch die Börsensachverständigenkommission bereits bei der Schaffung des neuen Übernahmerechtes vorgeschlagen,[516] konnte sich hier allerdings nicht durchsetzen.[517]

Wegen der am Aktienmarkt gerade in letzter Zeit verstärkt feststellbaren Volatilitäten der Kurse von Unternehmen und Indizes, könnte dieser Zeitraum allerdings noch immer zu lang für die Ermittlung des relevanten Durchschnittskurses sein. Dies erscheint insbesondere dann der Fall, wenn sich die Kurse über einen längeren Zeitraum in dieselbe Richtung bewegen. So fiel der führende deutsche Aktienindex DAX nach einem Höchststand von 5.462,55 Punkten im März 2002 in einer kontinuierlich fallenden Tendenz bis Anfang August 2002 auf 3.332,65 Punkte

[516] Genauer dazu bei Schüssel, AG 1999, 442, 450.
[517] Vgl. unter **E II 3 b cc**.

(**Abbildung 8**). Errechnet man für diesen Zeitraum einen Durchschnittskurs, lässt dieser die zuletzt schwächere Tendenz der Aktienkurse nicht erkennen, sondern spiegelt ein Durchschnittskursniveau wider, was so nie existiert hat.

(Abbildung 8)

Da keine anderen überzeugenden Begründungen für die Verwendung eines 6-Monats-Zeitraumes erkennbar sind, kann vor diesem Hintergrund auch dieser Ansatz nicht überzeugen.

dd. 3–Monats-Zeitraum

Für die Verwendung eines 3-Monats-Zeitraumes könnte neben der Entscheidung des Bundesgerichtshofes vom 12. März 2001[518] insbesondere der aufgrund der Ermächtigung in § 31 Abs. 7 WpÜG ergangene § 5 Abs. 1 RechtsVO sprechen. Diese Vorschrift stellt bei Unternehmensübernahmen auf den gewichteten durchschnittlichen Börsenkurs während der letzten drei Monate vor der Veröffentlichung des Angebotes ab und setzt diesen als Mindestabfindung fest.

Der Umstand, dass im Übernahmerecht eine Regelung zur Ermittlung des Durchschnittskurses existiert, reicht für eine Übernahme der Berechnung für aktienrechtliche Abfindungen allerdings noch nicht aus. Entscheidend für die Verwendung eines 3-Monats-Zeitraumes zur Durchschnittskursberechnung dürfte vielmehr die Tatsache sein, dass durch die weitere Verkürzung des Zeitraumes die Chancen auf eine möglichst hohe Homogenität der Kurse weiter erhöht werden. Umso kürzer die zu betrachtenden Zeiträume werden, umso leichter lassen sich außergewöhnliche Kursauschläge feststellen und soweit nötig und möglich eliminieren. Wie schwer dies im Einzelfall sein kann, lässt sich anhand des als Abbildung 9 eingefügten 3-Monatskursverlaufes der Babcock-Borsig AG demonstrieren, deren Kurs sich nach Erreichen eines Höchststandes im Januar 2002 bis Mitte März 2002 fast gedrittelt hatte. Auch wenn in diesem Zusammenhang der Verkauf einer 25 %-igen Beteiligung an der Kieler Werft HDW an eine amerikanische Investorengruppe eine erhebliche Rolle gespielt haben dürfte, ist zweifelhaft und könnte daher strittig werden, ob der Absturz im März ganz oder teilweise als nicht zu berücksichtigender übertriebener Kursausschlag zu werten ist oder im Gegenteil die vorangegangenen Kurse als wenig aussagekräftig aus der Berechnung herausgerechnet werden sollten, zumal sich das niedrigere Niveau in der Folgezeit weiter stabilisierte.[519]

---

518 Vgl. unter **A III 1 d.**

519 Der Kurs pendelte ab März 2002 zuerst in der Region 5 Euro, sank dann allerdings weiter. Im Juni 2002 meldete die Gesellschaft wegen Zahlungsunfähigkeit Insolvenz an.

(Abbildung 9)

Wegen der im Chart sichtbar höheren Umsätze beim Kurssturz im März führt die am Umsatz gewichtete Durchschnittskursbildung zu einem Durchschnittskurs weit unterhalb des tatsächlichen 3-Monats-Kursverlaufes. Vor diesem Hintergrund könnte zweifelhaft sein, ob einzelne umsatzstarke Tage eine im übrigen eher unspektakuläre Kursentwicklung derart beeinflussen können sollten. Problematisch im Hinblick auf die Aussagekraft des Durchschnittsbörsenkurses wäre allerdings auch das umgekehrte Szenario, bei dem ein zuletzt unter geringen Umsätzen stattgefundener Kurssturz bei bis dahin gleichmäßiger Kursentwicklung keine ausreichende Berücksichtigung findet. Die in den **Abbildungen 2, 3** und **8**[520] dargestellten Kursverläufe zeigen im übrigen, ohne dass irgendwelche Anhaltspunkte für Manipulationen bestehen, auch in 3-Monats-Zeiträumen durchaus massive Kurs-

---

520 Vgl. S.111, 126, 153.

schwankungen auftreten können. Auch die Durchschnittskursbildung anhand eines 3-Monats-Zeitraumes kann daher entgegen dem vom Bundesgerichtshof vermittelten Eindruck durchaus erhebliche Wertungsprobleme aufwerfen.

ee. Zeitraum im Ermessen des Unternehmens/der Gutachter

Vorstellbar wäre letztlich auch eine dem Unternehmen bzw. dessen Gutachtern überlassene Berechnung des Durchschnittskurses ohne eine allgemeinverbindliche vorab bestehende starre Festlegung der maßgeblichen Zeitspanne. Bei dieser Vorgehensweise könnten Kurs- und Unternehmensentwicklung in Relation gesetzt und ein individuell maßgeblicher Zeitraum bestimmt werden, der zur Berechnung des Durchschnittskurses zugrunde zulegen ist. So wäre der Zeitraum bei einem Unternehmen, dass gerade eine zukunftsweisende Entdeckung gemacht oder neue eine bahnbrechende Geschäftsidee ihr eigen nennt, zu verkürzen, um die Kurse stärker zu berücksichtigen, bei deren Zustandekommen diese Tatsachen bereits bekannt waren. Bei langfristig orientierten und sich stetig entwickelnden Unternehmen etwa aus der Immobilienbranche könnten längere Zeiträume einbezogen werden, um ggf. kurzfristig auftretende Schwankungen bei den Immobilienpreisen zu glätten. Dieses Vorgehen hätte zur Folge, dass neben den von den Befürwortern des Börsenkurses als hochgradig objektiv eingeschätzten Aktienmarkt[521] individuell-subjektive Beurteilungen zur Länge des Zeitraumes treten würden. Der Durchschnittskurses wird damit je nach Begründungsansatz und Gutachter veränderbar. Zweifelhaft ist auch, ob und wie sich die Wahl eines bestimmten Zeitraumes überhaupt mit Hilfe objektiver Kriterien begründen lässt. Da sich durch die Länge des Zeitraumes unmittelbar die Höhe des Durchschnittsbörsenkurses und damit die nach Ansicht des Bundesverfassungsgerichtes zu gewährende Mindestabfindung steuern lässt, besteht die Gefahr, dass die Argumentationen vorrangig ergebnisorientiert sind. Die Überprüfung der gewählten Ansätze im Spruchstellenverfahren würde dann maßgeblich von der Beurteilung des gerichtlich bestellten Gutachters abhängen, ohne dass im einzelnen klar wäre, welche Sichtweise die tatsächlich zutreffende ist. Gründe für eine im Vergleich zu konventionellen Bewertungsmethoden höhere Objektivität des Börsenkurses ließen sich dann wohl nur noch schwerlich finden. Dieser Ansatz ist daher als nicht praktikabel zu verwerfen.

b. Beginn und Ende des maßgeblichen Zeitraums

Unmittelbar im Anschluss an die Frage nach der Dauer der zu berücksichtigenden Zeitspanne stellt sich die nach ihrem konkreten Beginn und Ende. In Anlehnung an die bereits im Rahmen der Stichtagskursbetrachtung diskutierten Zeitpunkte

[521] Steinhauer, AG 1999, 299, 306; Götz, DB 1996, 259, 263.

kommt als Fristende entweder die Veröffentlichung der Unternehmensmaßnahme oder der Zeitpunkt der Hauptversammlung in Betracht. Für letzteres hat sich der BGH mit Hinweis auf die erforderliche Nähe des Zeitraumes zum in §§ 305 Abs. 3 S. 2, 320b Abs. 1 S. 5 AktG genannten Stichtag ausgesprochen.[522]

Für den Veröffentlichungszeitpunkt als Endpunkt spricht die geringere Gefahr von Manipulationen des Börsenkurses. Das Wissen über die beabsichtigte Unternehmensmaßnahme und die Zugrundelegung des Börsenkurses als Untergrenze der zu gewährenden Abfindung könnte, ebenso wie bei einer Abfindung nach dem Tageskurs zum Zeitpunkt der Hauptversammlung, den Marktteilnehmer Anlass geben, Anteile der beherrschten bzw. einzugliedernden Gesellschaft zu kaufen, um kurzfristig Renditen zu erzielen. Der BGH hat diese Gefahr erkannt und versucht sie durch die Eliminierung von *„außergewöhnlichen Tagesausschlägen"* oder *„sprunghafter Entwicklungen binnen weniger Tage, die sich nicht verfestigen"* auszuschalten.[523]

Wann Tagesausschläge außergewöhnlich sind und wann sprunghafte Entwicklungen vorliegen, ist allerdings ungeklärt. Unklar ist insbesondere, ob der BGH sprunghafte und damit zu eliminierende Kursentwicklungen annehmen würde, wenn sich, unmittelbar nach der Veröffentlichung der geplanten Unternehmensmaßnahme ein höheres Kursniveau einstellt und bis zum Zustimmungszeitpunkt dauerhaft stabilisiert. Bei einer Verfestigung der Kursentwicklung zwischen Veröffentlichungszeitpunkt und Hauptversammlung kann nämlich nicht mehr davon gesprochen werden, dass es sich nur um vereinzelte oder sprunghafte Ausschläge handelt. Wenn der BGH tatsächlich darauf abzielt, jegliche durch die Unternehmensmaßnahme initiierte Kursveränderung zu eliminieren, bliebe ihm konsequent nichts weiter übrig, als derartige Zeiträume mit einem durch die zu erwartende Abfindung ausgelösten höheren Kursniveau insgesamt zu eliminieren. Unabhängig davon, dass sich dadurch der einzubeziehende Kurszeitraum verkürzt, stellt sich die Frage, was geschieht, wenn die Veröffentlichung der geplanten Maßnahme mehr als 3 Monate vor der Hauptversammlung erfolgt und bereits dann der sich dauerhaft stabilisierende Kurssprung erfolgt. Wegen der nach § 15 WpHG schon frühzeitig erforderlichen Information, der Komplexität derartiger Maßnahmen und der dazu erforderlichen Vorbereitungszeit dürfte die Veröffentlichung 3 Monate dabei nicht ungewöhnlich, sondern sogar der Regelfall sein. Wenn der BGH den Kurssprung nicht berücksichtigen will, müsste er mangels verwendbarer Kursbasis entweder auf die Berücksichtigung des Börsenkurses ganz zu verzichten oder die durch die Bekanntgabe indizierte Kurssteigerung vom „übrigen Börsenkurs" trennen. Die Abtrennung der durch die Unternehmensmaßnahme indizierten Kursveränderung vom übrigen Börsenkurs wirft erneut die Frage nach dem Vergleichsmaßstab auf. Die Orientierung an einem vor Bekanntgabe der Maßnahme

---

522 BGH DB 2001, 969, 971.
523 BGH DB 2001, 969, 97.

festgestellten Börsenkurs kommt einer Festschreibung des damals vorherrschenden Kursniveaus gleich und widerspricht damit dem Ansatz der Durchschnittskursbildung. Gleichzeitig würden Unsicherheiten verbleiben, ob die damals festgestellten Kurse ihrerseits durch Sonderfaktoren beeinflusst wurden. Alternativ könnte man daher die Kursentwicklung nach Veröffentlichung der Maßnahme mit einem vergleichsweise festgestellten 3-Monats-Durchschnittskurses bis zum Tag der Bekanntgabe vergleichen. Dann stellt sich allerdings die Frage, warum der Tag der Bekanntgabe dann nicht als Zeitraumende in Betracht kommt. Da der Bundesgerichtshof durch die Wahl des 3-Monats-Zeitraumes bis zum Zustimmungszeitpunkt anderen Zeiträumen vorerst eine Absage erteilt haben dürfte, führen auch diese Überlegungen nicht weiter. Ein 3 Monate vor der Hauptversammlung feststellbarer Kurssprung müsste, da er sich unter Beibehaltung der Konzeption des BGH nicht eliminieren lässt, daher mit berücksichtigt werden.

Die vom BGH vertretene Konzeption würde die Minderheitsaktionäre im Ergebnis damit bevorteilen. Es wäre danach zukünftig zu erwarten, dass bei Zugrundelegung des Börsenkurses den Minderheitsaktionäre durch die Abfindung ohne die Unternehmensmaßnahme nicht entstandene finanzielle Vorteile abgegolten werden müssten.

c. Vereinbarkeit des Durchschnittskurses mit dem Stichtagsprinzip

Fraglich ist auch, ob der Durchschnittskurses mit den gesetzlichen Vorgaben in § 305 Abs.3 S.2 AktG bzw. § 320b Abs.1 S.5 AktG in Einklang zu bringen ist, Danach muss die Abfindung den Verhältnissen der Gesellschaft zum Zeitpunkt der Beschlussfassung der Hauptversammlung über die Maßnahme entsprechen. Die festzusetzende Abfindung muss somit einerseits einen Bezug zum Unternehmen und gleichzeitig eine zeitliche Verbindung mit dem Tag der Hauptversammlung aufweisen. Ob der Durchschnittskurs diesen Voraussetzungen entspricht, soll im folgenden näher untersucht werden.

aa. Verhältnisse der Gesellschaft

Angesichts der Ausführungen zur Kursbildung und den dabei nachgewiesenen unternehmensfremden Einflussfaktoren der Kurshöhe, ist bereits fraglich, ob der Börsenkurs überhaupt die Verhältnisse der Gesellschaft ausreichend abbildet.

Bei einem Durchschnittskurs besteht durch die Vielzahl der einbezogenen Tageskurse die Möglichkeit, kurzzeitig auftretende Kursspitzen oder –tiefs auszugleichen. Die im Börsenkurs enthaltenen psychologisch spekulativen Elemente, die zu Über- wie auch Untertreibungen in der Kursentwicklung führen, lassen sich dadurch vermindern. Die Höhe des Durchschnittsbörsenkurs wäre allerdings nur dann von psychologischen Einflüssen völlig unbeeinflusst, wenn dadurch veranlasste Kursausschläge nach oben und unten in gleichem Maße auftreten und sich bei der Durchschnittsbildung 100 %ig ausgleichen. Dies wird regelmäßig nicht der Fall sein, zumal auch Entwicklungen vorstellbar sind, in denen derartige Auf und Ab´s nicht auftreten.

Der ebenfalls von der wirtschaftlichen Entwicklung des Unternehmens unabhängige Indexeffekt, unterstellt die Indexzugehörigkeit ändert sich im maßgeblichen Zeitraum nicht, lässt sich durch den Durchschnittskurs ebenfalls nicht eliminieren, da der Effekt ggf. nur der Höhe nach unterschiedlich in allen zur Berechnung herangezogenen Kursen enthalten ist. Im Durchschnittsbörsenkurs werden mithin nicht nur die wirtschaftlichen Verhältnisse der Gesellschaft sondern auch weitere allein die Börsenkursbildung betreffenden Faktoren abgebildet. Insoweit enthält der Durchschnittsbörsenkurs daher nicht nur die Verhältnisse unmittelbar der Gesellschaft, sondern auch die Verhältnisse, von denen die Gesellschaft äußerlich an der Börse umgeben ist. Dieser Umstand wäre nur dann unproblematisch, wenn man darauf abstellt, dass auch bei den konventionellen Bewertungsmethoden vom Unternehmen nicht veränderbare äußere Umstände, etwa der Zinssatz öffentlicher Anleihen als Basiszinssatz, berücksichtigt werden.

bb. Zeitpunkt der Hauptversammlung

Der Durchschnittskurs setzt sich aus den seiner Berechnung zugrundeliegenden Börsenkursen zusammen und berücksichtigt dabei den Kurs im Zustimmungszeitpunkt in gleicher Weise wie jeden anderen Kurs. Ist ein für das Unternehmen langfristig ergebniswirksames Ereignis erst in der zur Berechnung maßgeblichen Zeitspanne aufgetreten, gibt der durch die vor Bekanntwerden der Nachricht festgestellten Börsenkurse mitbeeinflusste Durchschnittskurs den Wert des Unternehmens zum Zeitpunkt der Hauptversammlung nur unzureichend wieder.

Die mit einem Durchschnittskurs erfolgende zeitraumbezogene Betrachtung erscheint angesichts der Gesetzesfassung auch dann problematisch, wenn der Einfluss und die Gewichtung der weit vor dem Zustimmungszeitpunkt liegenden Kurse, zum Beispiel wegen damals größeren Umsätzen, erheblich über der Gewichtung zeitnaher Kurse liegt. Eine derartige Vernachlässigung von (Kurs-)Entwicklungen im und unmittelbar vor dem Zustimmungszeitpunkt lässt sich mit der Gesetzesfassung, die offensichtlich eine zeitpunkt- und keine zeitraumbezogene Betrachtung intendiert, nur schwer vereinbaren. Nimmt man den Wortlaut als äußerste Grenze der Auslegung[524] ernst, reicht es, insbesondere wenn sich die Börsenkurse im maßgeblichen Zeitraum erheblich ändern, nicht aus, den Kurs im Zustimmungszeitpunkt nur als einfachen Bestandteil in der Durch-

[524] Vgl. Larenz, Methodenlehre, S. 340; Larenz/Wolf, AT, § 4 Rn. 37.

schnittskursbildung zu berücksichtigen.

Rein praktische Probleme bei der Ermittlung des Durchschnittsbörsenkurses bis zum Zeitpunkt der Hauptversammlung entstehen auch dadurch, dass konsequenter Weise bis zum Ende des Börsenhandels am Tag der Hauptversammlung der ggf. als Abfindung zugrundezulegende Kurs nicht feststeht. Entgegen dem in § 293e Abs. 1 AktG vorgesehenen Auftrag können sich die Vertragsprüfer in ihrem Prüfungsbericht zukünftig nicht mehr umfassend mit der Angemessenheit der Abfindung auseinandersetzen, da diese nicht im Lichte des erst auf den Zustimmungszeitpunkt zu ermittelnden Durchschnittsbörsenkurs gewürdigt werden kann. Das in der Einladung zur Hauptversammlung und damit mindestens einen Monat vor dem Zustimmungszeitpunkt konkret mitzuteilende Abfindungsangebot[525], ließe sich nur auf bereits vorhandene, konventionelle Bewertungsgutachten stützen und müsste im Hinblick auf den noch nicht feststehenden Durchschnittsbörsenkurs einen Vorbehalt späterer Erhöhung der Abfindung enthalten.[526] Die Aktionäre könnten sich daher nur durch einen Besuch der Hauptversammlung über das Zustandekommen der ggf. höheren, anhand des Durchschnittsbörsenkurses zu gewährenden Abfindung näher informieren und über diese mitentscheiden. Angesichts der dadurch notwendig werdenden Veränderungen in der Informationsvermittlung und im Ablauf der Hauptversammlung ist verwunderlich, dass sich weder Bundesverfassungsgericht noch Bundesgerichtshof mit möglichen Schwierigkeiten bei der Festlegung der Abfindung beschäftigt und die für eine reibungslose Durchführung der Maßnahmen notwendigen Verfahrensvoraussetzungen deutlicher abgesteckt haben. Minderheitsaktionäre könnten wegen der ersichtlich nicht auf die Verwendung eines Durchschnittsbörsenkurses bis zum Zeitpunkt der Hauptversammlung angelegten bisherigen gesetzlichen Regelungen bis zur höchstrichterlichen Klärung der Voraussetzungen daher zukünftig versuchen, abfindungspflichtige Unternehmensmaßnahmen durch Anfechtungsklagen zu blokkieren. Da unklar ist, welche Informationen Einladungen zu den Hauptversammlungen zukünftig haben müssen und ob und wie in der Einladung auf die Rolle des Börsenkurses eingegangen werden muss, ist der Ausgang derartiger Rechtsstreitigkeiten bislang offen, auch wenn klar ist, dass von den Unternehmen nichts unmögliches gefordert werden kann. Sollte sich herausstellen, dass die Tagesordnung erforderliche Angaben nicht oder nicht vollständig enthalten hat, wären die Hauptversammlungsbeschlüsse nach Rechtskraft der dann absehbar erfolgreichen Anfechtungsklagen[527] nichtig und müssten wiederholt werden.

525 Hüffer, § 320 AktG Rn. 7.

526 Die nachträgliche Erhöhung der Abfindung hatte der BGH in AG 1974, 320, 322 für den Fall einer bei der Hauptgesellschaft stattfindenden Kapitalerhöhung gebilligt.

527 Vgl. BGH AG 1974, 320, 322 f., BGH WM 1972, 1004, 1009.

cc. Ergebnis

Angesichts der Vorausführungen erscheint es zweifelhaft, ob die von der Rechtsprechung favorisierte Verwendung eines Durchschnittsbörsenkurses als Untergrenze der Abfindung mit der vom Gesetz verfolgten Stichtagskonzeption vereinbar und bei Berücksichtigung der bis zum Zustimmungszeitpunkt ermittelten Kurse überhaupt praktikabel ist. Das Bundesverfassungsgericht hält die Vorschriften der § 305 AktG und § 320b AktG und damit wohl auch die §§ 305 Abs. 3 S. 2, 320b Abs. 1 S. 5 AktG für verfassungsgemäß[528], rät aber zu einer mit dem Wortlaut der Vorschriften nicht ohne weiteres in Einklang zu bringenden Durchschnittskursbildung, in der der Kurs im Zustimmungszeitpunkt zwangsläufig nur einen untergeordneten Bestandteil darstellt. Vor diesem Hintergrund erscheint es mit Hinweis auf den Wortlaut der Vorschriften trotz der Entscheidungen des Bundesverfassungsgerichtes und des BGH[529] vertretbar, den Durchschnittskurs als mit dem Stichtagsprinzip nicht vereinbar abzulehnen oder zumindest eine besondere, herausgehobene Berücksichtigung des Börsenkurses im Zustimmungszeitpunkt zu fordern. Es bleibt im übrigen anzuwarten, wie die Rechtsprechung auf absehbar auftretende Schwierigkeiten bei der Festlegung des Durchschnittskurses reagieren wird.

V. Realisierbarkeit des Börsenwertes der Minderheitenanteile

Nur am Rande und ohne die notwendige Beschäftigung mit den auf dem Aktienmarkt bestehenden Mechanismen wurde durch die Rechtsprechung bisher die Frage nach der Realisierbarkeit des (Durchschnitts-)Börsenkurses für die Minderheitsaktionäre diskutiert. Ausgangspunkt der notwendigen Überlegungen ist die Erkenntnis, dass sich ein in der Vergangenheit festgestellter Kurs für verkaufsbereite Aktionäre zukünftig nur dann realisieren lässt, wenn im Verkaufszeitpunkt genügend Nachfrage nach den Unternehmensanteilen zu diesem Kurs vorliegt, so dass unter Beachtung des Meistausführungsprinzips das zum Verkauf stehende Angebot vollständig untergebracht werden kann.

Die Anzahl der zum Verkauf stehenden Aktien als auch die Determinanten der diese Aktien notwendigerweise aufnehmenden Nachfrageseite sind vor diesem Hintergrund näher zu betrachten. Die Höhe des unterzubringenden Angebotes hängt dabei entscheidend davon ab, ob man es ausreichen lässt, dass es Verkaufsmöglichkeiten für einen oder einzelne Minderheitsaktionäre existieren oder diese für alle abfindungsberechtigten Minderheitsaktionäre fordert.

Das Bundesverfassungsgericht hat in seinem Beschluss vom 27. April 1999 u.a.

---

528 BVerfG ZIP 1999, 1436, 1440 mit Verweis auf BVerfGE 14, 263 ff.

529 BVerfG ZIP 1999, 1436 ff., BGH DB 2001, 969 ff.

mangels der für derartige Feststellungen notwendigen Tatsachen diese Fragestellung nicht ausdrücklich zu entscheiden gehabt. Mögliche Rückschlüsse auf die Ansicht des Senates könnte allerdings folgende Passage des Beschlusses zulassen, in der es heißt:

„*Dass es für einzelne außenstehende Aktionäre aber völlig unmöglich gewesen wäre, ihre Aktienbeteiligung an der DAT AG zu Börsenkursen zu veräußern, ist nicht ersichtlich.*“ [530] [Hervorhebung durch den Verf.]

Die Betonung des einzelnen außenstehenden Aktionärs könnte darauf hindeuten, dass es die Verfassungsrichter ausreichen lassen würden, wenn einzelne Minderheitsaktionäre den zugrundegelegten Börsenkurs bei einem Verkauf erzielen. Der BGH geht in seiner Entscheidung vom 12. März 2001 im Anschluss an diese Tendenz ebenfalls davon aus, dass es nicht auf schematisierende Mindesthandelsvolumen ankomme, sondern bereits ein solch stetiger Handel ausreiche, dass es einzelnen Minderheitsaktionären möglich sei, ihre Aktien am Markt zu veräußern.[531] Bereits zuvor hatte das OLG Düsseldorf die Ansicht vertreten, dass der Wert der zu schützenden Eigentumsposition nicht vom Umfang der beeinträchtigten Rechtspositionen abhängen dürfe.[532]

Ob diese Argumentation überzeugend ist und welche Betrachtungsweise in gesetzes- und verfassungskonformer Sichtweise und für eine praktikable Handhabung geboten ist, ist im folgenden näher zu untersuchen.

1. Realisierbarkeit für alle Minderheitsaktionäre

a. Definition der Minderheitsaktionäre

Fordert man die Realisierbarkeit des Börsenkurses für alle potentiell abfindungsberechtigten Minderheitsaktionäre, stellt sich vorab die Frage, welche Anteilsinhaber überhaupt unter den Begriff „Minderheitsaktionäre“ fallen.

Bei Gewinnabführungs- und Beherrschungsverträgen erscheint es sachgerecht, nur diejenigen Aktionäre darunter zu subsumieren, die potentiell willens sein könnten, eine nach § 305 AktG angebotene Abfindung tatsächlich anzunehmen. In Anlehnung an die Definition in § 2 Abs. 5 WpÜG wären darunter insbesondere alle diejenigen Aktien erfasst, die sich nicht im Besitz der abfindungsverpflichteten Gesellschaft, einem mit ihr verbundenen Unternehmen oder sonstigen gemeinsam mit den eben Genannten handelnden Aktionären befinden. Für die Zuordnung zur letzteren Gruppe ist eine gleichgerichtete Verfolgung gemeinsamer Ziele der Be-

---

530 BVerfG ZIP 1999, 1436, 1443.
531 BGH DB 2001, 969, 973.
532 OLG Düsseldorf ZIP 2000, 1525, 1528; vgl. oben unter **A III 1 b.**

teiligten ausreichend, die auch ohne eine vertragliche Verbundenheit vorliegen kann. Bei Eingliederungen wird die Anzahl der Aktien von Minderheitsaktionären durch die auf die Hauptgesellschaft gemäß § 320a S. 1 AktG übergehenden Unternehmensanteile determiniert.

b. Bestimmbarkeit des erzielbaren Verkaufskurses

Der für alle Minderheitsaktionäre erzielbare Verkaufskurs lässt sich unter Zugrundelegung der Kenntnisse über die Kursbildung ermitteln, indem unterstellt wird, dass die Minderheitsaktionäre ihre Unternehmensanteile an der Börse zum Verkauf anbieten und der Verkauf unter Berücksichtigung des Meistausführungsgebotes dann tatsächlich zustande kommt. Ob und zu welchem Börsenkurs ein Verkauf tatsächlich stattfinden kann, hängt dabei vom Angebot, d.h. von der Anzahl der Aktien der Minderheitsaktionäre und der Nachfrage, die dem Angebot gegenübersteht, ab.

Das unterzubringende Angebot ergibt sich unmittelbar aus der Definition der Minderheitsaktionäre und steht somit der Höhe nach fest. Da das zukünftige Verhalten der Marktteilnehmer auf der Nachfrageseite nicht ohne weiteres vorhersehbar ist, bleibt allerdings vorerst unklar, ob eine dem Angebot entsprechende Nachfrage existiert. Als Indiz hierfür könnten die Umsatz- und Kursentwicklungen aus der nahen Vergangenheit herangezogen werden. Hierzu muss man allerdings unterstellen, dass die zukünftige Nachfrage nach den Aktien nicht deutlich von der in der Vergangenheit bestehenden abweicht. Da Aktien unter rationellen Gesichtspunkten nur dann nachgefragt werden, wenn sich die Käufer durch ihre Investition einen Gewinn versprechen, stellt sich allerdings die Frage, wer als potentieller Nachfrager für die Aktien überhaupt in Betracht kommt. Wegen der zur Durchführung der abfindungspflichtigen Maßnahme notwendigen Mehrheiten ist regelmäßig davon auszugehen, dass sich ein Großteil der Aktien bereits in Festbesitz befindet. Dritten dürfte es daher unmöglich sein, über die Börse die zur Erlangung von Einfluss auf die Unternehmensgeschicke notwendige Anteilshöhe zu erwerben. Ein Kauf dieser Papiere ist vor diesem Hintergrund nur dann sinnvoll, wenn der Erwerber an der durch den Groß- bzw. Mehrheitsaktionär gesteuerten Unternehmenspolitik partizipieren will und/oder beabsichtigt, die Anteile kurzfristig zu einem höheren Kurs weiterzuverkaufen. Wegen der Gefahren, die eine zu starke Rolle von Großaktionären für das Unternehmen und seine Minderheitsaktionäre mit sich bringen kann, dürfte das auf die geschäftliche Entwicklung des Unternehmens gerichtete Erwerbsinteresse dabei eher gering einzuschätzen sein. Gleichzeitig führt ein höherer Festbesitz zu einer Verknappung des Angebotes von Aktien, was mit einer sinkenden Liquidität und damit sinkenden Attraktivität für die Anleger einhergeht.

Das in **Anhang 1** bis **Anhang 4** gesammelte statistische Material zur Umsatzentwicklung bei börsennotierten Unternehmen in Festbesitz im Vergleich zu DAX-Werten zeigt deutlich einen umgekehrt proportionalen Zusammenhang zwischen Mehrheitsbesitz und durchschnittlicher Umsatztätigkeit.[533] Zugleich lässt sich den Umsatzübersichten der mögliche Einfluss einer Index–Mitgliedschaft auf die Liquidität entnehmen. So liegen etwa die Aktien der Edel Music AG, der Hannover Rückversicherungs-AG und der Schwarz Pharma AG trotz der bestehenden Besitzverhältnisse deutlich über dem Durchschnitt ihrer Gruppe. Dies dürfte vor allem darauf zurückzuführen sein, da es sich bei den Unternehmen zur Zeit der Datenerfassung um Mitglieder des NEMAX 50[534] bzw. des MDAX handelte. Die Umsatzhöhe dürfte daher u.a. auf Handelstätigkeiten indexorientierter Anleger zurückzuführen sein. Für die übrigen Werte ist angesichts der niedrigen Umsatzwerte zweifelhaft bzw. sogar auszuschließen, dass die vorhandene Nachfrage ein sich bei Verkaufsabsicht aller Minderheitsaktionäre ergebendes Angebot abdecken kann. Unterstellt, der Mehrheits- bzw. Großaktionär entfaltet keine eigene Nachfrage, kann das Angebot der Minderheitsaktionäre wenn überhaupt nur durch massive Kurszugeständnisse auf der Angebotsseite untergebracht werden. Ceteris paribus kann nämlich nur durch sinkende Angebotskurse wegen der daraus folgenden steigenden Attraktivität einer Investition eine wachsende Nachfrage generiert werden.[535]

Zusätzlichen Aufschluss über die Auswirkungen eines derart eintreffenden Angebotes könnte im folgenden auch ein Vergleich der Unternehmensbetas für Werte in Festbesitz über 75 % mit anderen notierten Unternehmen bringen. Als Vergleichsmaßstab soll auch insoweit wieder auf die DAX-Werte abgestellt werden. In **Anhang 5-8** sind für die bereits in Anhang 1-4 aufgeführten Unternehmen in derselben Einteilung deren Unternehmensbetas als Gradmesser der Schwankungsbreite der Aktien (Volatilität) im 20 Tages- und im 52 Wochendurchschnitt aufgelistet. Auch hier ist ein umgekehrt proportionaler Zusammenhang zwischen der Höhe des Festbesitzes und der Schwankungsbreite der einzelnen Aktien feststellbar. Je höher der Festbesitz ist, desto vom Gesamtmarkt unabhängiger ist der Kursverlauf der Aktie, d.h. desto mehr nähert sich das Unternehmensbeta dem Wert von Null. Dabei könnte dieses Ergebnis auf den ersten Blick auch für den Börsenkurs als Abfindungsgrundlage sprechen, wenn sich daraus der Schluss ziehen ließe, dass die fehlende Schwankungsbreite solcher Unternehmen auf einem gleichmäßigen Kursverlauf beruht. Ein näherer Vergleich von Umsatztätigkeit und Unternehmensbeta zeigt allerdings die Parallelität der Werte. Mit Aktien von Unternehmen mit einem nahe Null liegenden Unternehmensbeta findet demnach kaum Handel statt. Da bei geringer bzw. fehlender Liquidität größere Gefahren

[533] Vgl. hierzu die Ausführungen auf S. 87 f.

[534] Nach schlechter Geschäftsentwicklung und Entnahme aus dem Index betrug der durchschnittliche Tages-Umsatz von Aktien der Edel Music AG im Sommer 2002 nur noch 4.000 Euro, im Jahresverlauf durchschnittlich täglich 15.000 Euro (Stand: 24. August 2002).

[535] Wilm NZG 2000, 1070, 1072 unter Fußn. 25 spricht von einem drastischen Kursverfall.

von Kursverzerrungen bei plötzlich auftretendem Angebot (oder Nachfrage) bestehen, lässt sich bei diesen Werten daher nicht einschätzen, welche Auswirkungen auf den Kurs ein Verkauf der Aktien der Minderheitsaktionäre hat. Es ist daher unklar, zu welchem Kurs die Minderheitsaktionäre ihre Anteile insgesamt verkaufen könnten. Wenn nur der die abfindungspflichtige Maßnahme forcierende Mehrheitsaktionär/das abfindungsverpflichtete Unternehmen als Käufer größerer Stückzahlen in Frage kommt, wäre in konsequenter Weise zu ermitteln, zu welchem Kurs der Mehrheitsaktionär bzw. das abfindungsverpflichtete Unternehmen ankaufsbereit wäre.

Der Grenzpreis, den der Mehrheitsaktionär bei einem weiteren Erwerb maximal zu zahlen bereit sein wird, richtet sich dabei nach dem Nutzen, den die zu erwerbenden Aktien für ihn stiften. Wenn die für die beabsichtigte Maßnahme notwendige Stimmrechtsmehrheit bereits gesichert ist, entspricht der Nutzen eines weiteren Aktienerwerbs nur noch dem Nutzen, den das Unternehmen durch seine künftige Entwicklung und deren Erträge bringt. Damit dreht man sich allerdings im Kreis, da doch gerade zu ermitteln ist, welche Abfindung der Mehrheitsaktionär für diese Aktien zu gewähren hat und ob der Börsenkurs dieser Abfindung entspricht.

Anknüpfungspunkt für den anzusetzenden Verkaufskurs kann im übrigen nicht der vom Mehrheitsaktionär bei eigenen Käufen an andere Aktionäre gezahlte Betrag sein. Dies dürfte trotz der möglicherweise missverständlichen Ausführungen des Bundesverfassungsgerichtes im DAT/Altana-Beschluss nicht nur für außerbörsliche Käufe[536], sondern muss auch für Käufe über die Börse gelten. Unabhängig von der Art und Weise des Ankaufs will der Mehrheitsaktionär die in den einzelnen Geschäften individuell festgelegten Preise nämlich gerade nicht auf jeden der Minderheitsaktionär erstrecken. Ein Eingriff in die Privatautonomie, die ihn dazu verpflichten würde, ist ohne gesetzliche Grundlage im AktG ebenso unzulässig wie eine Anlehnung an § 31 Abs. 4 und 5 WpÜG, die bei Parallel- oder Nacherwerben die Gewährung einer höheren Vergütung außerhalb des Angebotsverfahrens auch für die übrigen Aktionäre vorsehen. Eine Übernahme dieser Vorschrift verbietet sich bereits wegen der unterschiedlichen Zielsetzungen der Abfindung nach AktG und der Gegenleistung bei Unternehmensübernahmen nach dem WpÜG.[537] Auch aus dem in § 53a AktG geregelten Gleichbehandlungsgrundsatz lässt sich keine Verpflichtung zur Berücksichtigung eines an einzelne Aktionäre gezahlten Preises herleiten. Das Gebot der Gleichbehandlung gilt nur im Verhältnis zwischen AG bzw. KGaA und ihren Aktionären, so dass dadurch keine Rechte im Verhältnis zu einem Dritten begründet werden, auch wenn dieser Aktionär des Unternehmens ist.[538] Der Mehrheitsaktionär kann also, ohne über einzelne Trans-

---

536 Das Bundesverfassungsgericht erwähnt in BVerfG ZIP 1999, 1436, 1441 nur außerbörsliche Käufe des Mehrheitsaktionärs.

537 Vgl. dazu oben S. 130 f.

538 KölnKommAktG-Lutter, § 53a AktG Rn.17. Missverständlich Geibel/Süßmann-Thun, § 31

aktionen für die zu gewährende Abfindung bindende Wirkungen befürchten zu müssen, einzelnen Minderheitsaktionären mehr bieten oder bezahlen.[539]

Der bei einem unterstellt gemeinsamen Verkauf durch alle Minderheitsaktionäre erzielbare Börsenkurs lässt sich anhand der erhältlichen statistischen Daten mangels Kenntnis der Nachfragehöhe zeitpunktgenau nicht überzeugend bestimmen. Die Gleichsetzung des erzielbaren Börsenkurses mit einem vom Mehrheitsaktionär anderweitig gezahlten Erwerbspreis ist ohne gesetzliche Regelung daher nicht begründbar.

c. Schätzung des erzielbaren Verkaufskurses

Das ernüchternde Ergebnis, dass sich der erzielbare Verkaufskurs aller Minderheitsaktionäre nicht überzeugend bestimmen lässt, führt zur Frage, ob eine Schätzung dieses Kurses möglich ist. Dazu wären Tatsachen nötig, aus denen sich Indizien für die Höhe des Kurses herleiten lassen müssten.

Die Nachfrage nach Aktien eines Unternehmens zu einem bestimmten Kurs zu einem Zeitpunkt und der Einfluss die übrigen Marktkräfte sind, da keine Informationen über die Intentionen und Präferenzen der Marktteilnehmer vorliegen, grundsätzlich unbekannt. Ebenso ist unklar, ob und wie sich die Nachfrage bei Veränderungen des Angebotspreises ändert. Theoretisch vorstellbar ist sowohl eine hohe als auch eine niedrige Preiselastizität der Nachfrage, ohne dass klar ist, wie deren Höhe bestimmt werden kann. Vergangenheitsdaten könnten hierzu, wenn überhaupt, nur Indizien liefern, zumal die durch den Mehrheitsaktionär entfaltete Nachfrage nach den Aktien nicht zu berücksichtigen wäre. Einer Schätzung würde folglich ein derart erheblicher Grad an Willkürlichkeit anhaften, dass damit keine greifbare Sicherheit zu erlangen wäre. Eine nachvollziehbar zu begründende Kursschätzung erscheint vor diesem Hintergrund daher undurchführbar.

d. Zeitraumbezogene Realisierbarkeit

Zur Ermittlung des für die Minderheitsaktionäre realisiserbaren Börsenkurses könnte anstelle einer zeitpunktbezogenen Betrachtung eine zeitlich gestaffelte Abfolge von Verkäufen in Betracht gezogen werden. Wenn sich ermitteln ließe, welchen Kurs die Minderheitsaktionäre bei einem derartigen Szenario erzielen könnten, könnte daraus ggf. der für alle erzielbare Kurs ermittelt werden.

WpÜG Rn. 46 der die Regelung in § 31 Abs. 4,5 WpÜG auf das Gleichbehandlungsgebot zurückführen will.

[539] BGH AG 1976, 218; sowie als Vorinstanz OLG Celle DB 1974, 529. Zustimmend KölnKommAktG-Lutter, § 53a AktG Rn. 47.

Grundsätzlich kann bei einer zeitraumbezogenen Betrachtungsweise nicht davon ausgegangen werden, dass die zu einem bestimmten Kurs bestehende Nachfrage nach Aktien sich nach ihrer Befriedigung nach einer gewissen Zeit wieder auffüllt. Marktteilnehmer fragen Aktien nämlich nur solange nach, solange sie bereit sind, der Angebotspreis zu zahlen und ihnen die dafür notwendigen liquiden Mittel zur Verfügung stehen. Wenn die Nachfrage zu einem dem letzten Börsenkurs nahen Kurs befriedigt ist, können zeitlich später verkaufende Mitaktionäre weitere Nachfrage nach den Unternehmensaktien nur durch Kurszugeständnisse generieren. Die Kurszugeständnisse müssen dabei umso größer werden, je mehr Nachfrage schon befriedigt wurde. Je später Minderheitsaktionäre verkaufen, desto mehr sinken somit zwangsläufig die für sie erzielbaren Verkaufspreise. Wie sehr die Kurse sinken müssen, damit das Angebot vollständig unterzubringen, könnte, wenn überhaupt, nur mit Hilfe einer Simulation festgestellt werden. Dafür müssten neben den einzelnen Verkaufszeitpunkten, die Anzahl der zu den jeweiligen Zeitpunkten angebotenen Aktien sowie die zu dieser Zeit herrschende Nachfrage bestimmt werden. Da weder die Abfolge der Verkäufe noch die Höhe des unterzubringenden Angebotes vorab bestimmbar sind und daher festgelegt werden müssen, ist das Ergebnis der Simulation durch die notwendigen Festlegungen steuerbar und daher nicht zielführend. Vor allem bleibt die wichtigste Größe in der Simulation, die Höhe der Nachfrage nach den Aktien, im dunkeln, da sich nicht voraussehen lässt, ob und wie Marktteilnehmer Kaufaufträge auslösen und von welchen Überlegungen sie sich dabei leiten lassen. Aus in der Vergangenheit festgestellter Nachfrage nach Aktien zu einem bestimmten Preis lassen sich wegen der Unabhängigkeit der zukünftigen von der vergangenen Kursbildung keine überzeugenden Schlussfolgerungen auf die künftige Nachfrage ziehen. Die wiederum nötig werdenden Schätzungen oder Festlegungen erlauben dann keine für die Abfindungsbestimmung nachvollziehbare und überprüfbare Aussagen. Auch diese Überlegungen sind daher als undurchführbar zu verwerfen.

e. Ergebnis

Wenn man auf die Realisierbarkeit für alle potentiell abfindungsberechtigten Minderheitsaktionäre abstellt, stellt sich bei näherer Betrachtung heraus, dass unüberwindliche Probleme bei der Feststellung des tatsächlich möglichen und damit für alle Minderheitsaktionäre realisierbaren Verkaufskurses bestehen. Die Schwierigkeiten bestehen unabhängig davon, ob man die Realisierbarkeit auf einen Zeitpunkt oder die Realisierbarkeit in einer zeitlichen Abfolge prüft.

2. Realisierbarkeit für einzelne Minderheitsaktionäre

Lässt man die Realisierbarkeit für einen oder einzelne Minderheitsaktionäre ausreichen, erhöht sich, unterstellt sie repräsentieren einen eher unbedeutenden Teil der Aktien, das Angebot nur unerheblich. Wenn Nachfrage nach den Aktien besteht, könnte, wenn zur Unterbringung des zusätzlich auftretenden Angebotes keine oder nur geringe Kurszugeständnisse der Angebotsseite nötig werden, im günstigsten Fall ein dem letzten Börsenkurs naher Kurs zustande kommen. Ob und wie große Kurszugeständnisse durch die Angebotsseite in diesem Fall sein müssen, hängt von der üblichen Umsatztätigkeit in diesem Wert ab, die sich aus den Umsatzstatistiken entnehmen lässt. Von den im **Anhang 1** bis **3** aufgelisteten 101 Unternehmen haben zum Beispiel 23 einen im 52-Wochen-Durchschnitt und somit als dauerhaft niedrig einzustufenden Tagesumsatz von unter 1.000 Euro. Weitere 40 Unternehmen haben einen im Vergleich zu DAX-Unternehmen ebenso marginalen durchschnittlichen Tagesumsatz von 1.000 bis 10.000 Euro.

Angesichts dieser geringen Umsätzen ist es schon bei Einbeziehung von Aktien eines Minderheitsaktionärs auf der Angebotsseite fraglich, ob der dann feststellende Kurs, wie bisher unterstellt, tatsächlich nah am zuletzt ermittelten liegt. Wegen der unterschiedlichen Anteilsgrößen von Minderheitsaktionären kommt es somit entscheidend darauf an, ob man auf die Realisierbarkeit für einen Minderheitsaktionär mit 100 oder mit 1.000 Aktien abstellt oder den „Großaktionär" unter den Minderheitsaktionären mit 3-5 % des Grundkapitals betrachtet.[540] Zweifel an der Kurskontinuität verstärken sich bei diesen geringen Umsatzzahlen erst recht, wenn man mehr als einen Minderheitsaktionär berücksichtigt, etwa auf eine Gruppe von Minderheitsaktionären mit ähnlich großem Aktienbesitz abstellt. Je größer das einzubeziehende Angebot wird, desto stärker sinkt, vor allem bei niedrigerer Marktliquidität, ceteris paribus der erzielbare Kurs.

Selbst wenn sich ein für einen oder einzelne Aktionäre erzielbarer Verkaufskurs auf diese Art und Weise ermitteln lässt, ist zweifelhaft, ob er als Grundlage der unabhängig von der Höhe des Anteilsbesitzes stets gleich festzusetzenden Abfindung je Aktie verwendet werden kann. Das abfindungspflichtige Unternehmen hätte dann nämlich allen Minderheitsaktionären einen Preis für ihre Aktien zu vergüten, den sie in ihrer Gesamtheit bei einem Verkauf nicht hätten erzielen können. Die Abfindung realisiert den Minderheitsaktionären folglich einen bis zur Unternehmensmaßnahme nicht geschützten, bis dahin nur auf dem Papier stehenden Kurswert.[541]

Selbst wenn die abfindungspflichtige Maßnahme freiwillig ist und somit vom abfindungspflichtigen Unternehmen aus Kostengründen unterlassen werden kann, widerspricht eine Verpflichtung zur Abfindung zu nicht erzielbaren „Mondprei-

540 Wilm NZG 2000, 1070, 1072 berichtet von einem Spruchstellenerfahren mit einem Minderheitsaktionär von über 5 %.

541 Das Problem der Realisierbarkeit wird von den meisten Befürwortern der Börsenkursabfindung offenbar entweder nicht gesehen oder ignoriert: vgl. Steinhauer, AG 1999, 299, 306; Luttermann, ZIP 1999, 45, 51; Ammon, FGPrax 1998, 121, 122.

sen" dem Sinn der Abfindung. Diese soll nur den durch den Verlust der Unternehmensbeteiligung entstehenden tatsächlichen Vermögensverlust ausgleichen[542] und nicht zu einem tatsächlichen Vermögenszuwachs bei den Minderheitsaktionären führen. Die Interessen des abfindungsverpflichteten Unternehmens und seiner Aktionären bzw. Gesellschaftern dürfen mithin nicht unberücksichtigt bleiben. Diesen Interessen der abfindungspflichtigen Gesellschaft liefe es zuwider, wenn den Minderheitsaktionären durch die Abfindung Vermögenssubstanz gewährt wird, für die die Gesellschaft keinen Gegenwert erhält. Bei einer Abfindung zu einem Kurs, den nur einzelne Minderheitsaktionäre erzielen können, erhält die Gesellschaft im Gegenzug die Aktien der Minderheitsaktionäre, für die sich, wenn die Gesellschaft die eingesammelten Aktien nunmehr allesamt selbst verkaufen wollte, ceteris paribus der als Abfindung gezahlte Kurs auf dem Aktienmarkt nicht realisieren ließe. Das abfindungsverpflichtete Unternehmen hätte im Rahmen der Abfindung mithin einen Verlust erlitten. Die Abfindung zum Börsenkurs hätte mithin zu einer echten Vermögensverschiebung hin zu den Minderheitsaktionären geführt. Die Behauptung von einzelnen Aktionären, dass für sie ein bestimmter Börsenkurs erzielbar gewesen wäre[543], reicht als Rechtfertigung für ein solches Vorgehen nicht aus. Diesen Aktionären ist, wie allen Aktionären, die vergangenen Kurschancen hinterher trauern, die Frage entgegenzuhalten, warum sie nicht zu diesem Kurs durch Verkauf an der Börse als Anteilseigner ausgeschieden sind.

Da bestehende oder zukünftige Kursvorteile und noch nicht einmal die Börsennotiz selbst für die Aktionäre geschützt sind[544], können sich die Minderheitsaktionäre nicht auf derartige vergangene Kursvorteile berufen und daraus Vorteile herleiten wollen. Wegen der vielfältigen Einflussgrößen der Kursbildung und der daraus folgenden Unberechenbarkeit der zukünftigen Kursentwicklung kann von einer in der Vergangenheit ggf. bestehenden Veräußerungsmöglichkeit nicht auf die zukünftigen Verkaufsmöglichkeiten geschlossen werden. Diese ist eine nicht näher konkretisierbare Aussicht und nicht eine bereits zu einer Rechtsposition erstarkte Realisierungschance.[545] Definiert man die Abfindung als Vermögensverlust für die Minderheitsaktionäre in ihrer Gesamtheit, besteht der Verlust nur im für alle erzielbaren Wert der Aktien. Das vom Bundesverfassungsgericht anerkannte Interesse an Konzernierungsmaßnahmen[546], verbunden mit dem gleichfalls zu beachtenden Interesse der Eigner des abfindungspflichtigen Unternehmens an wahren Abfindungswerten, schließt utopische Kursrealisierungen, die ohne weiteres mehrstellige Millionenbeträge erreichen können[547], daher aus.

---

[542] Vgl. BVerfG ZIP 1999, 1436, 1441 f. m. w. Nachw.

[543] Wie es auch die Antragsteller im Spruchstellenverfahren DAT/Altana bis zum BVerfG getan haben. Dazu auch Riegger, DB 1999, 1889.

[544] Vgl. Ausführungen unter **E II**.

[545] So zutreffend Riegger, DB 1999, 1889, 1891, vgl. oben unter **E II 3**.

[546] BVerfG ZIP 1999, 1436, 1440.

[547] Schon im Fall DAT/Altana beliefe sich der Unternehmenswert unter Berücksichtigung des

Die Realisierbarkeit eines Börsenkurses für einen oder einzelne Minderheitsaktionäre kann daher, solange nicht nachgewiesen werden kann, dass zu diesem Zeitpunkt alle anderen Minderheitsaktionäre zu diesem Kurs ebenfalls hätten verkaufen können, nicht zur Bestimmung der Abfindung herangezogen werden.

3. Realisierbarkeit als Rechtsfrage

Unterstellt, es existiert überhaupt Nachfrage nach den Aktien, ist nach den bisherigen Ausführungen davon auszugehen, dass sich bei Verkauf der Aktien aller Minderheitsaktionäre ein bestimmter Preises realisieren lässt. Erbitterter Streit wird zwischen den Minderheitsaktionären und dem verpflichteten Unternehmen darüber bestehen, ob nicht auch ein in der Vergangenheit bereits existenter Börsenkurs oder ein aus Vergangenheitsdaten ermittelter Durchschnittskurs der für die Abfindungsberechtigten zu realisierende Wert und damit Grundlage der Abfindung sein kann. Die Minderheitsaktionäre könnten nämlich selbst nach den bisherigen Ausführungen behaupten, dass die vorhandene Nachfrage nach Unternehmensaktien das durch die Minderheitsaktionäre veranlasste Angebot ohne oder nur mit geringen Kurszugeständnissen aufnehmen kann. Ob ein solcher Fall zum Verkaufszeitpunkt vorliegen kann, bedarf wegen der theoretisch tatsächlich nicht auszuschließenden Möglichkeit einer näheren Beurteilung. Bei Unaufklärbarkeit kommt es entscheidend auf die Verteilung der Darlegungs- und Beweislast an.

a. Marktbeurteilung

Um festzustellen, welcher Preis für die Anteile der Minderheitsaktionäre über die Börse realisierbar ist und ob dieser Preis mit dem Börsenkurs identisch ist, ist eine Beurteilung der Marktsituation, insbesondere der bestehenden Nachfrageseite erforderlich. Hierbei besteht die Möglichkeit, einen Finanzmarktexperten als Sachverständigen für den Markt und die Marktentwicklung heranzuziehen.

Greifbare Indizien für die notwendige Marktanalyse könnte ein Einblick in die maßgeblichen Orderbücher bringen. Ob ein bestimmtes Angebot von der Nachfrageseite aufgenommen und/oder welche Kurszugeständnisse von den Anbietern gemacht werden müssen, um das Angebot vollständig unterzubringen, kann neben den zukünftig eingehenden und damit in Existenz und Umfang gegenwärtig nicht absehbaren Orders auch durch die Betrachtung der bestehenden, in bisherigen Transaktionen nicht ausgeführten Orderlage eingeschätzt werden. Wenn ein An-

---

Börsenkurses auf 100 Millionen Mark, somit das Zweieinhalbfache des durch das Ertragswertverfahren ermittelten Wertes. Vielleicht war es gerade diese über das Normale hinausgehende unerklärliche Diskrepanz zwischen Börsenkurs und Ertragswert, die das Bundesverfassungsgericht zu seiner Entscheidung bewogen hat.

gebot im Idealfall bereits durch im System vorhandene, bisher unausgeführte Orders aufgenommen werden kann, spricht dies, unterstellt die offenen Orders bleiben bis zum Verkaufszeitpunkt noch unausgeführt im System, für die Realisierbarkeit in Nähe des zuletzt ermittelten Kurses. Dabei ist nach der hier vertretenen Ansicht von einer Realisierbarkeit nur dann auszugehen, wenn die vorhandene Orderlage das durch alle Minderheitsaktionäre veranlasste Angebot aufnehmen kann. In der Realität werden solche hohen Nachfrageüberhänge allerdings nicht vorliegen, da es außer dem Mehrheitsaktionär wegen der Mehrheitsverhältnisse und der daraus folgenden Einflussmöglichkeiten und Rechte von keiner anderen Seite ein durch rationales Verhalten begründbares derart großes Erwerbsinteresse geben wird.

Um die Orderlage einschätzen zu können, müsste ein Orderbuch eingesehen und damit zum Gegenstand von Marktuntersuchungen gemacht werden. Schon dies ist nicht unproblematisch, da im Präsenzhandel der zuständige amtliche Kursmakler als einziger den Überblick über die bestehende Orderlage hat. Für alle anderen Marktteilnehmer oder Außenstehende ist das Orderbuch geschlossen und nicht einzusehen.[548] Kenntnisse über die im Orderbuch enthaltenen Informationen machen die betreffende Person sogar zum Insider im Sinne des WpHG. Im XETRA-Handel läßt sich das Orderbuch dagegen einsehen und vermittelt den Marktteilnehmern einen Blick in die sogenannte Markttiefe, d.h. die Bid(Nachfrage)- und Ask(Angebots)kurse mit der dazugehörigen Stückzahl. Wegen der im Computerhandel vorherrschenden Dynamik ist ein solcher Einblick für die Marktbeurteilung allerdings in der Praxis wenig hilfreich, zumal die überwiegende Mehrzahl der Werte im Festbesitz wegen ihres geringen Handelsumfanges nicht über XETRA sondern hauptsächlich im Präsenzhandel gehandelt werden.[549]

Daten über vergangene Orderlagen werden durch die Handelsüberwachungsstellen nach § 4 Abs. 1 S. 2 BörsG erfasst und aufbewahrt. Als sog. fixierte Orderbücher werden dazu zu jedem Wert die Orderlagen bei jeder stattfindenden Preisfeststellung, sei es auf dem Parkett oder auf XETRA, festgehalten und elektronisch abgelegt.[550] Damit wird sowohl die zu dem jeweiligen Zeitpunkt vorhandene Orderlage als auch die Identität der Auftraggeber nachvollziehbar dokumentiert. Letzteres könnte deshalb von Bedeutung sein, da damit kursbeeinflussende Maßnahmen des Mehrheitsaktionärs oder dessen Umfelds festgestellt und zur Beurteilung her-

548 Oesterhelweg, S. 101. Die Berliner Börse erlaubt neuerdings im Internet für Werte des Freiverkehrs einen Blick in das Orderbuch des zuständigen Maklers. Angesichts der vergleichbar geringen Bedeutung der Berliner Börse lassen sich daraus allerdings keine repräsentativen Aussagen zur Orderlage treffen.

549 XETRA-Handel bei den in Anlage 1-3 aufgeführten Werten fand im wesentlichen nur bei den in Indizes vertretenen Werten statt.

550 So die Auskunft der Handelsüberwachungsstelle der Frankfurter Wertpapierbörse. Seit Bestehen der Handelsüberwachungsstelle 1995 werden diese Daten systematisch gesammelt und aufbewahrt.

angezogen werden können.

aa. Marktbeurteilung vor einem Spruchstellenverfahren

Wenn der Börsenkurs Untergrenze der Abfindung sein soll, müssen sowohl die abfindungsberechtigten als auch die abfindungsverpflichtete(n) Partei(en) feststellen, ob der Börsenkurs den festgestellten Ertrags- bzw. DCF-Wert übersteigt und daher den Minderheitsaktionären als Abfindung anzubieten wäre. Die Kenntnis der bisherigen Orderlage ist sowohl für die vom Abpfindungsverpflichteten als auch von den Minderheitsaktionären zu treffende Markteinschätzung von Bedeutung, da sich daraus ggf. ermitteln lässt, ob für die Minderheitsaktionäre Verkaufsmöglichkeiten zu einem bestimmten Kurs bestanden haben.

Um derartige Prüfungen vornehmen zu können, wäre es notwendig schon vor einem Spruchstellenverfahren in die von der Handelsüberwachungsstelle gespeicherten Daten Einsicht nehmen zu können. Die Handelsüberwachungsstelle ist als Teil der privatrechtlich organisierten Deutsche Börse AG gemäß § 4 BörsG ein Börsenorgan mit öffentlich rechtlichem Auftrag. Da sich ein Auskunftsanspruch für Unternehmen oder sonstige interessierte Dritte gegenüber der Handelsüberwachungsstelle nicht im Börsengesetz findet, ist daher auf den im allgemeinen Verwaltungsverfahrensrecht in § 29 VwVfG geregelten Auskunftsanspruch zurückzugreifen.

Der Anwendungsbereich des § 29 VwVfG setzt allerdings eine konkrete Beziehung zwischen der auskunftsgebenden Behörde und dem auskunftsuchenden Bürger in einem verwaltungsrechtlichen Verfahren voraus.[551] Durch die bloße Erfassung und Aufbewahrung von Handelsdaten kommt ein derartiges Rechtsverhältnis nicht zustande. Die Handelsüberwachungsstelle hat daher, ohne daß § 29 VwVfG anwendbar ist, über die Herausgabe der angeforderten Informationen nach freiem Ermesen zu befinden.[552] Das die unter Abwägung des Einsichtnahme- und des Schutzinteresses zu treffende Entscheidung regelmäßig zugunsten des abfindungsverpflichteten Unternehmens bzw. der Minderheitsaktionäre ausfällt, erscheint keineswegs sicher. Gegen eine unbeschränkte Auskunftserteilung, die bisher ohnehin nicht im originären Aufgabenbereich der Handelsüberwachungsstellen liegt und damit ggf. die Bereitstellung zusätzlicher Kapazitäten erfordert, spricht insbesondere die insiderrechtliche Bedeutung der Daten, zumal nicht auszuschließen ist, dass die Daten etwa zu Kursmanipulationen genutzt werden.

---

[551] Vgl. dazu Knack-Clausen, Vor § 9 VwVfG Rn. 3; sowie ebenda, § 29 VwVfG Rn. 4; Maurer, Allg. VerwR, § 19 Rn. 21a; BVerwGE 67, 300, 303 f.

[552] Knack-Clausen, § 29 VwVfG Rn. 2. Nur im Bundesland Brandenburg besteht mit Art. 21 Abs. IV der Brandenburger Landesverfassung einmalig in Deutschland ein darüber hinausgehender Auskunftsanspruch und Einsichtsrecht soweit diesen nicht überwiegende öffentliche oder private Interessen entgegenstehen.

Für das abfindungsverpflichtete Unternehmen wie auch die Minderheitsaktionäre bliebe im Zeitpunkt der abfindungspflichtigen Maßnahme daher völlig offen, ob eine die Angebotsrealisierung ermöglichende Orderlage vorliegt und dann dieser Börsenkurs als tatsächlich erzielbarer Verkehrswert der Abfindung zugrunde zulegen ist.

bb. Marktbeurteilung im Spruchstellenverfahren

Auch in einem Spruchstellenverfahren stellt die Frage, welche Beweismittel zum Nachweis der (Nicht-)Realisierbarkeit eines bestimmten Börsenkurses herangezogen werden können.

Die Benennung des für das Unternehmen zuständigen Kursmaklers als Zeugen dürfte wenig Sinn machen, da der Kursmakler während seiner Tätigkeit außerhalb der gespeicherten Daten kaum eigene für das Verfahren verwertbare Wahrnehmungen gemacht haben dürfte. Erfolgversprechender ist wiederum die Einbeziehung der von der Handelsüberwachungsstelle gespeicherten Daten unter gleichzeitiger Begutachtung der Orderlage, was in Spruchstellenverfahren anders als im vorgerichtlichen Verfahren ohne weiteres möglich ist.[553]

b. Beweislast

Im Spruchstellenverfahren muss nach Ansicht des Bundesverfassungsgerichtes für das abfindungsverpflichtete Unternehmen die Möglichkeit bestehen, darzulegen und zu beweisen, dass der Börsenkurs und der Verkehrswert der Aktien nicht übereinstimmen, etwa wenn längere Zeit praktisch überhaupt kein Handel mit den Aktien stattgefunden hat.[554] Die Verfassungsrichter gehen offenbar davon aus, dass, solange ein derartiger Beweis nicht geführt ist, eine Vermutung für die Gleichsetzung zwischen Börsenkurs und Verkehrswert spricht, auf die sich die Minderheitsaktionäre im Spruchstellenverfahren berufen können. Ob dieser Ansatz zutreffend ist, insbesondere ob ein derartiger Entlastungsbeweis vom abfindungspflichtigen Unternehmen überhaupt geführt werden kann, könnte allerdings zweifelhaft sein. Hierbei ist zu unterscheiden, ob das verfügbare Datenmaterial für oder gegen eine Realisierbarkeit für alle Minderheitsaktionäre spricht.

aa. Datenmaterial spricht für Realisierbarkeit

Denkbar ist, dass durch das vorgelegte Datenmaterial und die Markteinschätzung

---

553 So die Auskunft der Handelsüberwachungsstelle der Frankfurter Wertpapierbörse.
554 BVerfG ZIP 1999, 1436, 1442.

der Handelsüberwachungsstelle eine reale Wahrscheinlichkeit für einen Verkauf aller Aktien der Minderheitsaktionäre zu einem bestimmten, der Abfindung zugrundegelegten Börsenkurs spricht. Ein solcher Fall liegt insbesondere dann vor, wenn der offene, bereits im System befindliche Nachfrageüberhang das Angebot aufnehmen kann oder die erforderliche Nachfrage im Verkaufszeitpunkt anderweitig zu erwarten ist. In diesem Fall würden die Minderheitsaktionäre durch die Annahme des Abfindungsangebotes die Möglichkeit verlieren, zu diesem Kurs zu verkaufen. Wenn der Minderheitsaktionär wirtschaftlich durch die Annahme der Abfindung nicht schlechter stehen soll als zuvor, muss die Abfindungshöhe daher mindestens den erzielbaren Verkaufspreis betragen. Das abfindungspflichtige Unternehmen hätte in diesem Falle die Möglichkeit nachzuweisen, dass zum Beispiel

- die ins System eingestellten Orders zum maßgeblichen Zeitpunkt nicht mehr aufrechterhalten worden wären oder
- die Orders nur aufgrund der Abfindungsspekulation veranlasst wurden und daher nicht ernstlich waren oder
- aus anderen Gründen eine Realisierbarkeit für die Minderheitsaktionäre nicht zu erwarten war.

Gelingt dem abfindungsverpflichteten Unternehmen ein solcher Nachweis, kommt eine Abfindung zu diesem Börsenkurs nicht in Betracht.

bb. Datenmaterial spricht gegen Realisierbarkeit

Wenn das vorhandene Datenmaterial darauf hinweist, dass nicht genügend Nachfrage nach den Aktien der Minderheitsaktionäre besteht oder das Datenmaterial völlig unergiebig ist, stellt sich die Frage, ob die Minderheitsaktionäre oder das abfindungspflichtige Unternehmen zum Nachweis der Realisierbarkeit darlegungs- und beweislastverpflichtet werden sollten.

Für eine Darlegungs- und Beweislast des abfindungspflichtigen Unternehmens könnte sprechen, dass das Unternehmen wegen seines ggf. schon bestehenden Einflusses auf die beherrschte bzw. einzugliedernde Gesellschaft bessere Kenntnis von Unternehmensinterna als einzelne Minderheitsaktionäre hat. Für den Nachweis der Realisierbarkeit eines bestimmten Börsenkurses kommt es allerdings nicht auf das Unternehmen und dessen Kennzahlen sondern auf die Marktverhältnisse an. Nicht das Unternehmen und seine Zukunftsperspektiven sind durch Gutachten oder Simulationen zu erforschen sondern der Markt, auf dem das abfindungspflichtige Unternehmen und die Minderheitsaktionäre prinzipiell gleichberechtigte Parteien sind. Bessere Möglichkeiten für das abfindungspflichtige Unternehmen, zu der bestehenden Orderlage und/oder vorhandenen Markteinflüssen substantiiert vorzutragen oder diese zu widerlegen, sind nicht ersichtlich. Wegen der Vielschichtigkeit und Vielzahl potentieller Investoren sowie der Undurchsichtigkeit der den Börsenkursen zugrundeliegenden Entscheidungsfaktoren ließe sich für das abfindungspflichtige Unternehmen, wenn die Realisierbarkeit zugunsten der Minderheitsaktionäre vermutet wird, nur kaum ein Entlastungsbeweis führen. So läßt sich mit der notwendigen Sicherheit vor allem nicht feststellen, ob es nicht doch Marktteilnehmer gibt, die mit von der allgemeinen Marktmeinung abweichenden Präferenzen für einen Abkauf der Aktien der Minderheitsaktionäre sorgen.

Durch die Möglichkeit eines jederzeitigen Marktzutrittes bisher nicht in Erscheinung getretener Marktteilnehmer kann selbst ein auf Umfragen gestützter Entlastungsbeweis nicht zu einer für die Beweisführung notwendigen Sicherheit führen. Die vom Bundesverfassungsgericht vorgeschlagene Möglichkeit einer Entlastung des abfindungsverpflichteten Unternehmens durch ein Vorbringen, dass längere Zeit kein Handel mit den Aktien stattgefunden habe[555], erscheint dabei unzureichend. Die Daten in **Anhang 1** bis **3** beweisen, dass Handel zumindest in kleinstem Umfang bei allen Werten stattfindet. Auch der Bundesgerichtshof, nach dessen Auffassung es ausreichen soll, wenn monatlich an 8-9 Tagen Handel stattfindet und nicht erkennbar ist, dass das für den Handel verfügbare Volumen geringer als 5 % gewesen ist[556], stellt nicht auf das an einzelnen Tagen tatsächlich gehandelte Volumen ab. Da es wegen dem nach § 320 Abs. 1 S. 1 AktG erforderlichen mindestens 95 %-igen Anteilsbesitz des Mehrheitsaktionäre bei Eingliederungen niemals ein frei handelbares Volumen von 5 % gibt, widerspricht dieser Ansatz des BGH im übrigen den Ausführungen des Bundesverfassungsgerichtes, das von der möglichen Relevanz des Börsenkurses auch bei Eingliederungen ausgeht.[557] Ohne nähere Ausführungen zum Zustandekommen von Umsätzen bzw. Gründen für deren Ausbleiben erscheint es zudem zweifelhaft, geringen und fehlenden Handel gleichzusetzen. Bereits die Bewertung eines Handelsvolumens als gering beruht auf subjektiven Wertungen anhand eines näher zu begründenden Vergleichsmaßstabes.

Statt der vom Bundesverfassungsgericht ohne nähere Rechtfertigung vorgeschlagenen Beweislastverteilung zu Lasten des abfindungspflichtigen Unternehmens, dessen Vermutung künftiger Realisierbarkeit vergangener Kurse nicht mit den Mechanismen der Kursbildung in Einklang zu bringen und auch praktisch wider-

---

555 BVerfG ZIP 1999, 1436, 1442.

556 BGH DB 2001, 969, 973.

557 BVerfG ZIP 1999, 1436, 1440 geht davon aus, dass der Börsenkurs auch bei Eingliederungen eine Rolle spielen kann. Das Bundesverfassungsgericht hat demgemäß auch die zur Eingliederung der DAT-AG getroffene Entscheidung des OLG Düsseldorf aufgehoben.

legt ist, könnte an den zivilprozessualen Grundsatz der Beweislastverteilung anknüpft werden. Danach hat jeder das zu beweisen, was für ihn günstig ist.[558] Bei Zugrundelegung dieser Sichtweise wären mithin die Minderheitsaktionäre in der Pflicht, eine für die Gesamtheit der Minderheitsaktionäre und folglich auch für sie günstige Kurserzielungsmöglichkeit darzulegen und zu beweisen. Dieser Beweis könnte anders als ein durch den Mehrheitsaktionär faktisch nicht zu führender Gegenbeweis zum Beispiel durch die Präsentation eines oder mehrerer Investoren erfolgen, die ihre Bereitschaft zur vollständigen Übernahme der Anteile der Minderheitsaktionäre zu dem der Abfindung zugrundezulegenden Börsenkurs bezeugen könnten. Manipulationsmöglichkeiten ließen sich durch Nachweise über die finanziellen Verhältnisse der Beteiligten bzw. verlässliche Angaben der die Transaktion finanzierenden Banken ausschließen.

VI. Zusammenfassung

Die vorstehenden Ausführungen haben gezeigt, dass der Börsenkurs ist nur dann mit dem Verkehrswert der Aktien gleichzusetzen ist, wenn die Gesamtheit der Minderheitsaktionäre ihre Aktien zu dem zugrundezulegenden Kurs verkaufen könnten. Dazu ist zwingend notwendig, dass zu diesem Kurs Nachfrage in entsprechender Höhe vorliegt. Mit dem zur Beweisführung notwendigen Grad an Wahrscheinlichkeit liegt diese Nachfrage nur vor, wenn bisher nicht ausgeführte Kaufaufträge im Ordersystem vorliegen oder ein nachweisbares anderweitiges Erwerbsinteresse von Investoren besteht. Wenn sich eine derartige Orderlage aus den vorhandenen Daten nicht erschließt, sollte es den Minderheitsaktionären möglich sein, nachzuweisen, dass ihnen ein Verkauf zu einem der Abfindung zugrundezulegenden Kurs möglich gewesen wäre. Dabei kommt es letztlich nicht darauf an, ob es sich beim zugrundezulegenden Kurs um einen Tages- oder einen auf irgendeine Art und Weise gebildeten Durchschnittskurs handelt. Wenn der Nachweis der Veräußerbarkeit nicht gelingt, kann ein in der Vergangenheit festgestellter Börsenkurs wegen seiner nur zeitpunktbezogenen Aussagekraft nicht mit dem Verkehrswert der Aktien gleichgesetzt werden. Die Zugrundelegung eines nur für einzelne Minderheitsaktionäre erzielbaren Kurses als Untergrenze der Abfindung lässt sich wegen des Zweckes der Abfindung als Ausgleich für den tatsächlich entstandenen Vermögensverlust nicht rechtfertigen und führt zu einem nicht kompensierbaren Vermögensverlust bei der abfindungsverpflichteten Gesellschaft. Die Verpflichtung zu einer Abfindung zu „Mondpreisen" unter dem Deckmantel des Minderheitenschutzes ist mit dem gleichzuachtenden eigentumsrechtlichen Schutz des abfindungsverpflichteten Unternehmen und seiner Aktionä-

[558] Dazu BGH NJW 1986, 2426; Stein-Jonas -Leipold, § 286 ZPO Rn. 38.

re/Gesellschafter nicht zu vereinbaren.[559]

Die vom Bundesverfassungsgericht, Bundesgerichtshof und einigen Oberlandesgerichten bisher den abfindungsverpflichteten Unternehmen auferlegte Verpflichtung, die fehlende Realisierbarkeit nachzuweisen, ist praktisch undurchführbar und führt zu einer ungerechtfertigten Festschreibung nicht realisierbarer Börsenkurse als Abfindungsgrundlage. Auch die Einführung von Prozentsätzen von ggf. notwendigen Handelsvolumina bzw. einer bestimmten Besitzhöhe der Minderheitsaktionäre lässt keine Rückschlüsse auf den jeweilgen Einzelfall zu und ist daher nicht verallgemeinerbar.

---

559 Bungert BB 2001, 1163, 1166 erkennt als einer der wenigen Autoren die einseitig auf das Grundrecht der antragstellenden Aktionäre der Untergesellschaft bezogene Sichtweise des Bundesverfassungsgerichtes, zieht jedoch daraus keine ersichtlichen Konsequenzen.

F. Beispiel: Verschmelzung zur Bayerischen HypoVereinsbank AG

Eine der ersten Bewährungsproben der Rechtsprechung des BVerfG in einem echten „Problemfall" bietet das Spruchstellenverfahren der Verschmelzung der Bayerischen Hypotheken- und Wechselbank AG (im folgenden Hypo-Bank) und der Bayerischen Vereinsbank AG (im folgenden Vereinsbank). Altaktionäre der Hypo-Bank verlangen darin u.a. mit Hinweis auf die zum Zeitpunkt der Verschmelzung festgestellten Börsenkurse der Gesellschaften eine Nachzahlung für ihre Aktien. Gleichzeitig machten Altaktionäre des Verschmelzungspartnerin Vereinsbank ihrerseits Schadensersatzansprüche in Höhe von 3,5 Mrd. DM wegen Verwässerung des Umtauschverhältnisses geltend.[560]

Nachfolgend ist zu untersuchen, ob und wie der Börsenkurs als Untergrenze bei Verschmelzungen berücksichtigt werden kann. Vorab stellt sich dabei bereits die Frage, ob die zu aktienrechtlichen Abfindungen ergangene Entscheidung des Bundesverfassungsgerichtes im Fall DAT/Altana auch im Umwandlungsrecht anzuwenden ist. Aus den besonderen Umständen des Falles könnten im folgenden ggf. Rückschlüsse auf die Verwendbarkeit des Börsenkurses bei Abfindungen im allgemeinen zu ziehen sein.

I. Relevante Daten zur Verschmelzung[561]

21. Juli 1997: Auf einer gemeinsamen Presseerklärung wird die Fusionsabsicht der beiden Banken als Merger of Equals bekanntgegeben, nachdem die Vorstände der beiden Banken am 20. Juli 1997 eine dahingehende Vereinbarung unterzeichnet hatten.

18. Februar 1998: Die Aufsichtsräte der beiden Banken beschließen auf Grund von Gutachten der Wirtschaftsprüfungsgesellschaften KPMG und Wollert-Elmendorff ein Umtauschverhältnis, bei dem für 4 Aktien der Hypo-Bank 3 Aktien der neuen verschmolzenen Bayerischen Hypo- und Vereinsbank AG und eine Barzuzahlung von 0,26 DM je Hypo-Bank-Aktie gewährt wurden.

---

[560] ZIP Aktuell Heft 34/99, Nr.192.

[561] Vgl. Datenzusammenfassung in FAZ vom 27. Oktober 1999 S.17 sowie Sonderprüfungsbericht der BDO, S. 110 ff.

31. März 1998: Die Hypo-Bank berichtet erstmalig über notwendige Wertberichtigungen in Höhe von 1,5 Mrd. DM.

01. September 1998: Die Bayerische Hypo- und Vereinsbank AG nimmt ihr Geschäft auf, der Aktientausch wird vollzogen.

28. Oktober 1998: Die Bayerische Hypo- und Vereinsbank AG veröffentlicht, dass eine außerordentliche Wertberichtigung von 3,5 Mrd. DM für Immobilienfinanzierungen der Hypo-Bank nötig ist.

06. Mai 1999: Die Hauptversammlung der Bayerischen Hypo- und Vereinsbank AG beschließt eine Sonderprüfung der Bilanzen der alten Hypo-Bank.

23. Oktober 1999: Die Vorlage des Sondergutachtens durch die BDO Wirtschaftsprüfungsgesellschaft bestätigt Altlasten der Hypo-Bank von 3,6 Mrd. DM und stellt fest, dass der Vorstand der Hypo-Bank schon 1997 einen erheblich höheren Wertberichtigungsbedarf hätte feststellen müssen.[562] Der bis dahin geltende Jahresabschluss der Hypo-Bank für 1997 wurde für nichtig erklärt.

II. Argumente im Spruchstellenverfahren

Nachdem die Hypo-Bank-Aktionäre schon im Vorfeld der Verschmelzung mit dem vorgesehenen Umtauschverhältnis nicht zufrieden waren, strengten einige der Alt-Aktionäre ein nach den §§ 36,15 UmwG zulässiges Spruchstellenverfahren zur Überprüfung der Angemessenheit des Umtauschverhältnisses an. Die Antragsteller verwiesen dabei insbesondere auf ein im Vorfeld der Verschmelzung veröffentlichtes freiwilliges Umtauschangebot der Vereinsbank. Darin war den Hypo-Bank-Aktionären angeboten worden, sechs Hypo-Bank-Aktien in eine Allianz Aktie zu tauschen, was finanziell günstiger gewesen wäre, als die spätere Umtauschrelation mit der Vereinsbank.

III. Beschluss des LG München vom 27. März 2000

In der mündlichen Verhandlung im Spruchstellenverfahren am 19. August 1999 vor der 5. Kammer für Handelssachen des Landgerichts München I wurde der wenige Tage vorher veröffentlichte DAT/Altana-Beschluss durch das Gericht mit den Parteien erörtert. Dabei stellte sich u.a. die Frage, ob der zu Abfindungen nach §§ 305, 320b AktG ergangene Beschluss des Bundesverfassungsgerichtes auch

[562] Sonderprüfungsbericht der BDO, S. 25, 39, 47 f.

Auswirkungen auf Umwandlungsfälle hat. Die Anwendung der Entscheidung auf die Verschmelzung unterstellt, hätte nach einer im Termin durch den Vorsitzenden vorgenommenen näherungsweisen Berechnung eine Nachzahlung von 2,50 DM je Hypo-Bank-Aktie erfolgen müssen.[563]

In seinem Beschluss vom 27. März 2000 ließ es das Landgericht München im folgenden offen, ob die DAT/Altana- Entscheidung des Bundesverfassungsgerichtes überhaupt auf Verschmelzungsfälle anwendbar ist.[564] Nach Ansicht der Kammer erübrigte sich eine Entscheidung darüber schon deshalb, weil die der Verschmelzung zugrundegelegten Ertragswerte der Hypo-Bank mit 103,18 DM bzw. der Vereinsbank mit 137,23 DM die Börsenkurse beider Unternehmen überstiegen. Die Kammer stellt dabei darauf ab, dass die Aktienkurse Anfang 1997 noch bei 53 DM bzw. 66 DM lagen und erst im Laufe des Jahres aufgrund des sich abzeichnenden Zusammengehens der beiden Banken gestiegen sind. Auch zum Zeitpunkt der Bekanntgabe des Umtauschverhältnisses lagen die Börsenkurse der Gesellschaften unter den Ertragswerten und schwankten auch im folgenden nur unmerklich über bzw. unter diesen Werten. Nach Meinung der Richter konnte daher statt des Verhältnisses der Börsenkurse der höhere Ertragswert der Beteiligten zur Ermittlung des angemessenen Umtauschverhältnisses herangezogen werden.[565] Schlussendlich betonte die Kammer, dass die Berechnung von Unternehmenswerten nach der Ertragswertmethode als auch bei Verwendung des Börsenkurses keine punktgenauen Werte liefern kann und das Spruchstellenverfahren nicht dazu geeignet sei, jegliche Abweichungen zu korrigieren.[566] Auf die in der mündlichen Verhandlung vom 19. August 1999 angestellten Berechnungen und deren Ergebnis ging die Kammer nicht mehr ein.

IV. Börsenkurs als Untergrenze der Verschmelzungswertrelation

1. Anwendbarkeit der Entscheidung im Umwandlungsrecht

Das Bundesverfassungsgericht hatte sich in seiner Entscheidung vom 27. April 1999 nur zur Rolle des Börsenkurses bei Unternehmensverträgen nach §§ 291 ff. AktG und Eingliederungen nach § 319 AktG äußern müssen. Der Leitsatz des Beschlusses bezieht sich demzufolge nur auf Ausgleich und Abfindung nach den §§ 304, 305, 320b AktG.[567] Zur Beurteilung der Rolle des Börsenkurses im Umwandlungsrecht stellt sich somit die in der Literatur bereits kontrovers diskutierte Frage, ob die Berücksichtigung des Börsenkurses nach dem DAT/Altana-

---

[563] ZIP Aktuell Heft 34/99, Nr.192.
[564] LG München ZIP 2000, 1055, 1056.
[565] LG München ZIP 2000, 1055, 1056.
[566] LG München ZIP 2000, 1055, 1057.
[567] BVerfG ZIP 1999, 1436 ff.

Beschluss auch im Umwandlungsrecht aus verfassungsrechtlichen Gründen zwingend erforderlich ist.[568]

Bei barabfindungspflichtigen Fällen im Umwandlungsrecht haben ebenso wie bei aktienrechtlichen Fällen die Aktionäre unter bestimmten Bedingungen die Möglichkeit, gegen angemessene Barabfindung aus der Gesellschaft auszuscheiden.[569] Die Abfindung ist mithin ebenso wie bei aktienrechtlichen Abfindungen Ausgleich für das aufgegebene Mitgliedschaftsrecht, so dass die Vermutung nahe liegt, dass der Abfindungsbegriff im Aktien- und Umwandlungsrecht gleich zu interpretieren ist. Davon geht offensichtlich auch der Gesetzgeber aus, der in der Regierungsbegründung zu § 30 UmwG darauf hinweist, dass es sich bei der Definition der Angemessenheit um einen allgemeinen Grundsatz zur Bemessung der Barabfindung handelt.[570] Über den Fall der Barabfindung hinaus spricht auch der in den §§ 305 Abs. 3 S. 1, 320b Abs. 1 S. 4 AktG für die Abfindung in Aktien enthaltene Verweis auf die Verschmelzungswertrelation für eine identische Auslegung des Abfindungsbegriffes. Wenn der Börsenkurs bei der Bemessung des Umtauschverhältnisses in Aktien des abfindungsverpflichteten Unternehmens zu berücksichtigen ist,[571] erlangt er zwangsläufig durch die Gleichsetzung des Umtauschverhältnisses im Aktienrecht mit der Verschmelzungswertrelation auch im Umwandlungsrecht Bedeutung. Die Ansicht von Bungert[572] und Riegger[573], nach der die DAT/Altana- Entscheidung des Bundesverfassungsgerichtes wegen der perspektivisch einseitigen Sicht zugunsten der Aktionäre der Untergesellschaft nicht auf die Umtauschrelation bei Verschmelzungen anwendbar sei, verkennt, dass dies kein Problem der Anwendbarkeit sondern der inhaltlichen Richtigkeit der Konzeption ist. Wenn man den Börsenkurs als Abfindungsgrundlage, wie hier vertreten, nur dann anerkennt, wenn der Kurs für die Minderheitsaktionäre erzielbar wäre, stellt sich das Problem des Art. 14 Abs. 1 GG nicht, da dann gerade kein Abfindung zu „Mondpreisen“ erfolgt. An der grundsätzlich bestehenden Notwendigkeit, bei umwandlungsrechtlichen Fällen die Börsenkurse bei der Berechnung der Abfindung mit zu berücksichtigen, kann daher im Ergebnis kein Zweifel bestehen.

2. Anwendung auf die Verschmelzung zur Hypo- und Vereinsbank

Sieht man den Börsenkurs der beteiligten Gesellschaften als Untergrenze der Ab-

---

568 Riegger DB 1999, 1889 ff.; Bungert BB 2000, 1845 ff.; ders. BB 2001, 1163 ff.; Wilm NZG 2000, 234 ff.; Erb DB 2001, 523 ff.

569 Zu den Möglichkeiten und Voraussetzungen vgl. oben S. 36 unter **B II 2 a**.

570 Ganske, Begr. zum RegE UmwBerG, § 30 UmwG , S. 70.

571 BVerfG ZIP 1999, 1436, 1442.

572 Bungert BB 2001, 1163, 1166.

573 Riegger DB 1999, 1889, 1890 f.

findung und damit auch der Verschmelzungswertrelation an, sind die Börsenkurse der beiden Banken näher zu betrachten. 1997 schwankten sie in einer Spanne zwischen 45,72 DM (tiefst) und 86 DM (höchst) bei der Hypo-Bank und in einer Spanne zwischen 59,39 (tiefst) bis 113,54 DM (höchst) bei der Vereinsbank.[574] Setzt man näherungsweise einen Mittelkurs zwischen Höchst- und Tiefstkursen als maßgeblichen Wert im Umtauschverhältnis ein, ergibt sich für die Hypo-Bank Aktionäre angesichts des vereinbarten Umtauschverhältnisses eine Nachzahlung von 1,01 DM je Hypo-Bank-Aktie.[575]

Wegen ihrer größeren Aussagekraft überzeugender könnte eine Einbeziehung des Durchschnitts aller Tagesschluss- oder Tageseröffnungskurse des Jahres 1997, der Durchschnittskurse bis zum Beschluss des Aufsichtsrates am 18. Februar 1998 oder der Durchschnittskurse bis zum Tag der beiden der Verschmelzung zustimmenden Hauptversammlungen sein. Stichprobenartige Berechnungen hierzu ergeben, dass dabei wegen des für Hypo-Bank-Aktionäre besseren Börsenkursverhältnisses der Unternehmen tatsächlich eine Nachzahlung für die Hypo-Bank-Aktionäre in Betracht kommen könnte. Dabei bewegen sich die Werte um den in dem vom Vorsitzenden Richter bei der mündlichen Verhandlung am 19. August 1999 berechneten Wert von 2,50 DM pro Hypo-Bank Aktie,[576] über dessen genaues Zustandekommen allerdings nichts näheres bekannt ist.

Ob die für die Hypo-Bank-Aktionäre ggf. günstigeren Börsenkurse tatsächlich als Untergrenze der Verschmelzungswertrelation herangezogen werden können, könnte allerdings wegen dem bei ordnungsgemäßer Buchführung schon 1997 zu erfassenden Wertberichtigungsbedarf bei der Hypo-Bank zweifelhaft sein. Es stellt sich daher die Frage, ob diese erst im nachhinein bekannt gewordenen Informationen bei der Ermittlung der Verschmelzungswertrelation zu berücksichtigen wären.

a. Mißbrauchsabwehr

Die Börsenkurse von Bankaktien sind im Jahre 1997 generell durch Übernahme- und Fusionsspekulation sowie durch die Geschäftsbelebung im Firmenkundenbereich, dem hohen Niveau im Hypothekenbankbereich und gestiegenen Provisionsüberschüssen massiv angestiegen.[577] Die Spekulation betraf dabei nicht nur die späteren Verschmelzungspartner Hypo- und Vereinsbank, sondern erfasste die gesamt deutsche Bankenlandschaft. Auf einzelne Unternehmen bzw. auf die abfindungspflichtige Maßnahme bezogene, kurzfristige Kursbewegungen, wie sie das

---

[574] Daten aus: Rund um die Börse 1997, S. 87.

[575] Die jeweiligen Mittelwerte belaufen sich auf 65,86 DM bzw. 86,465 DM, so dass sich bei einem Umtauschverhältnis von 4:3 entsprechend dem Kursverhältnis dieses sich auf 64,85: 86,465 belaufen müsste. Die Differenz beläuft sich somit auf 1,01 DM.

[576] ZIP Aktuell Heft 34/99, Nr.192.

[577] Um durchschnittlich 57 % im Jahresvergleich: vgl. Rund um die Börse 1997, S. 35.

Bundesverfassungsgericht und der Bundesgerichtshof vor Augen hatten[578], lagen daher nicht vor. Ohnehin konnten die Marktteilnehmer zu diesem Zeitpunkt noch nicht einmal von einer Berücksichtigungsfähigkeit der Börsenkurse ausgehen. Auch die bei beiden Werten vorherrschende Liquidität war schon wegen der Zugehörigkeit der Verschmelzungspartner zu dem am deutschen Markt größten Aktienindex DAX außerordentlich hoch. Auch insoweit dürften daher keine Bedenken gegen die Verwendung des Börsenkurses als Untergrenze bestehen.[579] Zu eliminierende missbräuchliche Kursbeeinflussungen lagen daher nicht vor.

b. Anderweitige Berücksichtigung des Wertberichtigungsbedarfes ?

Da die vom Bundesgerichtshof entwickelten Kriterien zur Missbrauchsabwehr nicht eingreifen, stellt sich die Frage, ob der Wertberichtigungsbedarf anderweitig berücksichtigt werden muss.

Bei dem dem Markt unbekannten Wertberichtigungsbedarf handelt es sich im Ergebnis „nur" um einen Irrtum des Marktes über den Ertrags- und den darauf abzuleitenden Unternehmenswert. Würde man einen solchen Irrtum zum Anlass nehmen, den Börsenkurs an die tatsächlichen Wertverhältnisse anzupassen, müsste konsequenterweise jeder Börsenkurs nachträglich daraufhin überprüft werden, ob ihm zutreffende Markterwartungen zugrunde lagen. Derartige „Korrekturen" sind wegen der fehlenden Kenntnisse über die individuellen Erwartungen nicht zu leisten und daher abzulehnen.

In Anwendung der Konzeption des Bundesverfassungsgerichtes und des Bundesgerichtshofes hätte der Börsenkurs der Hypo-Bank daher als Untergrenze in der Berechnung des Umtauschverhältnisses berücksichtigt werden müssen. Je nachdem was für ein Kurszeitraum Berücksichtigung findet, käme eine Nachzahlung für die Hypo-Bank-Aktionäre in Betracht.[580] Das Argument des Landgerichts München, dass Abweichungen von weniger als 1 % wegen ihrer Geringfügigkeit ohnehin keine Korrektur des Umtauschverhältnisses erlauben[581], erscheint nicht überzeugend und wenig hilfreich. Bei der Ermittlung der angemessenen Verschmelzungswertrelation soll und muss, wie bei der Barabfindung, den Aktionären der volle Wert und nicht nur der nahezu volle Wert gewährt werden. Dies umso mehr, wenn sich der volle Wert aus den vorhandenen Daten bzw. Unterlagen berechnen lässt.

---

578 BVerfG ZIP 1999, 1436, 1442; BGH DB 2001, 969, 972.

579 Die Befürworter des Börsenkurses als Abfindungsgrundlage lassen bereits eine Zugehörigkeit zum weitgefassteren DAX 100 ausreichen, der die 100 größten und umsatzstärksten deutschen Unternehmen umfasst. Vgl. Aha AG 1997, 26, 28; Steinhauer AG 1999, 299, 307.

580 Die Höhe der anzusetzenden Zuzahlung soll hier bewusst offen bleiben.

581 LG München ZIP 2000, 1055, 1057.

3. Bewertung des Ergebnisses

Das unter konsequenter Zugrundelegung der Konzeption des Börsenkurses als Abfindungsgrundlage nach der Rechtsprechung des Bundesverfassungsgerichtes erzielte Ergebnis erscheint angesichts der realen Unternehmensverhältnisse in der Hypo-Bank bedenklich.

Nach den Ergebnissen der Sonderprüfung durch die BDO hätte der Wertberichtigungsbedarf bei angemessenem Risikocontrolling schon viel früher in den Unternehmenskennzahlen berücksichtigt und nach § 15 WpHG veröffentlicht werden müssen. Wäre der Wertberichtigungsbedarf in Höhe von 3,69 Mrd. DM, was dem sechsfachen Jahresüberschuss der Hypo-Bank von 1997 und einem Drittel des 1997 bilanzierten Eigenkapitals[582] entsprach, vor oder im Rahmen der Verschmelzung bekannt geworden, wäre der Aktienkurs der Hypo-Bank vermutlich erheblich zurückgegangen. Die Marktteilnehmer hätten dann nämlich erkannt, dass ihre bis dahin vertretenen Ertrags- und daraus abgeleiteten Unternehmenswerteinschätzungen der Hypo-Bank fehlerhaft waren. Die Korrektur der Schätzungen nach unten hätte zu Überprüfungen der anhand der ursprünglichen Zahlen getroffenen Investitionsentscheidungen im Lichte alternativer Anlageformen und damit letztlich zu Portefeuilleanpassungen der Investoren geführt. Das auf diese Weise auf den Markt gebrachte Aktienmaterial hätte nur zu merklich gesunkenen Kursen untergebracht werden können. Die Investitionsneigung in ein Unternehmen mit derart hohem Wertberichtigungsbedarf ist nämlich gerade unter Risikogesichtspunkten[583] eher gering. Gleichzeitig wäre mit Sicherheit das Vertrauen in die Fähigkeiten von Vorstand und Aufsichtsrat der Hypo-Bank auch für die zukünftige Entwicklung erschüttert gewesen.

Die Berücksichtigung des Börsenkurses als Untergrenze der Verschmelzungswertrelation führt somit dazu, dass den Hypo-Bank-Aktionären durch die fehlerhafte Einschätzung der Marktteilnehmer entstehende Kursvorteile erhalten geblieben sind. Dies ist jedenfalls dann bedenklich, wenn die Marktirrtümer durch konventionelle Unternehmensbewertung mit Hilfe von Ertragswert- bzw. DCF-Verfahren bekannt geworden wären.[584]

---

582 Daten aus: Sonderprüfungsbericht der BDO, S. 60.

583 Bereits durch die Pleite des Dr. Jürgen Schneider im Jahre 1994 dürfte der Kapitalmarkt für die Probleme im Bauträger– und Developergeschäft und die daraus möglichen Milliarden-Konsequenzen sensibilisiert gewesen sein. Nachträglicher Beweis für negative Kursauswirkungen ist das merklich schlechtere Abschneiden der fusionierten HypoVereinsbank 1999 im Vergleich zum Gesamtmarkt, das nach eigenen Angaben der Bank auf die Unsicherheiten im Immobilienbereich zurückzuführen sei. (vgl. Geschäftsbericht der HypoVereinsbank 1999, S. 9).

584 Warum in diesem Zusammenhang die zuständigen Verschmelzungsprüfer den erheblichen Wertberichtigungsbedarf bei der Hypo-Bank nichtausdrücklich als solchen benannt haben, soll unkommentiert bleiben (vgl. unten Fußn. 587).

V. Lösung nach hier vertretener Ansicht

Auch wenn die Anwendung der Grundsätze des Bundesverfassungsgerichtes auf Umwandlungsfälle grundsätzlich wegen der strukturellen Vergleichbarkeit der beiden Fallgruppen zu bejahen ist, kann der Börsenkurs der Hypo-Bank, egal wie er gebildet wird, nur dann ein Rolle spielen, wenn er für alle Aktionäre realisierbar gewesen wäre. Hierzu wäre zu ermitteln, ob die Gesamtheit der Hypo-Bank-Aktionäre tatsächlich zu einem höheren Kurs als dem im Ertragswertverfahren berechneten hätten verkaufen können. Wenn sich eine solche Verkaufsmöglichkeit, gerade im Hinblick auf den vorhandenen Wertberichtigungsbedarf, im nachhinein nicht mehr nachweisen lässt, muss es bei den durch die Ertragswertmethode bestimmten Unternehmenswerten bleiben. Dabei kann offen bleiben, ob das daraus folgende Umtauschverhältnis auch unter Berücksichtigung des Wertberichtigungsbedarfes noch angemessen ist.[585] Das Spruchstellenverfahren der Hypo-Bank-Aktionäre geht unabhängig davon jedenfalls ins Leere.

---

[585] So der Sonderprüfungsbericht der BDO, S. 103 ff., 109. Für ein gleichbleibendes Umtauschverhältnis sprach im Anschluss an das BDO-Gutachten die Führung der fusionierten Bank auf der außerordentlichen Hauptversammlung am 17. Dezember 1999 mit dem Hinweis auf schon bei der Ertragswertschätzung vorgesehene Abschläge für Unvorhergesehenes aus. (Vgl. Einladung und Begleitschreiben zur außerordentlichen Hauptversammlung am 17. Dezember 1999) Ob es tatsächlich nachvollziehbar ist, Risiken in Mrd.-Höhe bei Ertragswertschätzungen im eigentlich sehr sicheren Hypothekenbankgeschäft vorsorglich einzustellen, erscheint sehr zweifelhaft. Zweifelnd im Ergebnis auch LG München ZIP 2000, 1055, 1056.

G. Schlussfolgerungen für die (Bewertungs-)Praxis

Aus den Ausführungen dieser Arbeit lassen sich thesenartig folgende Feststellungen für die Praxis treffen:

1. Aus in der Vergangenheit festgestellten Börsenkursen kann, da diese keine Aussagekraft über zukünftig erzielbare Kurse haben, nicht auf den für den Zeitpunkt der Abfindung maßgeblichen Verkehrswert von Aktien geschlossen werden.

2. Als mit der Abfindung abzugeltender Verkehrswert der Aktien kann nur der Börsenkurs angesehen werden, der für alle potentiell Abfindungsberechtigten zum maßgeblichen Abfindungsstichtag realisierbar ist.

3. Ein Börsenkurs, der nur für einen oder einzelne Minderheitsaktionäre realisierbar ist, ist nicht als Abfindung zugrunde zu legen. Bei einer Abfindung zu nicht erzielbaren „Mondpreisen" werden die Interessen der abfindungsverpflichteten Gesellschaft verletzt.

4. Wenn das vorhandene Datenmaterial für eine Realisierbarkeit für alle Minderheitsaktionäre spricht, ist es Sache des abfindungsverpflichteten Unternehmens, das Fehlen einer Verkaufsmöglichkeit und damit die Irrelevanz des Börsenkurses nachzuweisen.

5. Wenn das vorhandene Datenmaterial gegen eine Realisierbarkeit der Minderheitsaktionäre spricht, ist es Sache der Minderheitsaktionäre nachzuweisen, dass sie an der Börse ihre Aktien zu einem höheren Kurs als dem durch Ertragswert- oder DCF-Verfahren ermittelten Wert hätten veräußern können.

6. Soweit der Börsenkurs zur Ermittlung der Abfindung nicht in Betracht kommt, ist die Abfindung weiterhin allein auf der Basis konventioneller Unternehmensbewertungen zu bemessen.

Anhang 1 – 8

Anhang 1

Durchschnittliche Umsatzübersichten für Werte in 95 % oder mehr Festbesitz in Tausend Euro :

Unternehmen	20 Tage Durchschnitt	52 Wochen Durchschnitt
Aachener Straßenbahn und Energieversorgung (Düss.)[586]	0,6	0,3
Adler (Düss.)	4,4	6,4
Aqua Signal (Bre.)	0,2	0,3
Audi	12,4	10,6
Bremer Straßenbahn (Hamb.)	0,5	0,3
Dahlbusch (Düss.)	0,2	1,1
Dibag Industriebau	0,3	0,1
Dorstener Maschinenfabrik (Düss.)	0,4	0,2
Flachglas	12,5	7,9
Ford-Werke (Düss.)	3,0	1,9
Friatec	1,7	3,9
Gelsenwasser (Düss.)	17	11,5
Hapag-Lloyd (Hamb.)	7,5	6,7
Hilgers (Düss.)	0	0,4
Horten	17,5	22,2
ICN Immobilien (Mün.)	5,5	7,4
Isar-Amperwerke (Mün.)	104,9	204
Kali Chemie	1,6	5,8
Kaufhalle	6,6	6,8
Kempinski (Ber.)	1,3	1,0
Monachia	0,7	0,8
Neckarwerke Stuttgart (Stutt.)	46,5	17,3
OBAG (Mün.)	4,2	16,8
Oppermann	0,8	0,5
Pirelli Deutschland	0,5	0,4
RHEINHYP	16,9	10,4
Ruberiod (Hamb.)	0,6	0,1
Stahlwerke Bochum (Düss.)	0	0,3
Thüga	13,5	13,1
Thuringia	2,7	1,2
Überlandwerk Unterfranken (Mün.)	1,4	3,0
Vereinigte Filzfabriken (Mün.)	0	0,1
Ymos	1,9	4,6
Durchschnitt :	8,7	11,1
Bereinigter Durchschnitt : (ohne Isar-Amperwerke)	5,7	5,1

Stand 28. April 2000 (Daten aus www.comdirect.de)

586 Soweit nicht anders angegeben beziehen sich die Daten jetzt und im folgenden auf die Frankfurter Wertpapierbörse, im übrigen ist der Börsenplatz angegeben.

Anhang 2

Durchschnittliche Umsatzübersichten für Werte in 85 % - 95 % Festbesitz in Tausend Euro:

Unternehmen	20 Tage Durchschnitt	52 Wochen Durchschnitt
ATD Antriebstechnik	0	0,8
Berliner Kindl (Ber.)	0,8	2,4
Blaue Quellen	2,2	5,1
Contigas	20,3	27,4
Custodia Holding	5,4	4,6
Didier	8,1	6,5
DLW	3,9	11,2
Dürkopp Adler	0,7	0,4
Eisen- und Hüttenwerke	9	5,6
Felten & Guilleaume	14,2	9
Gilde Brauerei (Hann.)	3,3	5,3
Glunz St.-A.	4,9	12,2
Hamburger Getreidelagerhaus (Hamb.)	11,4	2,3
Keramag (Düss.)	7,8	4,6
Köln-Düsseldorfer (Düss.)	1,1	1,2
Koepp	0	0,3
Kupferberg	0,5	0,8
Langbein-Pfanhauser (Düss.)	3,8	4,9
Maihak (Hamb.)	0	0,2
Markt- und Kühlhallen (Mün.)	7,1	7
Mühle Rüningen (Hann.)	0,1	0,3
Nürnberger Hypothekenbank (Mün.)	62,7	54
Rütgers	12,5	84,4
Sachsenmilch (XETRA)	60,3	40,8
Schott Desag	1,8	3,1
Stollwerck (Düss.)	7,1	6,2
Vogtländische Baumwollspinnerei (Mün.)	1,9	5,5
Weru	2,9	6,5
Württembergische Leinen-Industrie (Stuttg.)	0	0,1
Zürich Rückversicherung (Düss.)	2,4	6,1
Durchschnitt:	8,4	10,6

Stand 28. April 2000 (Daten aus www.comdirect.de)

Anhang 3

Durchschnittliche Umsatzübersichten für Werte in 75 % - 85 % Festbesitz in Tausend Euro:

Unternehmen	20 Tage Durchschnitt	52 Wochen Durchschnitt
AGROB (Mün.)	24,8	58,3
Aktienbräu Kaufbeuren (Mün.)	0,4	0,8
Bausch	2,0	14,0
Bayerische Handelsbank (Mün.)	50,7	42,1
Brilliant	2,0	5,8
CEAG	57,4	44,3
Cordier	159,2	1,5
Deutsche Hypothekenbank, Hannover Berlin	18,7	21,2
Deutsche Steinzeug	12,4	10,8
Dyckerhoff & Widmann	12,4	7,9
Edel Music	707,3	1040,0
Eichbaum-Brauerei	7,3	1,1
Einbecker Brauhaus	4,4	9,7
Elsa	114,0	181,0
Ferheizwerk Neukölln (Ber.)	2,2	3,2
Flender	8,0	7,5
FROSTA (Hamb.)	3,7	4,2
Hannover Rückversicherung	439,7	1000,0
Hasen-Bräu (Mün.)	7,7	4,4
Heilit & Wörner	8,2	4,3
Hornbach-Baumarkt	6,3	37,6
Hymer	5,5	10,1
Jean Pascale	19,0	30,5
Kölnische Rückversicherung	18,1	32,1
Kromschröder	4,6	0,1
Marseille-Kliniken	58,9	57,2
Mauser-Waldeck	0,4	2,1
Möbel Walther St.-A.	24,8	80,9
Patrizier Bräu (Mün.)	2,9	6,6
Renk (Mün.)	7,7	25,8
Schwabenverlag (Stutt.)	0,4	0,1
Schwarz Pharma	236,3	544,4
Sektkellerei Wachenheim	15,6	16,6
Spar St.-A. (XETRA)	2,7	109,3
Stelcon (Düss.)	0	5,8
Tucher Bräu (Mün.)	5,4	4,2
Vereins- und Westbank (Hamb.)	80,5	91,3
Württembergische Hypothekenbank (Stutt.)	8,8	3,7
Durchschnitt	56,3	92,7

Stand 28. April 2000 (Daten aus www.comdirect.de)

Anhang 4

Durchschnittliche Umsatzübersichten für DAX- Werte in Millionen Euro:

XETRA - Handel

Unternehmen	20 Tage Durchschnitt	52 Wochen Durchschnitt
Adidas-Salomon	13,3	18,7
Allianz	243,7	180,2
BASF	88,2	78,3
Bayer	87,4	80,3
BMW	44,9	33,8
Commerzbank	72,7	66,1
DaimlerChrysler	166,6	210,1
Degussa-Hüls	4,8	7,5
Dresdner Bank	91,5	72,8
Deutsche Bank	195,3	188,1
Deutsche Telekom	450,2	331,5
Epcos	62,3	-
Fresenius Medical Care	8,7	9,6
Henkel Vz.	13,0	14,4
HypoVereinsbank	51,2	58,1
Karstadt Quelle	6,1	6,0
Linde	10,1	12,2
Lufthansa	22,3	27,1
MAN	10,0	11,5
Metro	21,8	34,3
Münchener Rückversicherung	115,5	84,2
Preussag	19,6	24,5
RWE	32,4	46,9
SAP Vz.	443,2	236,5
Schering	48,5	24,5
Siemens	391,1	256,0
Thyssen Krupp	22,9	30,6
Veba	82,0	80,2
Viag	26,4	23,1
VW	35,3	67,5
Durchschnitt	96,0	79,8

Stand 28. April 2000 (Daten aus www.comdirect.de)

Anhang 5

Durchschnittliche Unternehmensbetas für Werte in 95 % oder mehr Festbesitz:

Bei einem Unternehmensbeta von 1 entspricht die Schwankungsbreite der Aktie der des Gesamtmarktes.

Unternehmen	20 Tage Durchschnitt	52 Wochen Durchschnitt
Aachener Straßenbahn und Energieversorgung (Düss.)	-0,04	-0,03
Adler (Düss.)	0,00	0,03
Aqua Signal (Bre.)	0,10	0,01
Audi	0,87	0,00
Bremer Straßenbahn (Hamb.)	0,00	0,01
Dahlbusch (Düss.)	-0,06	0,01
Dibag Industriebau	-0,02	0,02
Dorstener Maschinenfabrik (Düss.)	-0,27	0,13
Flachglas	-0,03	0,04
Ford-Werke (Düss.)	0,19	0,01
Friatec	0,00	0,06
Gelsenwasser (Düss.)	0,04	0,05
Hapag-Lloyd (Hamb.)	-0,06	0,06
Hilgers (Düss.)	0,41	0,00
Horten	-0,06	-0,05
ICN Immobilien (Mün.)	0,00	-0,03
Isar-Amperwerke (Mün.)	-0,20	-0,02
Kali Chemie	0,05	-0,08
Kaufhalle	-0,03	-0,04
Kempinski (Ber.)	0,09	0,08
Monachia	0,65	0,18
Neckarwerke Stuttgart (Stutt.)	0,11	0,01
OBAG (Mün.)	-0,03	-0,46
Oppermann	-0,05	0,04
Pirelli Deutschland	-0,23	0,03
RHEINHYP	0,00	0,02
Ruberiod (Hamb.)	0,08	0,00
Stahlwerke Bochum (Düss.)	0,01	0,04
Thüga	0,07	0,18
Thuringia	-0,20	0,06
Überlandwerk Unterfranken (Mün.)	0,26	-0,04
Vereinigte Filzfabriken (Mün.)	0,00	-0,01
Ymos	-0,48	0,16
Durchschnitt :	0,036	0,014

Stand 28. April 2000 (Daten aus www.comdirect.de)

Anhang 6

Durchschnittliche Unternehmensbetas für Werte in 85% - 95% Festbesitz:

Unternehmen	20 Tage Durchschnitt	52 Wochen Durchschnitt
ATB Antriebstechnik	0,02	0,13
Berliner Kindl (Ber.)	-0,37	0,02
Blaue Quellen	-0,09	-0,02
Contigas	-0,02	-0,03
Custodia Holding	0,00	-0,01
Didier	0,54	0,01
DLW	0,35	-0,12
Dürkopp Adler	-0,35	0,01
Eisen- und Hüttenwerke	0,06	0,07
Felten & Guilleaume	0,03	-0,02
Gilde Brauerei (Hann.)	-0,04	0,08
Glunz St.-A.	0,00	0,04
Hamburger Getreidelagerhaus (Hamb.)	-0,36	0,06
Keramag (Düss.)	0,16	0,00
Köln-Düsseldorfer (Düss.)	1,38	0,36
Koepp	0,00	-0,06
Kupferberg	0,00	-0,09
Langbein-Pfanhauser (Düss.)	0,73	0,15
Maihak (Hamb.)	0,00	0,00
Markt- und Kühlhallen (Mün.)	0,06	0,11
Mühle Rüningen (Hann.)	0,23	-0,01
Nürnberger Hypothekenbank (Mün.)	-0,19	-0,02
Rütgers	-0,02	-0,02
Sachsenmilch (XETRA)	-0,87	0,05
Schott Desag	-0,03	-0,01
Stollwerck (Düss.)	0,51	0,06
Vogtländische Baumwollspinnerei (Mün.)	0,12	0,28
Weru	-0,53	-0,21
Württembergische Leinen-Industrie (Stuttg.)	0,14	0,07
Zürich Rückversicherung (Düss.)	0,00	0,10
Durchschnitt:	0,049	0,033

Stand 28. April 2000 (Daten aus www.comdirect.de)

Anhang 7

Durchschnittliche Unternehmensbetas für Werte in 75% - 85% Festbesitz:

Unternehmen	20 Tage Durchschnitt	52 Wochen Durchschnitt
AGROB (Mün.)	-0,17	-0,15
Aktienbräu Kaufbeuren (Mün.)	0,21	0,00
Bausch	-0,16	0,04
Bayerische Handelsbank (Mün.)	-0,07	0,09
Brilliant	0,25	0,01
CEAG	-0,21	0,06
Cordier	0,10	0,12
Deutsche Hypothekenbank, Hannover Berlin	0,33	0,05
Deutsche Steinzeug	-0,33	0,06
Dyckerhoff & Widmann	0,07	-0,10
Edel Music	0,34	0,68
Eichbaum-Brauerei	-0,62	0,01
Einbecker Brauhaus	0,22	-0,11
Elsa	0,37	0,46
Ferheizwerk Neukölln (Ber.)	-0,06	0,01
Flender	0,21	0,02
FROSTA (Hamb.)	0,88	0,02
Hannover Rückversicherung	0,52	0,37
Hasen Bräu (Mün.)	2,47	0,37
Heilit & Wörner	0,09	-0,07
Hornbach-Baumarkt	-0,04	0,02
Hymer	-0,21	0,05
Jean Pascale	0,32	0,04
Kölnische Rückversicherung	0,04	0,01
Kromschröder	0,01	0,14
Marseille-Kliniken	-0,50	0,18
Mauser-Waldeck	0,43	0,03
Möbel Walther St.-A.	0,42	0,05
Patrizier Bräu (Mün.)	-0,51	-0,28
Renk (Mün.)	-0,05	0,13
Schwabenverlag (Stutt.)	-0,39	0,02
Schwarz Pharma	-0,34	0,25
Sektkellerei Wachenheim	0,48	0,17
Spar St.-A. (XETRA)	0,55	0,06
Stelcon (Düss.)	0,03	-0,09
Tucher Bräu (Mün.)	-0,32	-0,07
Vereins- und Westbank (Hamb.)	0,19	0,00
Württembergische Hypothekenbank (Stutt.)	0,10	0,10
Durchschnitt	0,123	0,063

Stand 28. April 2000 (Daten aus www.comdirect.de)

Anhang 8

Durchschnittliche Unternehmensbetas für die DAX- Werte im XETRA - Handel:

Unternehmen	20 Tage Durchschnitt	52 Wochen Durchschnitt
Adidas-Salomon	0,80	0,38
Allianz	1,78	0,97
BASF	0,48	0,62
Bayer	0,44	0,72
BMW	0,38	0,66
Commerzbank	0,78	0,72
DaimlerChrysler	0,18	0,59
Degussa-Hüls	0,45	0,55
Dresdner Bank	-0,36	0,97
Deutsche Bank	-0,28	0,78
Deutsche Telekom	1,71	1,53
Epcos	2,62	-
Fresenius Medical Care	0,21	0,50
Henkel Vz.	0,87	0,39
HypoVereinsbank	0,51	0,82
Karstadt Quelle	0,40	0,56
Linde	-0,05	0,40
Lufthansa	0,56	0,36
MAN	-0,09	0,60
Metro	-0,18	0,49
Münchener Rückversicherung	1,23	1,03
Preussag	-0,24	0,60
RWE	0,42	0,32
SAP Vz.	1,92	1,44
Schering	0,36	0,49
Siemens	1,76	1,30
Thyssen Krupp	1,11	0,65
Veba	0,03	0,31
Viag	0,05	0,49
VW	0,63	0,59
Durchschnitt	0,616	0,68

Stand 28. April 2000 (Daten aus www.comdirect.de)

MIX
Papier | Fördert gute Waldnutzung
FSC® C083411

Kolibri 360 GmbH
Ferdinand-Jühlke-Straße 7
99095 Erfurt, Deutschland
produktsicherheit@kolibri360.de

Druck:
CPI Druckdienstleistungen GmbH
im Auftrag der
Kolibri 360 GmbH
Ferdinand-Jühlke-Str. 7
99095 Erfurt